사회복지조사론

Research Methods for Social Welfare

곽미정
오미희
장은석
서민호
안우상
이영희
장원태

양성원

머리말

현대 사회복지학(social welfare)은 학문적이며 실천적 영역에서, 한 지역과 국가의 복지를 담당하여 각종 사회문제 및 아젠다(agenda)의 논의에 따른 문제해결에 있어 중요한 기능을 담당해 나가고 있다. 그런데 모든 사회의 문제해결을 위하여 보고서를 작성하고 프로그램을 평가하는 최종적인 작업은 바로 '사회복지조사'라는 과학적인 기본 툴을 통하여 접근될 수 있다. 사회복지의 조사라는 것은 결국 우리가 당면한 다양한 사회적인 현상이나 클라이언트가 가지고 있는 다양한 문제에 대하여 보다 과학적으로 접근하는 사고에 대한 사회과학적 접근이라 할 수 있다. 그러므로 이를 훈련하기 위해서는 과학적 사고와 관점을 통하여 접근하고 해석하는 것이 필요하다. 특히 최근 대학교육에 있어서 현장적용의 직무능력의 함양이 더욱 중요시되고 있는 가운데, 이론 및 실습을 표준화된 학습기준에 준하여 점검되어야 하는 것도 적절한 학습의 기준이 되었다. 이에 본 교재에서는 이러한 중요성을 감안하여 교재를 집필하고자 하였다. 이에 다음과 같은 사항이 본 교재의 가장 중요한 특징이라 할 수 있다.

첫째, 본 교재는 각 장의 교과목표에 따라 사회복지조사의 학습에 보다 도움이 되고자, 관련 기본지식이나 특히 NCS 과정에서 다루고 있는 부분을 부록으로 넣어 교과와 실무적 과정이 연결이 되도록 하였다.

둘째, 학습에 있어서 강의를 하거나 학습하는 학생들을 위하여 글의 표현에 있어서 간결하고 이해가 쉽도록 개념 위주로 정리한 것이 특징이며 각 장에서 이해하여야 하는 기본 지식을 최대한 핵심적으로 이해할 수 있도록 하였다.

셋째, 사회복지조사론에서 다루어야 하는 다양한 영역에 대하여 논의할 수 있도록 하였으며, 개념적인 부분의 접근에 있어서 기본적인 사항의 이해에 무리가 없도록 정리하였다.

부디 사회복지학을 공부하는 학습자들이 사회복지조사에 대한 많은 흥미를 가지고 미래 현장중심의 전문가로 성장하기를 기원한다. 이를 위하여 본 교재가 사회복지학의 조사영역에서 다루어져야 할 세부영역에 대한 이해를 돕고, 이를 공부하는 학생들로 하여금 사회복지의 각종 실천적 영역에 관한 과학적인 분석 및 각종 사회문제에 과학적으로 접근하는 안목을 기르는 것에 도움이 되었으면 한다.

본 교재가 나오기 까지 여러 도움을 주신 많은 분들에게 진심으로 감사의 인사를 올린다.

저자 올림

CHAPTER 01 과학과 사회조사 방법

1절 | 과학과 연구방법

2절 | 사회복지조사의 연구방법론

CHAPTER 02 사회복지조사의 기본이해

1절 | 사회복지조사방법의 유형

2절 | 사회복지조사방법의 절차

CHAPTER 03 조사주제의 선정과 조사연구

CHAPTER 04 측정

CHAPTER 06 표본 추출

1절 | 사회복지 표본추출

2절 | 표본추출의 방법

CHAPTER 07 사회복지 설문조사 방법

1절 | 설문조사와 질문지의 작성

2절 | 설문조사의 유형

CHAPTER 08 사회복지의 관찰연구

1절 | 관찰연구

2절 | 내용분석

CHAPTER 09 양적 연구와 질적 연구 및 프로그램평가

1절 | 질적 연구방법과 양적 연구방법의 비교

2절 | 질적 자료의 수집과 질적 연구의 유형

3절 | 프로그램 평가조사

CHAPTER 10 실험 설계

1절 | 실험설계의 개요

2절 | 실험설계의 유형

CHAPTER 11 단일사례 설계

1절 | 단일사례설계의 특성

부록 사회복지조사와 NCS(국가직무능력표준)

1절 | NCS의 개요

2절 | 사회복지조사와 NCS

참고사항

- 개별 혹은 조별로 조사연구 주제를 선정하고 설문지를 작성하여 실제로 자료를 수집하고 보고서를 제출하게 하여 조사연구 과정의 실제를 경험해 볼 수 있도록 한다.
- 조사연구 과정의 경우 연구주제를 설정하고 이를 이론 틀과 가설로 연결하여 검증하는 내용을 이해하도록 교과목이 구성되도록 한다. 이를 위하여 과제와 관련한 적절한 피드백을 제공한다.

CHAPTER 01

과학과 사회조사 방법

Reserch Methods for Social Welfare

1절 과학과 연구방법

1 과학의 특징 및 활용

과학의 정의는 다양하나 그 공통점으로는 경험적으로 축적되고 통합된 지식이라는 것이다. 과학은 하나의 현상에 대한 원인과 결과 및 현상의 본질을 탐구하는 학문이다. 과학은 인간에 대한 보편적 현상에 대한 일반화를 가능하게 하고 한편으로는 인간내면의 심리학적 구조를 연구하기도 한다. 과학이 인문학적 배경을 가지고 다양한 사회현상을 연구하게 될 때 이것을 인문사회과학이라고 부른다. 인문사회과학은 사회에서 발생하는 다양한 인간의 문제를 탐구하는 학문으로 이를 객관화하고 구조화하는 작업을 통해 독자적인 영역의 학문으로 탄생하기도 하며 과학으로 불리기도 한다. 과학은 복잡하고 산발적인 현상을 조직화하는 특성을 가지며 일련의 질서와 법칙을 발견하여 사후문제에 대처할 수 있도록 하는 특징을 가진다.

따라서 과학으로서의 조사방법은 매우 중요한 의미를 가지며 이에 대한 객관적 토대의 자료수집이나 정확한 현상의 분석은 현상을 설명(explanation)하고 예측(prediction)하는 것에 중요한 역할을 한다. 우리는 통상적으로 수집된 자료의 특성을 요약하고 정리하는 개념으로 양적 연구로 빈도 분석 등을 활용한 기술통계(descriptive statistics)의 개념을 활용하며, 모집단의 특성을 추론하고 일반화하기 위한 통계방식으로 추리통계(inferential statistics)를 활용한다. 한편으로 인간의 내면을 탐구하기 위해서는 인터뷰 등을 통한 질적 연구 방식을 활용하게 된다. 이 두 가지 연구방법에 필요한 기본사항에 대하여 학습해 보자.

1) 과학의 목적, 과학적 지식

(1) 과학의 정의 및 목적

과학이란 인간의 삶에서 보편적 진리나 법칙을 발견하기 위하여 체계적인 지식을 적용하여 현상 안에 내재하는 진리와 법칙의 발견을 통해 우리를 둘러싸고 있는 자연현상과 사회현상을 포함하는 모든 현상을 설명할 수 있도록 이론을 제시하고 증명하는 학문이다. 이것이 정신과학에 적용된다면 인간의 정신적 작용과 그로부터 발생하는 문화현상을 탐구하는 철학, 신학, 심리학, 역사학, 정치학, 사회학 등으로 확장될 수 있다.

(2) 과학적 지식

지식이란 무엇에 관하여 인지하는 상태, 혹은 어떤 현상이나 그 현상과 관련하여 설명을 사실(truth)로 증명하는 것을 뜻한다. 그러나 지식이 반드시 실재(reality)와 동일한 것은 아니다. 과학은 다음과 같은 방식에 의하여 검증되게 된다.

2) 지식의 습득 방법

데카르트(1596~1650)

근대 철학자 데카르트(Descartes, Rene, 1596~1650년)는 방법적 회의를 통하여 지식 습득방법으로 계속적인 의문과 회의를 제안하고 있다. 이를 위하여 현상을 작은 부분들로 분류하고 체계화하여 검증할 것을 권하고 있다. 이는 퓌론(Pyrrhon, 기원전 360~270년)의 회의학파에도 잘 나타나고 있으며 "끊임없는 의심"이 학문의 원동력이라고 하였다. 따라서 어떠한 문제에 있어서 완전한 이해를 향하여 근본 원리를 파악인물하고 가능한한 모든 항목의 현상을 광범위하게 검토하는 것이 중요하다. 즉, 검증되지 않는 지식은 지식이 아니라는 칼 포퍼(Karl Popper, 1902~1994)의 실증주의는 증거기반을 토대로 하는 지식만을 참 지식으로 인정하고자 하였다. 또한 철학자이면서도 수학자이자 물리학자였던 데카르트는 끊임없이 의심하고 살펴보며 분석을 통하여 지식을 완전히 자신의 것으로 받아들이는 능동적 주체가 되기를 권하고 있다. 이것은 경험과 관찰을 통해 기존의 권위적 시각을 재검증하기를 권한다. 이러한 관점에서 지식은 다음과 같이 구분할 수 있다.

퓌론(기원전 360~270)

(1) 전통적 관습에 의한 접근방법

사회적으로 이미 형성되어 있는 관습, 규범, 규칙을 비판없이 그대로 수용하여 지식으로 받아들이는 방법으로 이는 일반적으로 천동설이 받아들여진 것과 같다. 16세기에 이르러서야 코페르니쿠스(Nicolaus Copernicus, 1473~1543)[1)]에 의하여 지동설(heliocentric theory)이 받아들여지게 된다. 따라서 전통적 관습(traditional convention)은 검증될 필요가 있다.

코페르니쿠스(1473~1543)

1) 폴란드의 천문학자였던 코페르니쿠스는 그의 저서 『천구의 회전에 관하여』 등을 통하여 전통적 관습을 부정하고 지동설을 주장하였다.

(2) 권위에 의한 접근방법

권위(method of authority)에 의한 방법은 지식이나 주장에 대한 타당성과 설득력을 높이기 위해서 사용하는 방식으로 사회적으로 저명하거나 명망이 있는 전문적 명성, 지식 및 가진 사람의 의견을 인용하는 방법을 예로 들 수 있다. 이는 비과학적 방식이라고 할 수 는 없지만 오늘날 델파이[2] 분석방법(Dephi method)을 통하여 전문가를 통한 미래의 예측방식으로 활용되기도 한다. 델파이기법은 한 나라의 경제 등 미래의 특정시점을 예측하는 경우에 현재 상태의 객관적 자료를 통한 예측이 어려운 경우 전문가적인 관점을 통하여 미래를 예견하는 방법으로 활용된다.

즉, 사회적으로 일정한 합의에 도달하지 못한 내용을 다루는 경우 일정한 인원의 전문가들의 의견을 토대로 하여 수회에 걸친 피드백(feedback)을 통하여 의견을 수렴하고 합의된 내용을 도출하는 방식으로 전문가의 체계적으로 접근을 통해 미래를 예견하는 분석방법이라고 할 수 있다.

(3) 선험적 방법 혹은 직관에 의한 방법

이러한 방식은 사실에 근거하기보다는 지식의 입장에서 이성을 토대로 하는 인식이보다 근원적이라는 자기의식으로서 지적 직관의 인식에 의한 지식의 방식이다. 칸트는 선험적 지식의 관념론(transcendental idealism)을 설파한 바 있으며, 이는 인간의 이성에 의한 지식의 접근방식으로 인식의 객관적 근거를 객관적인 실재 속에서보다는 비판적인 주관성에서 구하고 있지만 단순히 경험적이며 주관적인 과정으로 접근하지는 않는

2) 델파이의 어원은 고대 그리스 아폴로 신전의 명칭으로 델파이 신전에서 유래되었다. 델파이와 신전은 미래를 통찰할 수 있는 능력을 상징하고 있다.

다. 이는 선험적 차원의 통각이라 일컬어지기도 하는 철학적 개념이며, 꼭 이와 같은 선험적 방법(a priori method)이 아니더라도 인간의 일상은 과학이나 객관성보다는 많은 개인적 취향이나 직관에 의한 판단이나 선택이 많은 것이 사실이다. 이는 과학과는 구별되는 개념으로 명제가 잘못된 경우에 그로 인한 가정이나 결론은 참이 아니게 된다.

(4) 과학적 방법

과학적 방법(scientific method)이란 어떤 현상을 이해하고자 할 때 과학적인 절차를 통하여 결론을 도출하는 방식이라 할 수 있다. 즉, 이론을 통하여 개념과 가설을 설정하고 이를 검증하는 체계적 형식을 통하여 사물을 분석 및 해석하여 일반화하는 방식으로 현상을 이해하는 방법이다. 즉, 이는 관찰과 비판 및 논증을 통하여 지식 체계를 구성한다. 그러므로 과학적 지식은 체계적 절차를 통하여 검증되어야 한다고 보는 관점이다.

정리 지식의 접근방법

1. 전통적 관습의 접근
2. 권위에 의한 접근
3. 직관에 의한 접근
4. 과학적 방법

3) 비과학적 방법에 의한 지식 습득의 오류

과학적 방법이 아닌 비과학적 방법의 특징은 어떠한 것들이 있는지 살펴보기로 하자.

(1) 조사의 부정확한 관찰

비과학적 방법으로 부정확한 관찰이란 일상생활에서 의도하지 않은 피상적인 관찰은 현상에 대하여 정확한 정보를 제공하지 않으며 인과관계에 대하여 명확한 제시를 할 수 없다. 예를 들어 현대사회에서 일어나고 있는 미세먼지의 발생빈도와 저출산 문제는 두 가지 모두 일반적 현상이나 이를 인과관계로 설정하여 분석할 수는 없는 것과 같으며, 부정확한 관찰을 통한 측정도구의 사용은 연구문제의 설정과 과정과 결과에 있어서 잘못된 결론을 이끌어낼 수 있으므로 유의해야 한다.

(2) 조사의 과도한 일반화

일반화의 개념은 주로 양적 연구에서 쓰이는 용어로 일정 수의 표본에서 얻은 결과를 다수에 확대 적용하는 것으로 과도한 일반화는 보편적 사항을 모든 개별사항에 적용하고자 하는 것을 뜻한다.

예를 들면 생태학적 오류(ecological fallacy)는 생태학적 상관관계를 개인적 상관관계에 적용하는 것으로 개인을 분석 단위로 하는 개인적 속성 간의 상관관계를 의미하는데, 경우에 따라 생태학적 상관관계는 개인적 상관관계와 관련이 없을 수 있다. 즉, 생태학적 상관관계로 개인적 상관관계가 모두 설명되는 것은 아니다.

(3) 선별적 관찰

선별적 관찰이란 현상의 관찰에 있어서 관찰자의 주관에 따라 어떤 현상에 특정한 특성이나 패턴에 주의를 기울이고 그 외의 것은 간과하는 현상이다. 이는 과학적 지식의 기반이 될 수 없다.

따라서 분석자는 관찰대상의 특성이나 유형에 객관적 타당성(대표성)을 갖출 수 있도록 하는 것이 중요하며 객관적 요인을 통하여 체계적으로 설계하여 선별적 관찰의 오류가 일어나지 않도록 하는 것이 중요하다.

(4) 사후가설(소급가설) 설정

사후가설 혹은 소급가설이란 실험이나 연구의 설계에 의하여 체계적으로 선정된 과정을 통하여 결론이 도출되지 않고, 분석 이후에 그 결과에 의하여 가설을 설정하는 방식으로 사전에 인과관계에 대한 다양한 탐색을 전제하지 않은 연구결과의 소급적용은 자칫 실험연구에 있어서 중대한 결함이 될 수 있다. 이는 도출된 결과에 대한 임의 해석의 위험성이 있으며 정확한 원인이 되지 않는 경우가 있으므로 비과학적 방법의 오류에 해당한다.

(5) 비논리적인 추론

비논리적인 추론은 논리적인 인과관계를 적용하지 않고 근거없는 비논리적 추측의 결과를 지식으로 축적하여 발생하는 오류이다. 따라서 체계적이고 명백한 논리적 추론을 바탕으로 하여 비논리적인 추론의 오류를 최소화하는 노력이 필요하다. 논리성을 갖추지 않은 연구의 결과는 타당성을 갖추기 어렵다.

(6) 자아가 개입된 이해

자아가 개입된 이해는 사회복지사의 전이와 역전이 현상 혹은 투사의 현상을 통하여 대표적으로 설명될 수 있는 현상으로 어떠한 결론이 자신의 감정이나 가치관이 개입되어 현상을 이해하는 것에 있어서 객관성을 떨어뜨리게 되는 오류이다. 따라서 이러한 현상이 일어나지 않도록 현장의 슈퍼비전에 해당하는 것이 바로 사회과학조사방법론에 있어서 질적 연구방법과 양적 연구방법에서 동시에 사용될 수 있는 삼각 측정(methodological triangulation)이 필요하다. 이것은 여러 연구자가 함께 연구의 체계 및 분석과정을 점검하거나 다양한 연구방식을 적용하기도 하는데, 이는 연구의 신뢰도(credibility)를 높이는 것으로 질적 연구에서는 통상적인 용어로 사용된다. 한편 연구의 정확성을 위하여 질적 연구방법과 양적 연구방법을 동시에 사용하는 simultaneous triangulation을 사용하기도 한다.

이러한 연구의 삼각측정(triangulation)을 위하여, 이중규(2003)는 연구 질문이 반드시 명확(The research question must be clearly focused)할 것을 점검해야 한다고 하였다. 둘째, 각 연구방법의 장점이 다른 방식의 단점을 보완해 주어야 한다(The strength and weakness of each chosen method must complement each other). 셋째, 연구방법은 연구현상의 특성과 관련성을 가지고 설정되어야 한다(The methods should be selected according to their relevance to the nature of the phenomenon being studied). 넷째, 연구과정 중에서 접근방법에 관한 평가가 지속적으로 이루어져야 한다(Continual evaluation of the approach should be undertaken during the study)는 것이다. 이와 같이 연구가 논리적이고 설득력 있는 과정을 통해 진행되는 것은 자아의 개입을 최소화할 수 있다.

정리 비과학적 방법에 의한 지식습득의 오류

1. 부정확한 관찰	2. 과도한 일반화	3. 선별적 관찰
4. 사후가설의 설정	5. 비논리적 추론	6. 자아가 개입된 이해
7. 탐구의 조기종결	8. 신비화	

(7) 신비화

우리는 흔히 과학적으로 증명할 수 없거나 혹은 이해할 수 없는 현상을 초자연적, 또는 신비한 현상으로 원인을 돌리는 경우가 있다. 그러나 과학적 방법론에서는 이러한 신비화 현상보다는 원인과 결과를 통하여 인과관계를 성립하고 미래를 예측하는 작업을 중요하게 보고 있다. 따라서 신비화의 오류를 최소화할 수 있기 위한 과학적 검증과정을 중요시한다.

(8) 탐구의 조기종결

과학적 탐구는 체계적인 충분한 검증과정을 거쳐 결론을 도출한다. 그러나 어떤 사실이 명확하게 판명되기 이전에 탐구를 성급히 종결한다면 과도한 일반화나 선별적 관찰, 비논리적인 추론 등이 발생할 가능성이 높아진다.

따라서 회의론자적인 입장으로 지속적인 반증(反證 ; 어떤 사실이나 주장이 옳지 않다는 것에 대해 그에 반대되는 근거를 들어 증명함)을 통하여 결론도출에 있어서 탐구의 조기종결의 오류를 최소화할 수 있도록 하는 것이 바람직하다.

비과학적 방법에 의한 지식을 습득(전통, 권위, 직관 등 일상적 방법에 의한 지식 습득)의 일반화에는 많은 오류가 발생하기 때문에 사회과학의 조사방법에서는 과학적 방법(체계적 증거기반)에 의한 지식 습득을 중요시 한다.

2 과학적 연구

1) 과학적 연구의 특징

과학적 연구는 다음과 같이 논리성, 결정론적 성격을 통한 일반성, 간결성, 구체성, 검증 가능성, 간주관성, 수정 가능성, 재생 가능성의 특징을 가진다.

(1) 논리성

논리성이란 어떤 현상이 시간적으로 앞선 현상을 일으킬 수 없다는 전제로 객관적인 사실이 뒷받침되어야 한다. 즉 통계학적으로 인과관계의 성립요건은 원인이 결과보다 시간적으로 선행해야 하고 두 변수 간의 상관관계가 있어야 하고, 두 변수 간의 관계에 있어서 두 변수 사이에 인과관계가 있는 것처럼 보이게 하는 외생변수가 없어야 한다.

(2) 결론을 통한 일반화

모든 과학적인 현상은 자연발생적인 것보다는 어떤 원인에 의해서 결과가 발생한다는 결정론적(확률적 결정)인 특성을 가지고 인과관계로 이해할 수 있어야 한다. 이러한 결과는 다른 유사현상에도 적용되어 일반화할 수 있는 타당성을 갖추고 있어야 할 것이다. 이것은 과학의 일반성을 뜻하는 것으로 개별적인 현상은 그것들에 대한 일반적인 경향을 토대로 하는 사물이나 현상의 이해(일반화)를 추구하게 된다.

(3) 간결성

과학적 현상은 어떤 현상을 이해하는 데 있어서 요구되는 최소한의 변수만을 이용하여 그에 대한 관계성 및 설명력을 도출할 수 있어야 한다. 이를 위하여 많은 변수들 가운데 가장 영향력이 있는 변수를 우선순위로 하여 인과관계를 살펴보는 방법이 적용되기도 한다.

(4) 구체성

과학적 검증방법에 있어서 구체성이란 각 개념의 이해를 정확하게 정의하는 것을 뜻하며, 이를 위하여 변수의 조작화를 연구에 도입한다. 예를 들어 우울의 개념은 연구의 범위 안에서 조작적 정의를 통하여 구체화할 필요가 있으며, 또한 연구에 적용하는 변수 역시 측정 가능한(예를 들어, 우울을 통하여 발생하는 현상의 횟수 등의 설정) 변수의 선정 과정을 통해 검증하고자 하는 개념들을 어떻게 측정할 것인지를 정확하게 밝힐 수 있다.

예 우울의 척도 – 구체적 변수로 측정함: 지각횟수 등

(5) 검증 가능성

검증 가능성이란 연구자가 제시하고자 하는 이론들은 반드시 경험적인 자료에 기반하여 이론의 타당성을 검증할 수 있어야 한다. 이는 논리실증주의 이후로 과학적 연구방법의 기틀이 마련되어 연역적인 방식을 통하여 인과관계의 가설을 설정하고 이를 증명하는 작업을 통한 증거기반주의를 과학적 과정에 적용할 수 있게 되었다.

예 논리 실증주의의 – 증거기반을 통한 검증을 요구함

(6) 간주관성(상호주관성)

과학적 기반을 통하여 연구하는 경우 각기 다른 주관적인 동기가 있다고 하더라도 동일한 연구의 결론을 얻어야 한다. 과학에서의 객관성은 어떤 정해진 문제에 대하여

관심을 가지고 이해할 수 있는 사람들 간의 동의를 뜻하며 동일한 환경에서의 동일한 연구를 통하여 공통적인 연구의 결과가 도출되는 것을 의미한다.

예 양적 연구의 타당성

용어설명 간주관성(間主觀性, intersubjectivity)

많은 주관(主觀) 사이에서도 공통적인 것이 인정되는 성질로 비슷한 말은 상호주관성(inter subjectivity)으로 설명될 수 있다.

(7) 수정 가능성

과학적 이론이나 연구결과는 언제든지 비판되고 수정될 수 있다는 의미로 모든 과학과 현상은 패러다임(paradigm), 즉 어떤 시대 사람들의 견해나 사고를 근본적으로 규정하는 커다란 테두리 혹은 틀(frame)으로써의 인식체계 또는 사물에 대한 이론적인 틀이나 체계를 통하여 발전하고 수정되는 것으로 결정론적 절대성은 있을 수 없다는 견해를 가진다.[3)]

예 패러다임은 새로운 패러다임으로 대체되기도 한다.

(8) 재생 가능성

재생 가능성이란 표준화된 방법에 의하여 누구나 동일한 결과를 얻을 수 있어야 한다는 이론이다. 즉, 일정한 절차와 방법에 의하여 연구를 반복하여 동일한 결과가 도출되

3) 이에 비하여 진리는 보다 보편적 개념으로 논리학적으로는 명제가 사실에 정확하게 들어맞아 자연법칙 등에 모순되지 않는 정당함을 의미하며 언제 어디서나 누구든지 승인할 수 있는 보편적 법칙 혹은 사실을 뜻한다.

어야 한다는 것이다.

예 연구의 신뢰성

정리 과학적 연구의 특징

1. 논리성 2. 일반화 3. 간결성 4. 구체성
5. 검증가능성 6. 간주관성 7. 수정 가능성 8. 재생 가능성

3 과학적 연구방법의 두 가지 논리체계

1) 연역적 방법

(1) 연역적 방법의 개념

연역적 방법(deductive method, 연역법)은 일반적인 원리나 이론으로부터 특수한 사실들을 이끌어내는 방법으로 일반적인 원리나 이론을 도출하기 위하여 'A는 B에 영향을 미칠 것이다'라는 가설을 설정한 후에 이를 경험적인 방법을 통하여 증명하는 방법으로 주로 과학적 연구에서 많이 사용한다.

(2) 연역적 방법의 절차

연역적 방법[4]이란 이론을 통하여 가설을 설정함 → 조작화(가설의 구체화) → 관찰 및

4) 보편적 법칙이나 일반적 주장으로부터 특수한 법칙이나 주장을 끌어내는 연구방법이다.

경험 → 결과의 검증(가설의 채택 혹은 기각)의 단계를 거친다.

가설의 설정		조작화		관찰 및 경험적 결과도출		검증
모든 사람은 죽는다	⇨	소크라테스는 사람이다	⇨	그러므로 소크라테스는 죽는다	⇨	'모든 사람은 죽는다'라는 논리를 검증

[그림 1-1] 연역적 방법의 일반적인 예

(3) 연역적 방법의 한계

연역적 방법은 어떤 현상을 보다 심층적이며 구체적인 사례의 접근에 어려우며 현상의 공통적인 일면을 볼 수 있다. 이러한 연역적 방법은 양적 연구에서 많이 사용된다. 참고로 양적 연구에서 한 시점에 있어서의 다양한 현상 간의 관계를 규명하는 것을 횡단적 연구라 하고, 시간에 따라 변하는 변수의 양상을 연구한다면 이를 종단적 연구 혹은 시계열적 연구(time sequential research)라고 한다.

2) 귀납적 방법

(1) 귀납적 방법의 개념

귀납적 방법(귀납법 inductive method)이란 특수한 사실들에 대하여 새로운 사실이 없을 때까지 충분한 관찰을 거쳐서 그를 통하여 공통적인 것을 찾아내어 일반적인 원리나 이론으로 이끌어내는 방법이다. 즉, 특수한 현상에 대한 경험적인 통찰력을 가지고 관찰과 체계적인 반복에 의해 일반적인 원리를 이끌어내는 것이다.

(2) 귀납적 방법의 절차

귀납적 방법의 절차는 다음과 같이 요약할 수 있다. 즉, (주제의 선정) → 관찰 → 유형의 발견(경험적 일반화) → 결론의 도출(이론)의 과정을 통하여 결론에 이르는 방식이다.

주제의 선정		체계적 관찰		유형의 발견		연구의 결론
인간의 죽음	⇨	소크라테스의 죽음 관찰	⇨	다른 사람들의 죽음 관찰	⇨	그러므로 모든 사람들은 죽는다.

[그림 1-2] 귀납적 방법의 예

(3) 귀납적 방법의 한계

귀납적 방법은 개별 사례의 체계적 관찰을 통해 공통된 성질을 일반적 명제로 확립하는 추론적 방법이다. 즉, 특수한 개별 사례들로부터 일반적인 주장을 끌어내는 추론과정을 의미한다. 이는 보편적 법칙이나 일반적인 이론으로부터 특수한 법칙이나 주장을 끌어내는 연역적 방식(deductive method)과 대조적이라고 할 수 있다. 귀납법(induction)은 결국 관찰이나 실험을 통하여 심층적 자료를 수집하고 정리하여 그를 통하여 결론에 도달하게 된다. 이는 역사적으로 베이컨(F. Bacon)과 밀(J. S. Mill)에 의하여 경험과학의 방법으로 사용되기 시작하였으며 현대사회에서 질적 연구방법에 많이 활용되고 있다.

3) 연역적 방법과 귀납적 방법의 상호관계

① 연역적 방법과 귀납적 방법은 상호보완적 관계를 가지며 연구의 특성에 따라 적절한 방식이 적용될 수 있다. 예를 들어 통계적 자료에 기초하여 일반화 시킬 수 있는 자료의 도출은 연역적 방식이 적합하며, 인간의 내면에 대한 성찰과 탐구

및 심리적 역동성을 다루는 문제에는 귀납적 방식이 적합하다.

② 한편 기존 이론이 존재하는 경우에는 선이론을 토대로 하여 후조사의 연역적 방법을 적용하며, 기존 이론이 존재하지 않을 때는 선조사와 탐색 이후 충분한 관찰을 거쳐 이론을 정립하는 귀납적 방법을 사용하는 것이 적합하다.

정리

- 연역법은 양적 연구에서 가설을 검증하는 방식으로 이론을 검증한다.
- 귀납법은 관찰을 통한 내용을 토대로 새로운 이론을 정립한다.

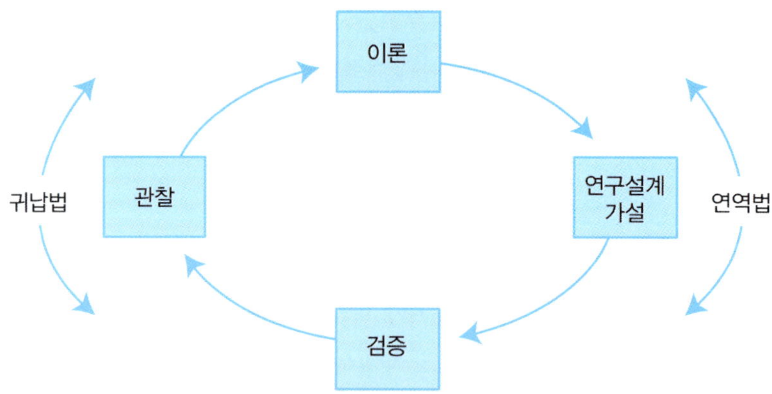

[그림 1-3] 연역적 방법과 귀납적 방법의 상호관계

4 사회과학과 자연과학

1) 개 념

(1) 사회과학

사회과학(social science)은 인간과 사회가 상호작용하여 상호 영향을 미치는 관계로 바라보며 따라서 인간의 모든 행위를 통한 사회현상을 분석하여 일반적인 법칙을 찾아내려는 인지적 활동이다.

(2) 자연과학

자연과학(natural science)이란 자연을 통한 모든 현상과 물리적 체계를 탐구하고자 하는 인지적 활동이다. 자연과학의 관찰과 탐구를 통하여 수리 및 천체학, 물리학, 생체학 등의 학문적 이론이 정립되었다.

2) 사회과학과 자연과학의 차이점

표 1-1 사회과학과 자연과학의 차이점

사회과학	자연과학
사고의 가능성이 인간과 사회의 활동을 중심으로 연구한다.	자연, 사물, 인간 등 사고의 가능성이 넓다.
사고의 도식화에 관한 타당성에 관심을 갖는다.	수학적 공식과 같은 분석기법에 의해 논리적 사고의 체계와 도식화를 강조한다.
사회문화적 특성에 영향을 많이 받는다.	보편적 진리추구를 통한 이론의 정립 등을 목적으로 한다.

3) 사회과학의 특성

(1) 연구대상의 가변성과 복잡성

인간의 모든 행위를 토대로 하는 사회현상은 매우 복잡하고 다양하며 그 시대나 문화의 영향을 받기 쉬우므로 시대와 문화를 초월한 일반화는 쉽지 않다. 또한 인간의 모든 행위는 사회의 영향을 받으며 개인의 동기와 의도, 개별성 등이 수반되므로 이를 일반화하는 것에는 주의를 요한다.

(2) 윤리성

인간을 대상으로 하는 경우에는 수단으로 사용되어서는 안 되며 인간을 목적으로 사용되어야 하므로 연구의 윤리성과 비밀보장 등이 준수되어야 하고, 연구과정에 있어서도 연구대상에 대한 존중이 필요하다.

(3) 통제와 조작의 어려움

연구대상을 인간으로 할 때에는 인간의 행동에 대한 예측이 심리적 요인을 토대로 하는 경우가 많으므로 다양한 경우의 수를 통제하거나 조작화하는 것에는 어려움이 있다.

(4) 사회문화 및 시간적 요인

사회조사연구는 연구자의 사회문화 및 시간적 요인에 의해서 영향을 받으므로 사회현상에 대한 설명은 시대와 문화 및 시기에 의하여 영향을 받는다. 특히 노인이나 아동 및 청소년 등은 시간에 따른 성숙의 효과가 작용하므로 이에 대한 통제집단을 두는 것에 주의를 요한다.

(5) 가치중립과 가치개입의 불가분성

연구자가 자신의 가치관이나 그 시대에 준거로 삼고 있는 지배적인 가치가 주관적으로 학문에 적용될 수 있으므로 연구자의 가치개입은 연구결과를 왜곡할 수 있으므로 이에 대하여 주의해야 한다. 특히 연구에 있어서 피란델로 효과(Pirandello Effect)는 사회과학에서는 관찰대상이 관찰자 자신의 의식의 영향을 받아 주관적 해석이 가능할 수 있으므로 사회현상을 분석하는 과정에서 객관성이 결여되지 않도록 주의를 기울여야 한다.

용어설명 피란델로 효과

자신과 다른 유형의 사람에게 처한 다른 현실에 자신의 입장에 대입하는 경우에 주관적인 잘못된 해석이 내려질 가능성을 배제할 수 없다.

5 과학철학(philosophy of science)[5)]

1) 실증주의

실증주의(positivism)는 형이상학적인 관점을 지양하고 관찰이나 실험으로 검증된 증거기반의 지식만을 인정하는 인식론적 방법론으로 19세기 후반 콩트(Auguste Comte, 1798~1857)를 중심으로 시작된 이래 경험적으로 인식할 수 있는 대상을 연구의 대상으로 한정한다. 이러한 관점에서는 사실들 간의 인과관계를 과학적으로 정립하고자 한다.

콩트(1798~1857)

'실증주의'라는 어휘를 처음 사용한 사람은 프랑스의 생시몽(Comte de Saint-Simon, 1760~1825)으로 알려진 바 있으며 이를 사회 및 철학적 사조로 정립시킨 사람은 콩트이다. 그는 자연과학의 실증적 방법이 인간과 사회현상에 관한 탐구에 적용되어야 한다고 보았으며 기존의 형이상학적 시대적 사조에 변화를 가져왔다. 이후 이러한 사상은 '빈 학파(Wiener Kreis)'에 영향을 미쳤으며 1920년대 논리실증주의(logical positivism)를 통하여 과학적 태도 및 경험적 검증에 영향을 미쳤다.

2) 경험주의

경험주의(empiricism)는 실증주의의 실증적 확인을 보완하기 위해서 출현하여 과학이

---

5) 과학철학은 과학적 방법의 모든 문제를 중요한 내용으로 다룬다. 그 중 신칸트학파는 과학적 인식에 대하여 자연과학을 법칙정립적이라 보았고, 역사나 문화과학을 개성 기술적(個性 記述的)이라 보았다. 이와 같이 그들은 자연과학을 설명적 과학으로 보았다. 과학적 방법론은 과학적 논리학이라고도 하며, 기호논리학(記號論理學)과 함께 발전하였다. 한편 경험론은 미국의 프래그머티즘에 영향을 주었다.

론들이 '확률적으로 검증된 관찰'에 의해서만 정당화될 수 있고 이를 위해서는 경험적 검증과정을 거쳐 진리로 발전된다고 주장하였다. 이 이론의 기본원리는 개념은 실제적인 경험과 연결되었을 때 파악될 수 있고, 어떤 명제(命題)의 정당성은 경험에 의하여 인지되어야 한다고 보며, 따라서 권위나 직관 혹은 상상이 신념의 근원이 되는 것을 반대한다.

로크(1632~1704)

근대 경험론은 17세기 영국의 베이컨(F. Bacon)과 로크(J. Locke) 등에 의하여 제기되었다. 그러나 한계로는 소수의 관찰에 의한 논리적 판단의 신뢰성과 관찰자의 주관에 의한 측정의 오류를 배제할 수 없다는 것이다.

3) 반증주의

반증주의(falsificationism)란 가설이나 이론이 관찰과 실험에 의해 확인을 받게 된 이후에 반증된 가설이나 이론을 통해 더 우수한 가설로 이론이 대체되어 과학이 발전한다는 것으로 가설은 반증의 시도를 극복하면서 발전되어 더 우수해질 수 있다는 가정을 지지한다. 이는 잠재적으로 반박할 증거가 존재할 가능성을 통하여 기존 이론의 모순에 대한 계속적인 반증과정은 과학적 발전의 토대가 된다. 그러나 한계점으로는 검증의 목적을 반증에 두므로, 필요한 가정과 전제를 쉽게 왜곡시킬 가능성이 있으며 관찰방법에 있어서 신뢰성이나 타당성이 부족하게 반증될 경우 실제로 옳은 이론이 부정될 가능성도 있다는 것을 유의해야 한다.

4) 해석주의

해석주의(interpretation)는 해석학적 관점을 적용하여 인간의 내면의 의식을 탐구하는 학문적 조류이다. 이는 실제성(reality)보다 그에 대한 의미성(meaning)의 영역(domain)에 의하여 현상(phenomena)을 다루고자 하는 사회과학의 한 조류이다. 이는 한 사회(society)의 이해(understand)는 인간의 내면에 대한 탐구에 있다고 보며, 인간사회(human society)는 내면의 이해를 바탕으로 자연과학(natural science)은 설명(explain)을 바탕으로 하여 다른 성질이 있음을 이야기하고자 하였다.

이를 통하여 인간의 내면의 의식구조에 대하여 후설의 현상학은 인간의 내부(inner/insight)의 중요성을 설파했고, 슐라이어마허(Schleiermacher)는 언어학을 통해 정신활동(mental activity)의 중요성을 강조하였다. 이는 해석학의 근간으로 이러한 인간의 내면은 전체의 사회와 상호 연결되어 있으며 상호작용한다는 관점을 가지고 있다. 즉, 이러한 상호작용의 역동적인 순환구조가 인간의 사회라는 것이다. 고전적 해석학에서는 부분(part)과 전체(whole) 간의 순환을 주목하여 전체는 다시 각각의 부분(part)으로써 파악된다고 보는 순환성(hermeneutic circle)을 고전해석주의의 과정(process)으로 보았다. 따라서 인간은 사회적 상호작용을 통해 의미체계를 구성하고 사회현상을 해석하고자 하는 존재이다. 그러므로 해석주의에 의하면 사회적 현실은 사람이 경험하고 의미를 부여함으로써 인간의 의식 속에 존재하는 것이며 이론의 진위구별기준을 '의미에 대한 해석'으로 보고 있다. 이는 오늘날 질적 연구방법의 모체가 되었다.

뒤르켐(1858~1917)

5) 비판적 사회과학(critical theory of society)

하버마스(1929~)

인간은 잠재력과 창의력을 가지고 변화하는 존재이다. 하버마스(Jurgen Habermas)는 사회의 비판을 통하여 언어구조 속에서 비판사회이론의 규범적 차원을 발견하였다. 그는 언어구조에 잠재하고 있는 합리성의 표현은 다수의 의견을 일반화하는 민주제도, 정당성의 원리 등에 발현되고 있다고 보았다. 그는 이러한 비판적 분석의 틀이 현대사회의 규범적 근거를 부여하는 기능이 된다고 하였다. 그러므로 사회적 현실은 사회현실에 내재하면서 동시에 현실을 변화시키는 원인에 주목하기 위해 이 이론의 진위구별기준을 '사회적 현실에 대한 개인의' 이해와 '사회적 관계의 변화에 어떠한 상호작용'을 통해 기여하는 지를 중점적으로 살펴보게 된다.

6) 과학혁명(scientific revolution)

토마스 쿤(1922~1996)

토마스 쿤(Thomas Kuhn, 1922~1996)은 그의 저서 『과학혁명의 구조』(The Structure of Scientific Revolution)에서 과학이 진리이기보다는 패러다임에 따른 지적인 활동이라고 하면서 상대주의적 입장의 논의를 위해서 패러다임이라는 용어를 사용했다. 이러한 용어는 새로움을 추구하려는 다양한 분야의 발전과정을 설명하고 있다. 즉, 이러한 이론은 다음과 같이 과학의 성격을 제시할 수 있다.

① 기존 패러다임에 구속되면 새로운 인식체계의 추구에 대한 과학발전을 더디게 하므로 이러한 구속에서 벗어나 새로운 패러다임을 제시하는 것이 과학의 활동이다.

② 토마스 쿤(Kuhn)은 과학혁명의 구조를 정반합, 즉 정상과학(정)－위기(반)－새로운 과학(합)의 변증법으로 설명하고자 하였다. 이는 정상과학이 기존과학화되어 신과학의 도전을 받았을 때 새로운 정상과학의 요구로 신 패러다임이 출현한다는 것이다. 그리고 이렇게 생겨난 새로운 이론(패러다임)도 영원히 완벽하지 않으며 따라서 또 다른 도전에 의하여 새로운 과학이 탄생하게 된다고 하였다(변증법 패러다임의 역사적 활용).

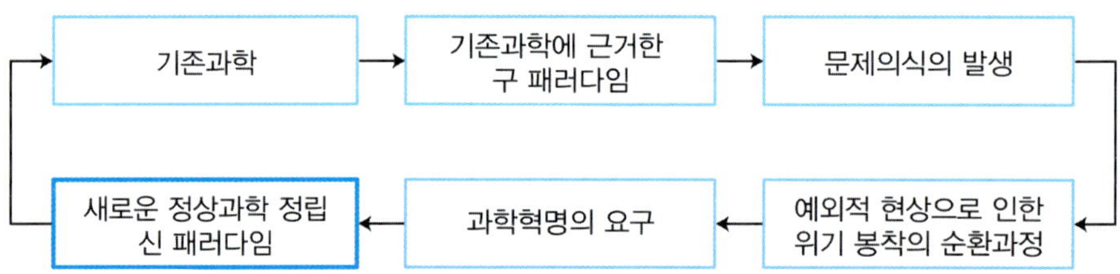

[그림 1-4] 과학혁명의 과정의 순환

용어설명 패러다임(paradigm)

한 시대 사람들의 견해나 사고를 근본적으로 규정하는 커다란 조류 및 테두리로서 인식의 체계 혹은 사물에 대한 이론적인 틀(frame)이나 체계(system)를 뜻한다.

정리 과학철학에 영향을 미친 시조

1. 실증주의
2. 경험주의
3. 반증주의
4. 해석주의
5. 비판적 사회과학

2절 사회복지조사의 연구방법론

1 연구방법론의 개요

1) 연구방법론의 개념

연구방법론(research methodology)이란 인간의 존재(ontology) 및 사회적 가치(social value)와 사회현상(social phenomenon)을 과학적으로 탐구하기 위하여 방법론적으로 적절한 연구방법을 정립하기 위하여 다양한 기술, 수집, 분석의 기준을 통해 연구과정을 통제하는 이념, 철학 및 지식체계라고 할 수 있다.

2) 양적 연구방법론[6]의 특성

① 경험적 검증 가능성을 토대로 하여 경험주의 방법을 사용한다.

② 인간행동과 사회현상에 대한 법칙을 통하여 일반화의 가능성을 모색한다.

③ 인간의 합리적 사고 작용을 기초로 과학적 절차를 통해 검증한다.

④ 과학적 접근방법을 종합적으로 적용하여 객관적 접근방법을 지향한다.

---

6) 양적 연구는 조사시기에 따라 횡단적 연구, 종단적 연구로 분류될 수 있다. 그리고 종단적 연구는 다시 동일한 표본에 대하여 2회 이상 정기적으로 변화의 추이를 검증하는 패널연구 또는 추이연구 등으로 구분될 수 있다. 이러한 방법으로는 전수조사와 표본조사가 있으며, 방법론적으로는 방문 설문조사, 전화조사, 우편조사 등이 활용된다.

3) 질적 연구방법론의 특성

① 관찰을 통한 귀납적 방법을 적용한다.

② 선입견을 통제하고 해석학적 관점을 견지한다.

③ 인간의 심리내면의 역동성의 관찰을 통해 그에 대한 의미성을 도출한다.

④ 다양한 연구방법으로 언어를 통하여 의식의 흐름을 연구하는 해석학적 연구, 현상을 통해 정수(essence)를 발견하고자 하는 현상학, 문화적 사조의 연구에 적용되는 참여관찰을 통한 민속지 혹은 문화기술학, 질적 연구의 단점을 보완하고 유기적인 카테고리 간의 프로세스를 통해, 맥락과 중심현상 등을 통해 핵심현상을 밝혀내는 근거이론, 특수한 심리적 맥락을 중요시하는 내러티브 연구(이야기체 연구), 특정사례를 통하여 대표성을 도출하는 사례연구, 개인의 일대기를 통해 특수한 의미를 도출해내는 생애사연구 등 독특한 각각의 방법론을 적용한다.

4) 연구방법론의 목적

(1) 보고

보고(announcement) 는 연구 결과를 추론이나 단순 결론에 그치지 않고 그에 대하여 시각적 자료나 통계수치의 함의를 도출하고 요약 · 정리하여 그에 대한 사회적 대응방안을 모색하는 기능이다.

(2) 기술

인간의 행동이나 사회현상 등을 기술(description)하거나 정의하는 것을 통한 변수 간의 상관관계의 규명은 기술의 한 가지 특성으로 이를 통하여 변인 간의 단순기술통계가 아닌 인과관계의 기초를 설명할 수 있다.

(3) 설명

설명(explanation)이란 현상이 발생하는 원인과 결과를 예측하기 위해서 사용되는 보다 정교한 과정으로 일반적으로 이론적 배경의 조사를 통하여 가설을 설정하고, 설정한 가설상의 인과관계를 검증과정을 통해 이론으로 발전시키게 된다.

(4) 예측

예측(forecasting)이란 다양한 과학적 연구방법을 적용하여 이론의 기본 명제로부터 함의를 가지는 명제를 추론하는 것이다. 이를 위해서는 수집된 자료를 다각적으로 분석하여 미래의 상황을 추정하며, 이를 위하여 신뢰성과 타당성이 갖추어진 검증이 요구된다.

(5) 연구방법론의 역할

상기와 같은 과정은 적합한 연구방법을 통하여 도출되며 이는 자료수집이나 분석의 기본 틀이 되는 것으로 변수 간의 설명적인 법칙을 발견하고 연구결과를 통하여 이론화에 기여하여 학문과 이론을 체계화하는 역할을 한다. 이러한 연구의 결과는 미래 인류사회에 기여하도록 도움이 된다. 따라서 과학적 방법을 익히는 작업은 현실을 분석하고, 보다 바람직한 미래사회를 지향하는 것에 있어서 올바른 도구적 역할을 하는 수단이 된다.

정리 연구방법론의 목적

1. 보고 2. 기술 3. 설명 4. 예측

2 사회복지조사의 개요

1) 사회복지조사

(1) 사회복지조사의 정의

사회복지조사(Social Welfare Research)는 사회복지(social welfare)의 목적을 달성하기 위한 하나의 도구이며, 사회적 문제해결과 인간의 욕구를 충족하기 위한 사회적 방안을 강구하기 위하여 그에 필요한 자료를 수집하고 분석하는 과학적인 지식탐구의 절차이다. 이는 기존의 사회과학(social science)과 응용사회과학(science applied social science)에 더하여 실천적 의미를 강조하는 사회복지 현장에서의 도구적 역할의 중요성에 따라 사회복지조사가 연구에 적용되었다. 또한 인간의 다양한 사건과 개입을 바탕으로 하는 사회복지학(social welfare)이 학문으로 자리잡기 위해서는 체계적인 접근방식을 통한 사회조사라는 과학적 방법이 적용될 필요가 있다. 예를 들면, 어떤 현상에 대하여 개념화와 조작화를 통하여 가설을 설정하고 그에 대한 학문적 정립은 인간의 행동과 심리의 역동성을 연구하는 데에 많은 도움이 되었다.

산업혁명 이후 다양한 인간의 문제, 즉 도시화로 인한 빈곤문제, 가족문제, 노동문제 등에 대한 체계적 연구는 오늘날 조사(survey)의 기초가 되는 표본추출, 태도조사, 각종 서비스 만족도 조사 등 다양한 사회문제에 대처하는 사회복지조사 연구방법의 토대가 되었다. 사회복지조사 연구는 일반적으로 ① 탐색, ② 기술, ③ 설명 및 예측으로 구분될 수 있다. 먼저 탐색은 미지의 분야나 기존의 연구가 부재한 경우 문헌조사, 전문가 의견조사, 면접, 사례조사 등을 통해 접근된다. 둘째, 기술의 목적은 어떠한 현상에 관한 원인보다 특성을 파악하고자 한다. 셋째, 설명은 변수 간의 인과관계를 규명하며 인과

관계의 정밀성을 위해 분산분석, 다중 회귀분석, 교차 분석 등의 추리통계가 활용된다. 이러한 연구방법은 인간의 각종 사회문제에 대한 대처가 가능하게 하고 다양한 고령화 저출산 문제 등에 대하여 요인분석 및 경로분석 등을 통하여 보다 정교한 대처가 가능하도록 하는 토대가 되었다.

따라서 올바른 측정방법을 위해 변수의 측정개념, 척도의 종류, 척도의 구성, 측정의 신뢰도와 타당도에 관한 부분을 숙지하고 그에 대한 적절한 자료수집방법과 표본설계에 대하여 알고 있어야 한다. 또한 그에 대한 연구방법으로 단순 욕구조사를 비롯하여 크게는 양적 및 질적 연구방법을 익히고 그에 필요한 기초도구로 변수의 개념정의, 조작화, 변수설정, 가설의 정립, 신뢰도, 타당도, 설문조사의 분포의 종류 및 특성등을 익혀야 할 것이다. 이를 통하여 각종 사회복지실천 영역에 있어서의 과학적 조사기반이 확립된다. 이를 정리하면 사회복지조사의 특성은 다음과 같이 정리할 수 있다.

(2) 사회복지조사의 특성

① 순수조사와 응용조사의 활용

사회복지조사는 사회에 대한 지적 이해를 위한 순수조사의 측면도 있지만, 인간의 욕구충족과 사회문제의 해결을 위한 지식의 생산 및 적용하려는 측면에서 응용조사의 성격도 강하다고 할 수 있다.

② 사회문제의 대처 및 계획적 특성

사회복지조사의 유형 중 욕구조사 등을 통하여 사회의 문제에 대한 클라이언트의 욕구와 그에 따른 대상자 선정과 욕구의 성격 및 수준을 분석하여 적합한 사회복지서비스를 체계적으로 제공할 수 있도록 도와준다.

③ 평가적 특성

사회복지조사는 사회복지서비스의 효과성과 효율성을 평가하기 위한 도구로 활용될 수 있으며 그에 대한 환류(피드백)로 향후 보완 프로그램이나 요구되는 대안이 사회복지의 욕구에 적합한 것인지에 대하여 대응할 수 있도록 한다.

④ 과학적 특성

사회복지조사는 사회복지의 과학적 실천을 가능하게 하며 다양한 인간의 문제에 보다 정교하게 대처하기 위하여 사회복지와 관련된 사실이나 현상 등을 체계적으로 분석하고 그에 대한 가설의 설정 및 실험적 방법을 통해 보다 나은 미래의 구현에 도움이 된다.

⑤ 학문적 기여

㉠ 사회복지의 과학적 기초를 구성한다

사회복지학은 인간을 대상으로 실천을 강조하는 학문이므로 학문적으로 과학적 기초를 구성하기 위해서는 과학적 방법인 체계적 조사방법을 활용하여 적용하는 것이 투자 재원에 대한 효과 및 효율성의 증진과 클라이언트에 대한 책무성을 달성하는 것이다. 따라서 사회복지사는 정확하고 체계적인 사회복지조사방법을 활용함으로써 클라이언트의 문제를 좀 더 과학적이고 심층적으로 해결할 수 있도록 해야 한다.

㉡ 사회복지이론과 기술체계 구축에 유용하다

사회복지조사는 클라이언트와 재원의 제공자에게 보다 분석적이고 경험적 증거를 제공함으로써 과학적 기반의 지식체계를 형성하고 일반화시켜 직·간접적으로 인간애를 기반으로 하는 사회복지실천을 가능하게 한다. 이를 위하여 과학적 방법의 적용과 함께 윤리적 사항에 관하여서도 숙지할 필요가 있다.

(3) 사회복지조사의 고려

① 경험적 인식의 범위

사회복지조사는 인간이 경험적으로 인식할 수 있는 대상과 범위 내에서 인간을 중심으로 하는 사회문제를 다루게 되며 사회적 아젠다의 형성 및 사회적 소수자, 그리고 사회적 사각지대에 대한 대응에 대하여 대처하는 범위에서 진행된다.

② 시간 및 비용의 범위

사회복지조사는 제한된 기간 동안 진행되며 이에 따라 정확한 분석을 위해서 정보의 수집은 표본의 대표성이 고려되어야 하는데, 그에 있어서 재원의 범위에서 진행되는 사회복지조사의 결과의 적용은 재원의 범위 안에서 적용되어야 하는 제한적 특성을 갖는다.

③ 사회적 요인의 제한

사회복지조사에 대한 결과는 의사결정에 있어서 관련 기관이나 관련 부서의 선호가 개입될 수 있다. 즉 논리적 타당성이나 합리적 사유보다는 해당 시점의 지배적인 이념이나 정치적 통제, 문화요인 등 다양한 사회요인에 의한 제한이 있을 수 있으므로 이에 대한 통찰이 필요하다.

④ 사회복지조사의 윤리성

사회복지조사의 진행에는 특히 윤리성이 중요한 이슈가 된다. 윤리적 문제로 대표적인 것은 고지된 동의와 사생활 및 비밀의 보장이라고 할 수 있다. 또한 연구윤리로는 생명에 관한 윤리와 연구대상에 대한 윤리 등이 있을 수 있으며, 자료보관 및 개인정보 등에 대한 관리도 함께 이루어져야 한다.

㉠ 연구내용 및 주제에 관한 문제

사회복지조사의 연구내용이나 주제가 인간에게 해를 주거나 사회적 윤리에 어긋나지 않도록 하는 범위에서 진행되어야 한다. 연구내용을 제한하는 윤리기준은 시대와 사회에 따라 달라질 수 있다. 이러한 문제는 인간복제에 관한 대표적 연구윤리와 연구의 목적이 사회적으로 유용한 기여가 되는 연구함의가 높은 분석이 사회적으로 영향력 있는 연구가 될 것이다.

㉡ 연구대상 및 과정에 관한 문제

사회복지조사는 연구의 대상을 수단이 아닌 목적으로 하여 조사되어야 한다. 따라서 연구대상자에게 신체 · 정신 및 심리 · 물질 · 법적인 피해가 되어서는 안 되며 연구대상자의 사전 승낙이 필요하다. 이것은 고지된 동의로 연구대상자가 연구의 내용을 알고 이를 사전에 동의해야 한다. 일부 실험연구의 경우에는 실험의 통제를 위하여 조사의 모든 과정이 공개되지 못하는 불가피한 경우를 제외하고는 이에 대하여 최대한 연구윤리를 갖추는 것이 필요하다.

㉢ 연구결과에 관한 문제

연구결과에서 얻은 자료는 연구대상자의 익명성을 보장하여야 하며 자료원(data source)에 관해 비밀을 보장해야 한다. 이를 위하여 우편조사의 경우에는 이를 넘버링하여 매칭하거나 연구결과의 사용범위를 미리 연구대상자에게 고지할 필요가 있으며 긍정적인 결과뿐만 아니라 예측되지 않은 부정적인 결과도 보고하여야 한다.

정리

• 사회복지조사의 특성

1. 순수조사와 응용조사의 활용
2. 사회문제의 대처 및 계획적 특성
3. 평가적 특성
4. 과학적 특성
5. 학문적 기여

• 사회복지조사의 고려할 점

1. 경험적 인식의 범위
2. 시간 및 비용의 범위
3. 사회적 요인의 제한
4. 사회복지조사의 윤리성

• 사회복지조사의 윤리성

1. 연구내용 및 주제
2. 연구대상 및 과정
3. 연구결과의 문제 점검

CHAPTER 02

사회복지조사의 기본이해

Reserch Methods for Social Welfare

1절 사회복지조사방법의 유형

1 조사연구의 유형

1) 조사목적에 따른 분류

사회복지조사방법에는 다음과 같은 조사가 실시된다. 이는 크게 탐색적 조사, 기술적 조사, 설명적 조사로 분류될 수 있다.

(1) 탐색적 조사

탐색적 조사는 다음과 같은 경우에 적용된다. 연구하고자 하는 주제가 기존의 선행연구에서 연구된 바가 적어 그에 대한 새로운 탐색을 요하거나, 해당 주제에 관한 자료가 충분하지 않은 경우 사전에 실시하는 예비조사가 이에 해당한다.

탐색적 조사(exploratory research)의 종류로는 문헌조사, 전문가 의견조사, 경험자 의견조사, 사례조사 등이 있다. 여기에서 문헌조사란 조사대상이나 조사 분야에 관한 지식이 부족할 경우 관련 분야의 서적이나 통계자료집 등을 활용하여 그에 대한 2차 분석을 실시하거나 기타 2차 자료를 활용하는 방법이 활용된다. 전문가 의견조사 혹은 경험자 의견조사는 조사 분야에 관한 전문적 지식이나 경험을 가지고 있는 사람으로부터 사전 정보를 얻는 방법이다. 그리고 사례조사는 연구하고자 하는 사례나 유사한 상황을 찾아 이를 분석함으로써 상황에 대한 논리적인 추론을 가능하도록 한다.

(2) 기술적 조사

기술적 조사(descriptive research)란 기본적인 분석에 해당하며 사회현상에 대한 분석으로 해당 자료의 분포에 따른 특성, 배경 및 관계 등에 관한 정확한 기술(description)을 목적으로 하는 조사를 뜻한다. 따라서 다소 보고서적인 성격을 지니며 실태조사의 형식에 가깝다.

주로 정책결정을 위한 기본 자료의 축적을 위해 활용된다. 예를 들면 통계청에서 실시하는 사회통계조사가 이에 해당한다(이를 통한 2차 분석을 통하여 보다 인과관계적인 자료를 도출한다면 이는 설명적 조사에 해당할 것이다). 탐색적 조사의 역할은 이를 통해 얻은 지식을 바탕으로 연구문제와 가설을 설정한 후 본격적인 설명적 조사를 할 때 실시한다. 기술적 조사의 의의는 어떤 현상의 발생빈도, 비율을 파악하기 위해서 사용되며, 그러므로 변수 간의 상관관계를 기술할 수는 있으나 그에 대한 정확한 인과관계의 규명을 목적으로 하지는 않는다.

(3) 설명적 조사

설명적 조사(explanatory research)는 이론적 배경을 토대로 하여 사회현상에 대하여 '왜'라는 문제의 원인을 묻는 질문으로부터 출발하여 그에 대한 해답을 분석을 통해 도출하기 위하여 실시하는 조사이다. 그러므로 기술적 조사의 결과를 바탕으로 하여 보다 구조화된 분석방법을 적용하여 변수 간의 인과관계를 규명하거나, 미래를 예측하는 조사라고 할 수 있다.

2) 조사용도에 따른 분류

사회복지조사는 그 적용에 따라 순수조사, 응용조사, 평가조사로 활용될 수 있다. 먼저 순수조사(pure research)는 사회현상에 관한 기본지식의 탐구 자체만을 목적으로 현상에 대한 이해를 위하여 실시하는 조사이다. 따라서 순수조사의 경우에는 사회문제를 해결하는 데 있어서 직접적인 도움을 주기보다는 특정한 정책이나 문제에 대한 기본적인 지식을 제공하기 위하여 실시된다. 둘째, 응용조사(applied research)는 특수한 사회현상 혹은 문제에 대한 정보를 통하여 문제를 해결하기 위한 목적을 가지는 조사로 사회복지 실천 현장에서 많이 실시되고 있는 욕구조사 등이 이에 해당한다. 마지막으로 평가조사(evaluation research)는 사회정책이나 제도 및 프로그램 등에 대한 적합성 등에 대하여 정확한 정보를 얻기 위하여 실시된다. 그 밖에도 기타 실험적 연구 등이 있을 수 있다.

3) 조사범위에 따른 분류

(1) 전수조사

전수조사(population research, 모집단조사)란 연구대상 및 표집의 틀이 모집단 전체가 되는 것이다. 그 대표적인 예로는 인구조사로 이는 인구주택 총 조사 등으로 접근된다. 모집단 전체조사는 표본선정으로 인한 오차는 없지만 비표본 오차가 크므로 표본조사보다 반드시 더 정확하다고 할 수는 없다. 또한 복잡하고 비용이 많이 들기 때문에 비용이나 시간 면에서 활용에 한계가 있다.

용어설명

- 표본오차(標本誤差, sampling error): 표본의 통계치에서 모집단의 추정치(=모수치)를 추정하는 과정에서 발생하는 오차로 샘플링(sampling)을 통한 표본조사에서만 발생한다.
- 비표본오차(非標本誤差, nonsampling error): 비표본오차란 자료의 조사 및 집계과정에서 발생하는 오차이며 전수조사와 표본조사 모두에서 발생하게 되는 특징이 있다.

(2) 표본조사

표본조사(sample research)란 모집단을 대표할 수 있는 표본추출을 통하여 모집단의 특성을 추정하고자 하는 조사이다. 따라서 특징으로는 표본오차가 있을 수 있으며 경우에 따라 전수조사보다 더 정확한 자료를 얻을 수 있다. 그러나 모집단에 대한 대표성을 가질 수 있는 올바른 표본의 추출방법이 필요하며 따라서 비교적 시간과 비용이 적게 드는 장점이 있다. 그러나 표본추출이 잘못된다면 모집단의 예측에 있어서 연구결과를 일반화시키기 어렵다는 단점이 있으므로 연구자는 표본추출방법에 대한 장단점을 잘 숙지하고 있어야 한다.

4) 조사시점에 따른 분류

(1) 횡단조사

횡단조사(cross-sectional research)란 일정한 시점에서 서로 다른 특성을 지닌 광범위한 표본집단을 대상으로 조사를 실시하는 것을 뜻한다. 예를 들면, 연령대별 교육복지 만족도조사나 각종 성별 비교 등이 있을 수 있다. 횡단조사는 한 시점을 기준으로 조사하는 것이므로 간편하고 상대적으로 시간과 비용은 적게 들지만, 어떤 현상의 단면을 한 시점을 중심으로 분석하는 것이므로 현상의 진행과정이나 성장이나 변화의 추이는 측정할 수 없는 단점이 있다.

(2) 종단조사

종단조사(longitudinal research)는 연구대상을 여러 시간에 걸쳐 동일한 주제를 연구하여 변화추이를 살펴보는 것을 목적으로 한다. 따라서 설계가 복잡하고 비용이 많이 드는 단점은 있으나 시간의 진행에 따른 동태적인 변화의 현상에 대한 진행과정을 측정할 수 있는 장점이 있다. 조사방법으로는 동일한 주제로 동일 대상을 연구하는 패널조사[7]와 동일한 주제로 다른 대상 연구할 수 있는 경향조사 및 동년배조사로 코호트(cohort)조사가 있다. 코호트란 특정한 기간에 태어나 같은 시기에 성장한 사람들을 의미한다. 각각의 조사에 대한 특징은 다음과 같다.

① 패널조사(panel survey, panel study): 패널조사란 종단조사방법의 한 형식이며 동일한 조사대상에게 동일한 질문을 일정시기마다 반복하여 조사하는 방법이다. 이때 고정된 조사대상 전체를 '패널'이라 칭한다. 패널조사는 종단(縱斷)적(longitudinal) 조사방법의 일종으로 동일 조사대상에게 복수(複數)의 시점에서 정보를 얻으므로 시간에 따른 변화과정을 살펴볼 수 있는 장점이 있다. 그러나 이러한 효과는 자연적인 성숙의 효과가 개입될 수 있는 유아, 아동, 청소년, 노인 등에게 적용될 경우에는 변수에 따라 시간에 따른 성숙을 고려하여야 하며, 실험집단과 함께 통제집단을 두는 등의 방법적인 통제가 가능해야 한다.

---

7) 패널조사란 조사대상을 고정시킨 상태에서 일정시기에 동일질문을 반복 실시하여 조사하는 방법으로 많이 쓰이는 조사로는 시장조사의 소비자 패턴 연구 및 여론의 변화 그리고 직업이동 등을 조사하게 되는데, 이때 유의할 점은 조사대상이 정확하게 일치하기는 어렵다는 것을 감안해야 한다.

② 경향조사(time-series study, 추이연구, 추세연구, 트렌드 연구): 경향조사란 동일한 주제를 가지고 장기간 반복적으로 조사를 실시하나 조사대상은 각각의 조사마다 동일하지 않은 특성이 있다. 즉, 해당 시점에 해당 조건을 만족하는 대상을 조사하는데 시장 물가나 대학생들의 임금 조사 등이 이에 해당한다.

③ 동년배조사(cohort study, 코호트조사, 동류집단조사): 동년배조사는 코호트조사라고도 하며 일정기간 동안 특정 문화와 경험을 공유하였던 사람들이 갖는 특성들에 관하여 다른 시기에 반복적으로 조사하는 방법으로 조사대상은 매 조사마다 달라질 수 있다. 예를 들면 386세대, 베이비붐 세대, IMF 시대의 중년, 6.25 참전용사를 대상으로 하는 연구 등이 있다. 패널조사는 복수의 시점에서 조사를 실시하나 조사대상은 동일하다. 따라서 패널조사의 단점은 조사 대상자의 탈락(attrition)현상이다. 첫 번째의 조사에 참가한 회답자가 동일하게 이후 조사에 참가하는 것은 아니므로 샘플(표본)의 크기가 작아질 수 있으므로 샘플에 의한 편차가 발생할 수 있다. 반면 코호트조사와 경향조사는 모집단의 일부에 초점을 두며 조사 대상자가 조사의 시기마다 변동될 수 있다.

(3) 유사종단조사

유사종단조사(quasi-longitudinal research)는 종단조사의 실시가 어려운 경우 횡단조사를 통하여 종단조사의 결과를 얻기 위하여 특정주제에 관한 의견을 횡단적으로 조사하면서 한편으로 과거의식에 관한 변화의 조사를 함께 진행하여, 시간의 흐름에 따른 변화현상을 횡단적 조사를 통해 종단적 변화로 읽어내는 것이다.

5) 자료수집 기법에 따른 분류

양적 조사와 질적 조사는 이후에 보다 자세히 다루기로 하며 여기에서는 간단한 특성의 차이에 대하여 살펴보고자 한다.

(1) 양적 조사

양적 조사(quantitative research)란 연구대상의 속성을 설문조사를 통하여 조작화한 변수에 대하여 계량적인 측정도구로 변수 간의 관계를 통계분석을 통한 수치자료로 산출하여 전체 모집단을 추정하고 이를 일반화시키는 방식으로 진행된다. 조사방법은 설문조사, 면접, 실험조사, 내용분석, 통계자료 2차 분석 등의 방법이 있다.

① 설문조사: 설문조사란 구조화된 질문지를 사용하여 응답자가 스스로 해당하는 항목을 체크하는 방식으로 이루어진다. 만족도조사나 인과관계 등을 살펴보는 것에 많이 활용되며 리커트 척도가 보편적으로 활용된다. 설문조사는 대상자가 비교적 한정될 수 있는 우편조사나 주변상황의 영향이나 방해 등으로 중지되기 쉬운 전화조사 등에도 편리성을 위하여 설문조사의 방식이 활용될 수 있다.

② 면접조사: 면접조사란 인터뷰를 통하여 구조화된 질문지를 가지고 면접원이 조사대상자를 직접 방문하여 언어로 상호작용하여 직접적으로 자료를 수집하는 방법이다.

③ 실험조사: 실험조사는 조사대상에 대하여 독립변수를 조작한 후, 외부변수의 영향을 통제한 상태에서 종속변수의 변화를 관찰함으로써 종속변수와의 관계를 분석하며 통제집단과의 차이를 통하여 실험집단의 변화를 추정하게 된다.

④ 내용분석: 내용분석이란 간접적으로 서적(잡지), 신문기사, 영화 등의 다양한 매체의 내용을 객관적이며 체계적으로 분석하여, 얻고자 하는 정보를 추론해내는 분

석이다. 예를 들어 고대의 사회복지에 대한 관심도를 살펴보기 위해 정약용이 사용했던 용어와 용어의 빈도 등을 살펴보면서 그 시대에 중요하게 생각했던 개념을 추론해 보기도 하고, 서적의 마모정도를 통해 청소년들의 관심분야를 추정하는 등의 다양한 방식이 활용될 수 있다.

⑤ 통계자료 2차 분석: 통계자료 2차 분석은 기존연구나 공신력 있는 통계자료들을 활용하여 새로운 정보를 얻을 수 있도록 분석의 방법을 구조화시키는 방법이다. 공신력 있는 데이터들은 보다 정확한 결과를 도출할 수 있는 반면, 연구의 목적에 부합하는 대상이나 환경에서 설문조사를 할 수 없는 단점이 있어 유의미한 결과의 도출이 경우에 따라 어려울 수 있다.

(2) 질적 조사

질적 조사(qualitative research)는 인간의 내면의 심리적 역동성을 탐색하는 것에 보다 적합한 연구방식으로 대상자의 언어, 행동의 관찰 등을 통하여 내면과 환경요인들을 조사하고 해석하는 방법이다. 즉 관찰, 심층면접 등을 통해 맥락의 과정 속에서 현상에 대한 깊이 있는 이해를 목적으로 한다. 관찰을 통한 현지조사, 역사적 방법 등의 방법이 사용된다.

① 관찰을 통한 조사: 조사대상을 지속적으로 관찰하여 시각, 청각과 같은 감각기관을 통해 대상자의 언어, 몸짓, 행동, 현상 등을 인지하고 이를 통해 질적 자료를 수집하는 방법이다.

② 인터뷰나 면접을 통한 조사: 인터뷰나 면접을 통한 질적 조사는 언어적 맥락을 통해 해석학적 관점에서 현상학적 괄호치기, 즉 판단의 중지를 통하여 선입견이나 편

견을 내려놓는 작업을 통해 중요한 카테고리를 분석하게 된다. 연구의 목적은 인간이나 현상에 대한 이해이다.

③ 역사적 방법: 역사적 방법이란 민속지학(ethno methodology) 등의 자료의 활용에 있어서 역사적 자료 등을 이용하여 과거 특정한 사회현상이나 사건을 연구하는 조사방법이다. 역사적 방법 및 민속지학은 현상학적 기반으로, 사회라는 렌즈를 통한 파악보다는 통찰을 통하여 맥락을 파악하고자 하는 철학적 전통에 기반을 두고 있다.

표 2-1 양적 조사와 질적 조사의 특성 비교

양적 조사의 특성	질적 조사의 특성
계량적, 결과지향적 일반화 및 계량화 목적	맥락 및 과정 지향적, 깊이 있는 통찰 목적
설문지 등의 정형화된 측정도구와 척도 활용	조사의 구조화를 통한 조사자의 준거틀 사용
조사의 객관성	선입견을 내려놓고 해석학적 통찰의 방식 적용
변수의 조작화를 통한 가설검증 및 추론	언어와 관찰을 통한 탐색과 구조화
연역적 방법론의 적용	귀납적 방법론의 적용
실증주의 논리 실증주의	해석학, 현상학
조사결과의 일반화의 목적	조사결과를 통한 이해의 목적

6) 기타 기준에 따른 분류

(1) 사례연구

사례연구(case study)는 소규모의 특정 사례를 통하여 현상이나 문제를 파악하여 이를 전체 사례에 확장하여 방법을 모색하는 조사방법이다. 사례연구는 질적 연구에서 많이 사용되나 양적 연구에서도 활용된다.

(2) 서베이조사

모집단에서 추출된 표본을 통하여 설문지와 같은 표준화된 조사도구를 활용하여 분석의 결과를 도출하는 조사방법이다. 서베이조사(survey research)는 조사도구를 활용하여 다양한 특성을 대표할 수 있는 집단을 통하여 집단의 특성이나 인과관계 등을 도출해내는 기능을 수행한다. 예를 들면, 지역사회 욕구조사나 만족도 조사 등이 있다.

(3) 실험조사

실험조사(experimental research)란 조사자가 외부요인들에 대해 의도적으로 통제하고 인위적으로 조건을 조성한 뒤, 독립변수의 효과를 측정하거나 독립변수가 종속변수에 영향을 미치는 인과관계에 대한 가설을 검증하는 방법이다.[8)]

8) 실험집단과 통제집단 간의 차이를 분석하여 실험집단의 특정 변수 간의 변화 및 효과를 살펴본다.

2 사회복지조사의 분석단위와 오류

1) 분석단위

사회복지조사에서 분석의 단위는 개별적 속성을 지니는 개인이 될 수도 있고, 집단, 공식 및 비공식적 사회조직이 될 수도 있다. 개인은 사회복지분야의 연구대상에서 일반적인 분석단위로 지역주민들의 욕구조사 및 클라이언트의 개별적 속성을 나타내는 특성 등을 말한다. 개인 이외의 집단은 부부, 또래집단, 동아리, 읍 · 면 · 동, 시 · 도, 국가 등이 될 수 있으며, 공식적 사회조직은 지역사회복지관, 노인복지시설, 학교, 종교기관, 시민단체 등이 있다. 또한 사회적 가공물의 예로는 각종 서적, 신문, 그림, 대중음악, 영화, 인터넷 등의 가공물이 될 수 있다.

2) 분석단위 선정과 해석상의 오류

(1) 생태학적 오류

생태학적 오류(ecological fallacy)란 '분석의 단위(unit of analysis)'와 관련된 문제로 생태학적인 집단이나 지역사회에 대한 자료의 분석결과를 개인적인 수준에서 해석하는 위험성을 뜻한다. 이러한 생태적학 오류를 줄이기 위해서는 분석단위를 보다 명확하게 정의하는 것이 필요하다.

(2) 개별적 오류

개별적 오류(individualistic fallacy, 개체주의적 오류)는 생태학적 오류와 반대의 개념이다. 개인을 분석단위로 하여 조사한 자료들을 집단적인 수준에서 해석하는 위험을 의미한다.

즉 조사한 자료가 개인의 행동이나 태도, 습관에 대한 것인데, 이것을 개인이 속한 집단의 행동이나 성격 및 특성으로 유추하는 오류라고 할 수 있다.

(3) 환원주의적 오류

환원주의적 오류(reductionism fallacy, 축소주의적 오류)란 어떤 현상의 개념이나 변수를 지나치게 제한하여 한 가지의 단순한 특성으로 환원시키려는 경우와 같이 지나친 단순화로 인하여 발생하는 것을 말하며, 이를 축소주의적 오류라고도 한다. 환원주의적 오류는 현상에 대하여 근원적인 요인으로 환원하여 단순화된 설명이 가능하다고 믿는 오류로, 이것은 조사연구자들의 주관에 의한 특정한 분석단위의 집착에 따른 문제를 발생시킨다.

2절 사회복지조사방법의 절차

1 사회복지조사의 연구수행 과정

사회복지조사의 연구수행과정을 살펴보면 다음과 같은 맥락을 갖고 있음을 알 수 있다. 먼저 양적 연구에 대하여 살펴보면 연구문제에 대하여 인과관계 등의 가설을 설정하고 가설의 증명을 위하여 조사분석의 틀을 설계하고 그에 대한 자료를 수집한다. 이후에는 자료분석과 해석을 통하여 보고서를 작성한다. 이를 다음과 같이 나타낼 수 있다.

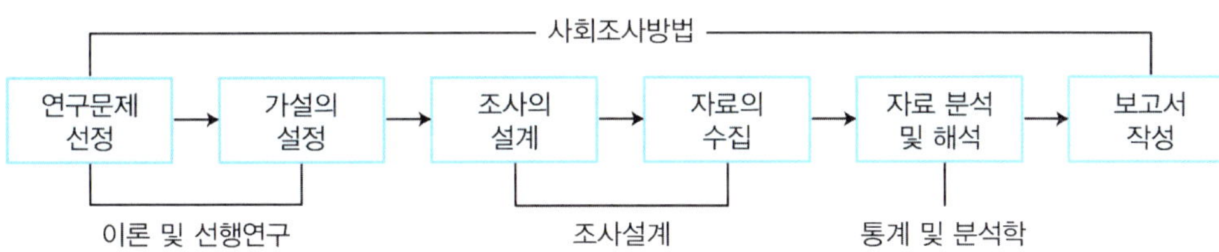

[그림 2-1] 사회복지조사방법의 절차

1) 연구문제의 형성과 연구주제 선정

연구문제의 선정은 문제의식을 중심으로 조사의 주제, 목적, 필요성, 이론적 배경 등을 파악하고 이를 체계적으로 정립하는 과정이라고 할 수 있다. 선정된 연구주제와 관련하여 선행연구나 기존의 기타 자료 및 문헌조사, 전문가의 의견, 탐색적 예비조사(파일럿 조사) 등을 참고하여 가설로 타당한 문제형성의 과정을 거친다.

2) 가설의 설정

가설의 설정 과정은 선정된 연구문제에 대하여 조사가 가능하도록 변수를 구체화하고, 양적 조사의 경우 측정 가능한 단위로 조작적 정의를 내려서 실증적으로 검증이 가능하도록 구체화하는 과정이다.

가설의 설정은 조사대상, 자료수집, 검증방법의 선정에 있어서 방향을 제시하고, 연구목적과 연구문제가 일관성과 논리성을 갖추고 현실적으로 연구와 측정이 가능한 형태로 설정한 연구문제에 관하여 가설의 검증을 통하여 구체적인 해답을 제공할 수 있도록 구조화되어야 한다.

예 '~하면 ~할 것이다' 또한 '~는 ~에 영향을 미칠 것이다'의 형식으로 변수 간의 관계를 설명한다.

3) 조사의 설계

조사의 설계는 조사연구를 보다 효과적 · 효율적 · 객관적으로 수행하기 위한 논리적 전략으로 가설을 검증하기 위하여 경험적 조사연구의 전반적인 틀(연구대상과 표본추출 방법, 주요 변수의 개념화와 조작화, 조사도구 작성과 신뢰도 및 타당성의 검증, 자료수집과 분석방법 등)의 과정을 체계적으로 계획하고 통제하기 위한 전략이라 할 수 있다.

조사설계의 방법으로 연구의 성격에 따라 양적 조사 연구, 질적 조사 연구, 횡단적 방법, 종단적 방법 등의 설계유형을 결정하는 단계이다.

4) 자료의 수집

자료는 설문지, 관찰, 면접 등 여러 가지 방법을 통하여 수집될 수 있으며, 연구자가 연구조사를 직접 수행하여 1차 자료와 다른 연구자나 주체에 의하여 수집된 자료를 재분석하는 2차 자료로 구분할 수 있다.

5) 자료의 분석 및 해석

수집된 자료는 편집과 부호화(coding) 등의 절차를 통하여 데이터를 구축하게 되고 연구문제에 따른 가설의 검증에 적합한 통계기법을 통해 분석의 단계를 거치게 된다. 자료의 분석이 끝나면 사실적 자료에 근거하여 의미 있는 변화요인을 탐색하게 하며 그에 대한 해석을 통하여 연구의 결과물을 산출한다.

6) 보고서의 작성

보고서의 작성은 연구문제에 관한 연구결론 도출 및 연구결과를 객관적으로 증명하고 일반화시키기 위하여 일정한 형식의 보고서를 작성한다. 보고서의 작성 시 포함해야 하는 내용으로는 다음과 같은 것이 있다.

보고서에 포함해야 할 내용

첫째, 연구문제의 제기 및 연구의 필요성(연구 질문과 가설)

둘째, 조사방법의 설명(조사설계, 변수 및 측정도구, 자료의 수집방법 등)

셋째, 연구결과 혹은 연구로 밝혀진 사실

넷째, 연구결과에 관한 논의, 연구의 제한점 및 후속 연구의 제안 등

정리

사회복지조사의 연구수행 과정(조사절차)는 문제의 설정 – 가설의 설정(→ 연구대상의 선정) – 조사의 설계(→ 개념화 및 조작화) – 자료의 수집 – 자료분석 및 결과 – 보고서 작성의 순서로 진행된다.

CHAPTER 03

조사주제의 선정과 조사연구

Reserch Methods for Social Welfare

1절 문제제기 및 가설

1 연구문제의 형성

1) 연구문제의 정의 및 기술방법

연구문제의 정의란 두 가지 이상의 변수 간의 관계를 조사하기 위하여 만든 의문형의 문장을 말한다. 가설은 서술형이며 조건형이지만, 연구문제는 의문형이라는 차이가 있다고 할 수 있다. 연구문제를 기술할 때에는 명백하고 간결한 문장의 형태로 기술하고 그 문제에 대한 경험적 검증이 가능하도록 작성하여야 한다.

2) 연구문제의 도출요인

① 선행연구에 대하여 지식이 미비하거나 기존지식들에 대한 추가조사의 축적이 필요한 경우에 사회조사를 시행할 수 있다.

② 새로운 사실이나 현상을 기존이론으로는 규명하기 어려운 경우에 연구문제를 통하여 조사에 접근한다.

③ 기존의 연구결과가 상호 일치하지 않은 경우에는 연구 문제화하여 연구를 진행할 수 있다.

④ 사회적 관심이 집중되는 경우에 그 부분을 중심으로 연구의 주제로 활용할 수 있다.

⑤ 연구결과가 학문적인 공헌도와 실질적인 효용성을 가지고 있는 경우에 연구과제로 활용하여 연구할 수 있다.

⑥ 연구자 개인의 취향과 경험에 의하여 연구주제의 접근이 필요한 경우에 그 부분의 분석을 위해 연구문제로 활용할 수 있다.

3) 연구문제의 선정기준

(1) 독창성

독창성(originality)이란 기존의 것을 답습하지 않고 새로운 관점이나 견해를 제시하는 것이다. 이는 선행연구를 통하여 알 수 없었던 결론이나 과정에 대한 견해를 제시하는 것이 포함된다. 연구 역시 독창성을 가지고 접근하는 것이 연구의 함의를 위해 바람직하다.

(2) 경험적 검증 가능성

경험적 검증 가능성(empirical testability)이란 문제에 대한 해답의 도출이 가능하도록 구조화된 체계를 통하여 결론이 도출되는 논리적 가능성을 의미하며, 조작적 정의의 선정을 통하여 경험적으로 측정될 수 있도록 선행연구를 통하여 구체적인 가설로 도출될 수 있어야 한다. 연역적 접근방식의 형태로 활용 가능하다.

(3) 윤리적 배려

윤리적 배려(ethical consideration)란 연구대상자에 대한 사생활 침해나 신체적, 심리 및 정신적 피해를 주지 않도록 해야 하는 것을 의미하며, 이 윤리적 감수성의 함양과 그에 대한 지성을 필요로 한다. 예를 들면 전기충격의 실험, 동성애자를 연구하기 위하여 동성애자인 척 하기, 환자에게 연구를 위하여 희생하도록 하기 등은 연구의 윤리에 어긋나는 조사자의 잘못된 태도를 반영하는 것이라 할 수 있다.

(4) 기타 현실적 제한의 고려

기타 연구의 본격적 실시에는 현실적 제한에 대한 고려가 필요한데 연구문제의 답을 찾는 과정에서 주어진 시간과 비용, 조사인력, 조사장비 등 현실적 조건에 따른 사항을 고려하는 것이 필요하다.

2 가설설정

1) 가설의 개념

가설이란 두 개 이상의 변수 간의 관계를 통하여 연구문제에 대한 잠정적 결론을 내리는 과정으로 이를 위해서는 과학적 체계를 기반으로 하는 경험적인 검증이 요구된다. 가설의 형식은 변수 간에 있을 법한 관계를 문장으로 표현한 것으로 어떤 방향성을 예측하고 가정하기 위한 검증되지 않은 이론적 진술이다. 연구는 가설의 설정에 대하여 이에 대한 참과 거짓을 가림으로써 연구의 결론이 도출되는 형식으로 진행된다.

2) 가설의 특성

(1) 상호연관성

가설이란 통상적으로 두 개 이상의 변수의 관계로 표현된다. 예를 들면, 가설은 보통 '특정 변수에 대한 조건이 어떠할 때 다른 특정 변수의 조건은 어떠한 식으로 변화한다'

는 식으로 인과관계성을 가지고 표현된다. 그러나 이것은 상호연관성을 기반으로 하는 것이며 인과관계에 대한 논리적 관계에 대하여 선행연구의 기반 등을 통한 논리성을 갖추는 것이 필요하다.

(2) 문제의 해결성

가설은 연구자가 제기한 문제에 대하여 분석을 통하여 해답을 제시할 수 있어야 하며 구체적인 용어로 제시되고 그 용어에 대하여 측정이 가능해야 한다.

(3) 경험적 검증 가능성

가설이란 경험적으로 검증 가능한 변수 간의 관계로 표현되는 것이 중요하며 직접적인 측정이 불가능한 경우에는 변수를 측정 가능한 수준으로 설명할 수 있도록 조작적 정의를 제시할 수 있어야 한다.

(4) 명확성과 구체성

가설은 명확한 내용으로 제시되는 것이 중요하며, 가설이 구체화되기 위해서는 추상적인 개념이 경험적으로 측정 가능하도록 조작적 정의를 제시할 수 있어야 한다.

> 학생의 우울은 추상적이나 이를 측정 가능하게 하기 위해서는 지각이나 결석의 빈도 및 기타 감정적 측정도구를 통하여 객관적인 측정이 가능하도록 한다. 이는 구조화된 척도를 활용할수도 있고 연구자가 신뢰도와 타당도 및 요인분석을 근거로 산출할 수 있기도 하다.

(5) 추계성(확률적 표현)

조사의 결론은 확정 시 하는 문장으로 표현되지 않는 것이 바람직하다. 그 이유로 가설은 참일 수도 있고 거짓일 수도 있을 가능성이 존재하므로 결론을 확률적으로 인식하여 기술해야 하는 것이 보다 바람직하며, 따라서 표현도 '~일 것이다'로 추론적으로 진술하는 것이 필요하다. 혹은 '~일 가능성이 있다'로 표현한다.

3) 가설의 요건

(1) 명료성

가설의 요건은 두 개 이상 변수들 간의 관계성에 대한 진술이 명확하게 나타나야 하는데, 이는 연구자가 연구 질문에 따라 가설에 대한 개념적 · 조작적 정의를 얼마나 잘 구성하는가가 중요한 관건이 된다.

(2) 경험적 검증 가능성

경험적 검증 가능성을 위한 가설에서 개인의 선호나 취향의 문제와 같이 경험적으로 검증이 곤란한 문제는 가설이 될 수 없다. 개인의 선호나 취향에 따른 결론이 조사의 논리성을 가지기 위해서는 그 연구를 통한 유의미한 연구함의의 도출이 필요하다.

아무리 좋은 가설이라도 검증할 기존의 조사방법이 없거나 선행연구가 부재하거나 연구의 함의가 낮아 연구의 가치가 낮다면 그에 대한 재고가 필요하다.

(3) 구체성

구체성이란 단순하게 변수들 간의 관계의 유무만을 진술하는 것이 아니다. 변수들 간의 관계에 대하여 방향성을 갖는지, 변수들 간의 관계가 정적의 관계에 있는지 부적인 관계에 있는지를 나타내고 있으므로 그 관계가 성립되는 조건에 대해서도 선행연구와 측정도구의 구성을 통하여 가급적 구체적으로 제시해 주는 것이 필요하다.

(4) 가치중립성

가치중립성이란 가설을 구성할 때 연구자의 주관적인 편견이나 가치가 개입되지 않도록 유의하는 것을 의미하며 연구에 있어서 중요한 부분이다.

4) 가설의 유형

(1) 연구목적에 따른 분류

① 기술적 가설이란 변수의 크기, 성질, 위치 등의 사실에 대하여 정확한 기술을 통해 밝히는 것을 말한다.

② 설명적 가설이란 어떤 현상 간의 인과관계를 규명하기 위한 목적으로 가설을 설정하는 것을 뜻한다.

(2) 검증과정에 의한 분류

① 연구가설

연구가설(research hypothesis)이란 연구문제에 대하여 잠정적인 해답을 제시하는 형태로 기술되어 두 변수 간의 '관계가 있을 것이다', '영향을 미칠 것이다', 혹은 '차이가 있을 것이다'라고 일반적으로 진술되는 가설의 형식을 취하게 된다.

이후 통상적으로 논문을 구성하는 논리적 구조는 연구가설을 직접 증명하는 것보다는 이것과 반대되는 의미의 영가설(귀무가설)을 설정하여, 즉 변수 간의 상관관계가 전혀 없다는 형식의 영가설이 기각되는 경우에 연구가설이 채택되는 형식이 활용된다. 이러한 이유로 연구가설을 대립가설(alternative hypothesis) 또는 대체가설이라고도 한다. 그 밖에 연구자가 제시한 가설은 연구가설, 실험가설 혹은 조사가설이라고도 한다.

② 영가설

영가설(null hypothesis, 귀무가설)이란 연구가설에 대하여 반증의 목적으로 설정되며, 따라서 연구가설과 논리적으로 반대 입장을 취함으로써 두 변수 간에 '관계나 차이가 없다'라는 형태로 진술되는 가설임을 앞서 설명하였다. 즉, 이러한 영가설의 기각은 곧 두 변수 간의 차이가 있다는 결론에 도달하게 함으로써 연구의 가설이 정당화되는 것이다. 따라서 영가설이란 결국 연구가설을 채택하고 기각하는 과정을 위하여 과학적으로 검증되기 위해 구조적으로 설정되는 가설이다.

주의

두 개의 가설이 하나의 가설 속에 포함되어 있는 가설의 예로 하나의 가설은 수용이나 기각될 수 있으나 다른 하나는 수용 또는 기각될 수 없는 경우가 있다.

즉, "건강하고 부유한 노인은 그렇지 못한 노인에 비하여 삶의 만족이 높을 것이다."

이 경우 가설에 사용된 변수는 구분하여 다음과 같이 분류되는 것이 바람직하다. 예를 들어 "건강한 노인은 그렇지 못한 노인에 비하여 삶에 대한 만족감이 높을 것이다."와 부유한 노인은 그렇지 못한 노인보다 삶에 대한 만족감이 높을 것이다."로 나누어 각각이 독자적으로 부정되거나 채택될 수 있도록 하는 것이 바람직하다.

연구가설은 대립가설, 대체가설, 실험가설, 조사가설이라고도 하며 영가설은 귀무가설이라고도 한다.

5) 가설의 오류

(1) 제1종 오류

1종 오류(type Ⅰ error)란 귀무가설(영가설)이 참이나 귀무가설(영가설)을 기각 또는 대립가설을 채택하여 범하게 되는 오류이다. 이는 유의수준이나 검정의 크기(size of the test)가 참고되는 것이 필요하며 연구자가 상정한 영가설이 실제로 참임에도 불구하고 이를 기각할 확률이다. 예를 들면, 모집단에서 집단 간의 평균을 비교하는 경우에 모집단의 평균에는 실제 차이가 없음에도 불구하고 표본자료의 분석결과 모집단 간 차이가 있는 것으로 판단하는 오류를 뜻한다. 1종 오류는 유의도 수준 알파(α)에 따라 크기가 결정되기 때문에 $\alpha-$오류라고도 한다.

(2) 제2종 오류

2종 오류(type Ⅱ error)란 대립가설이 참일 때 귀무가설을 채택하거나 대립가설을 기각하는 오류이다. 즉, 통계적 가설 검정 시에 발생하는 1종, 2종의 가능한 오류 중의 하나이며 연구자가 상정한 영가설이 실제로는 참이 아님에도 이를 참이라고 수용할 수 있는 확률이다. 예를 들면 모집단에서 집단 간의 평균을 비교하는 경우에 모집단에서 모평균은 집단 간의 차이가 있음에도 불구하고, 표본자료의 분석결과 집단 간 차이가 없다고 판단하는 오류를 뜻하며 $\beta-$오류라고도 한다. 즉, 제2종 오류는 연구자가 실제로 거짓인 귀무가설을 기각하지 않는 결정이다. 가설의 검증은 모집단의 특성을 표본분석 결과로 알아보기 때문에 표본이 어떻게 선택되느냐에 따라서 잘못된 결론을 내릴 수 있게 된다. 이처럼 표본오차는 언제나 발생할 수 있기 때문에 유의해야 한다.

부연설명

1) 제1종 오류에 대해 보수적인 입장을 취하면 제2종 오류를 감수해야 한다. 예 제1종 오류 또는 유의수준 0.05에서 0.01로 내린다면 이것은 더 큰 제2종 오류를 감수하여야 한다는 뜻이다.

2) 제2종 오류는 포본의 크기가 커질수록 감소하게 되므로 적절한 크기의 표본을 추출하는 일이 무엇보다도 중요하다.

결론적으로 제1종 오류는 귀무가설이 실제로는 옳은데도 그 가설을 기각하는 오류로서 α-오류라고 하며, 제2종 오류는 귀무가설이 실제로는 틀린데도 표본오차에 의해 그 가설을 옳은 것으로 받아들이는 오류로 β-오류다. 유의수준을 너무 작게($\alpha<0.01$)하면 귀무가설을 선택할 확률이 커지게 되며 대립가설이 옳은데도 불구하고 부정해 버리는 오류를 범하게 되므로 유의해야 한다.

양적 연구방법은 사회현상에 관한 의미 있는 정보를 분석하고 통계적으로 얻어내기 위한 것으로 연구방법으로는 설문조사, 인터뷰, 실험집단과 통제집단의 비교, 기존의 통계자료 2차 분석 등이 활용될 수 있다. 양적 연구에서 '기술'이란 특정 모집단에서 추출한 대표성 있는 표본을 통해 모집단의 특성을 밝히고, 이를 타 집단에 적용해서 타당성을 예측하는 것에 쓰인다. 따라서 기술되는 자료들은 객관성, 정확성, 일반화 가능성이 중요하다. 이러한 작업을 위해서 수량화하기 쉬운 속성으로 계량화하여 사회 인구학적 특성으로 연령, 소득, 교육정도, 성별 등을 사용한다.

양적 연구에서 쓰이는 연역적 방법은 이론의 재검토를 통해 확인할 가설들을 발전시켜 가설검증을 하고, 타당성이나 사실의 확인이나 추론을 지향하는 논리실증주의적인 입장을 취하게 된다. 그런데 양적 연구와 질적 연구는 상호보완적인 성격을 지니며 양적 연구에서 탐색적 연구와 기술적 연구, 그리고 설명적 연구가 가능하지만 주요 쓰이는 방법은 기술적 연구와 설명적 연구를 중심으로 하는 경향이 있다.

정리

1. 연구문제는 이론적 배경을 바탕으로 도출되는 것이 바람직하다.
2. 연구가설의 기각과 채택에 따라 연구결과가 도출된다.
3. 연구결과는 학문적으로나 실천적인 함의가 있거나, 혹은 기존 연구와의 차이 등에 대하여 명확히 제시한다.

2절 개념 및 조작적 정의와 변수

1 정의의 구분

1) 개념적 정의

연구대상이 되는 사람이나 사물의 속성 혹은 사회적 현상 등을 개념적으로 정의할 때 개념들이 무엇을 의미하는지 보다 구체화하여 측정하게 된다. 따라서 개념적 정의(conceptual definition, 개념화)는 사전적이며 추상적일 수 있으므로 각 개념에 대한 명확한 정의가 필요하다. 이때 측정이 가능하도록 실증적인 지표로 전환하는 것을 조작적 정의라고 한다.

2) 조작적 정의

추상적인 개념을 경험적으로 측정 가능하도록 구체화하기 위하여 조작적 정의(operational definition, 조작화)는 개념적 정의를 벗어나지 않는 범위에서 재정의하도록 한다. 또한 명확한 조작적 정의라는 것은 현실적으로 존재하지 않으나 신뢰할 수 있는 타당한 조작적 정의를 내릴 수 있도록 노력해야 한다. 개념을 조작적으로 정의내리는 방법은 학자들마다 다를 수 있다. 예를 들면 부부간의 문제정도를 조작적으로 정의내릴 때에는, 싸움의 횟수나 의사소통의 역기능의 빈도 등을 통하여 부부간의 문제정도를 조작화하는 것이 필요하며 이에 대한 정의를 내릴 수 있다.

2 변수

연구에는 각종 개념정의가 필요하다. 여기에서 개념이란 경험적으로 인지할 수 있는 어떤 현상이나 관찰된 사실에 관한 정의로 추상적인 표현을 의미한다. 즉, 어떤 대상이나 현상 또는 사물의 의미를 추상적으로 구성하는 것이다. 개념은 서로 다른 개체들이 가지고 있는 공통성을 나타내는 것으로, 예를 들면 과일의 종류가 각각 다르지만 이것들이 가지고 있는 공통성들을 묶어서 표현하는 경우 하나의 개념이나 정의가 될 수 있다. 또한 과학에서의 개념은 이론의 기본적인 구성물로서 이론을 하나의 완성된 건축물이라고 비유한다면 건축물을 완성하는 데 필요한 골재나 철근, 벽돌, 시멘트 등은 개념이라 할 수 있다. 그러므로 어떠한 개념들이 어떻게 사용되느냐에 따라서 다양한 이론들이 가능하다고 볼 수 있을 것이다.

1) 변수의 개념

변수(variables)는 연구대상이 되는 구체적인 개념이나 이론적으로 구성된 개념을 의미하며 연구대상의 경험적 속성을 나타낸다. 변수와 개념(concepts)의 다른 점으로 개념은 추상적인 것이고 변수는 개념에 대한 일종의 조작화한 것으로 연구대상의 경험적 속성에 계량적인 수치를 부여한 것이다. 예를 들면 '장애'라는 단어 자체는 변화될 수 없기 때문에 하나의 개념이기는 하지만 변수가 될 수 없다. 그러나 '장애등급'은 1급, 2급, 3급… 등의 다양한 가치를 부여한 값을 가질 수 있으므로 이때에는 변수라고 할 수 있다. 변수는 변이의 성질을 가진 개념으로 하며 교육수준, 소득 등과 같이 둘 이상의 값(value)이나 범주(category)를 갖으며 이를 변수 값(variable value)이라고 한다. 반면에 오직 하나의 값이나 범주만을 갖는 개념은 상수 값(constant value)이라고 할 수 있다. 이를 정리하면 다음과 같다.

① 변수란 연구대상이 되는 구체적인 개념 혹은 이론적으로 구성된 개념을 말하며, 연구대상의 경험적 속성을 나타낸다.

② 개념은 추상적인 것이며 변수는 개념에 대한 일종의 조작화의 개념으로 연구대상의 경험적 속성에 계량적인 수치를 부여한 것이다.

③ 교육수준, 소득 등과 같이 둘 이상의 값(value)이나 범주(category)를 갖는 개념을 변수값이라고 하며, 오직 하나의 값이나 범주만을 갖는 경우 그 개념을 상수 값(constant value)이라고 한다.

2) 변수의 종류

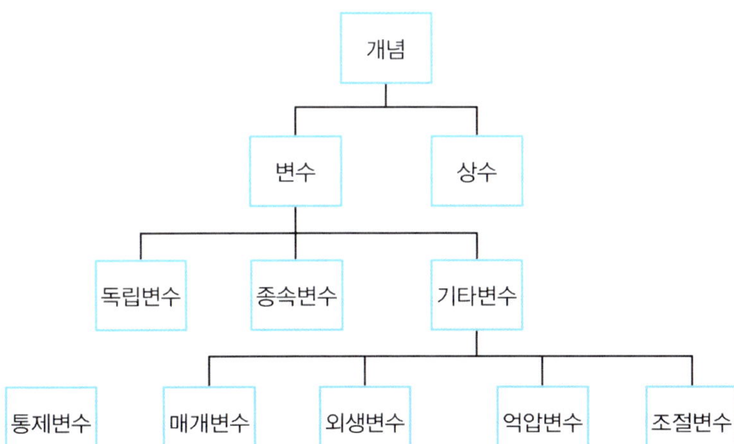

[그림 3-1] 변수의 종류

변수는 기능에 따라 각각 독립변수, 종속변수, 매개변수, 조절변수, 기타변수, 외생변수, 억압변수 등으로 분류할 수 있으며, 변수의 속성에 따라서 이산변수, 연속변수로도 분류할 수 있다. 또한 변수의 측정할 수 있는 수준에 따라서 명목변수, 서열변수,

등간변수, 비율변수로 분류할 수 있다.

(1) 변수의 기능에 따른 분류

① **독립변수**(independent variables): 다른 변수에 영향을 미치는 변수로서 인과관계에서 원인에 해당하는 변수이다. 종속변수의 결과를 예측하거나 차이를 설명하기 위한 변수로 원인변수, 설명변수, 예측변수라고도 지칭한다. 독립변수란 다른 변수에 영향을 미치는 변수로 독립변수는 종속변수의 결과를 예측하거나 차이를 설명하기 위한 변수로서 실험설계에서는 실험처치(experimental treatment) 또는 실험자극(experimental stimulus)이 독립변수에 해당한다.

② **종속변수**(dependent variables): 독립변수의 영향을 받아 변화하는 변수이며 인과관계에서 결과에 해당되는 변수라고 할 수 있다. 종속변수는 주로 분석의 대상이 되며 이를 결과변수, 피 설명변수, 피 예측변수, 가설적 변수라고도 한다. 즉, 종속변수로 실험설계에서는 관찰대상의 속성이 종속변수에 해당한다.

③ **매개변수**(intervening variables): 독립변수와 종속변수는 서로 직접적인 관계가 없는데도 제3의 변수가 두 변수를 중간에서 연결시키므로 두 변수가 간접적으로 관계를 가지는 경우, 둘 사이에 놓인 변수를 의미한다. 매개변수는 독립변수의 결과인 동시에 종속변수의 원인이 되는 변수이다. 즉, 매개변수란 독립변수와 종속변수는 서로 직접적인 관계가 없는 가운데 제3의 변수가 두 변수를 중간에서 연결시키는 변수이다. 예를 들면, 독립변수 A가 종속변수 B에 직접적인 영향을 미치는 것이 아니라 매개변수 C로 인해서 종속변수 B가 가능한 것을 의미한다. 여기에서 매개변수 C의 증명은 탄탄한 이론적 토대를 필요로 한다. 이때 매개변수는 독립변

수의 결과인 동시에 종속변수의 원인이 되는 변수로 직접적 매개효과와 간접적 매개효과로 나뉠 수 있다(반면 A에서 B로 가는 독립변수와 종속변수 사이에서 조절의 역할을 하는 변수가 있다면 이것은 조절변수라 지칭된다).

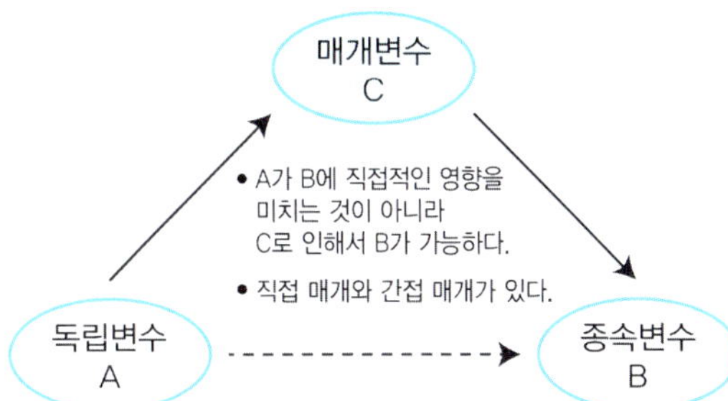

[그림 3-2] 매개변수

④ **선행변수**(antecedent variables): 참고사항으로 제3의 변수가 독립변수보다 먼저 발생된 변수로 독립변수와 종속변수에 직 · 간접적으로 관련된 변수를 말한다. 즉, 선행변수란 제3의 변수가 독립변수보다 먼저 발생된 변수를 의미하며 독립변수와 종속변수에 직접적 또는 간접적으로 관련된 변수를 뜻한다. 선행변수는 독립변수와 종속변수 간에 미치는 영향을 더욱 광범위하게 이해하고자 할 때 규명할 수 있는 변수로서 선행변수가 통제되더라도 독립변수와 종속변수 간의 관계가 계속 유지되지만, 만일 독립변수가 통제된다면 선행변수와 종속변수 간의 관계는 아무런 관계도 갖지 못하게 된다.

⑤ **통제변수**(control variables): 독립변수와 종속변수 간의 관계를 정확히 파악하기 위해 두 변수 간의 관계에 영향을 미칠 수 있는 제3의 변수를 연구과정에서 통제하는 것을 의미한다. 주로 인구사회학적 변인의 변수를 많이 활용하여 분석하는 경우가 많다.

⑥ **외생변수**(extraneous variables, 가식적 관계 변수): 독립변수와 종속변수 간의 관계를 다르게 설명하는 변수로 외생변수를 통제하지 못하면 독립변수와 종속변수의 인과관계를 규명하지 못하게 된다. 즉, 두 변수가 표면적으로는 인과관계가 있는 것처럼 보이지만 실제로는 두 변수 간에 인과관계가 없는 것을 뜻한다. 외생변수를 통제하면 두 변수 간의 관계가 사라지는데 이러한 관계를 허위관계라고 한다.

⑦ **억압변수**(suppressor variables, 억제변수, 왜곡변수, 가식적 영관계 변수): 하나의 변수와는 긍정적으로 상관되어 있고(정적 상관관계), 다른 하나의 변수와는 부정적으로 상관이 있어(부적 상관관계) 독립변수와 종속변수 간의 관계를 억압하고 있는 것을 말한다. 억압변수를 통제할 때 두 변수 간의 참된 관계가 나타나며 두 변수 간의 관계를 어떤 식으로든 왜곡시키므로 왜곡변수라고도 한다.

부연설명

1) 조절변수(moderating variables)

① 독립변수와 종속변수 사이에서 불확실한 효과(contingent effect)를 미치는 변수이나 그에 의하여 종속변인에 영향을 주는 변수이다.
② 조절효과는 A(독립변수) → C(종속변수)에 미치는 관계 자체는 적합하지만, 이러한 관계가 어떤 특정한 변수에 의해서 달라질 수 있다는 가능성을 뜻한다.
③ 예 월수입(독립변수) → 웰빙지수(종속변수) 간의 관계에서 '성별'에 따른 조절효과는 남성이 월수입(독립변수) → 웰빙지수(종속변수)에 미치는 영향과 여성이 월수입(독립변수) → 웰빙지수(종속변수)에 미치는 영향에는 차이가 있을 것이라고 보는 것이다. 즉, '월수입이 웰빙에 미치는 영향에서 성별은 조절효과를 갖을 것이다'로 나타낼 수 있다.

2) 조절변수와 매개변수의 차이점

① 매개변수는 독립변수, 종속변수와 직접적인 영향을 주고받는다는 점에서 볼 때 조절변수와는 다르다. 즉, 매개변수는 독립변수의 영향을 종속변수에게 전달하는 역할을 하는 반면, 조절변수는 독립변수가 종속변수에 미치는 영향을 조절하는 역할을 한다.

② A(독립변수) → C(종속변수)라는 직접적 인과관계보다 A(독립변수)가 B(매개변수)를 거쳐 C(종속변수)에 영향을 미친다는 것을 확인하는 것이 매개변수이며 이 변수가 더 타당하며 현실적이다. 즉, 독립변수 A가 종속변수 C에 미치는 영향이 직접적인 인과관계보다 독립변수 A가 매개변수 B를 거쳐 종속변수 C에 영향을 미친다는 것을 확인하는 것이 매개변수라고 할 수 있다.

(2) 변수의 속성에 의한 분류

① **이산변수**(discrete variables): 이산(離散)이란 뜻은 각 값의 사이가 떨어져 있어서 그 사이의 값은 아무런 의미를 갖지 않는다는 의미로, 명목척도(성별, 종교 등)와 서열척도(학력, 장애등급 등)로 측정된 변수를 의미한다. 즉 어떤 현상이나 사물, 사람 등의 속성을 분류할 목적으로 하여 이에 숫자나 기호를 부여하는 명목척도로 측정된 변수와 크기나 정도, 양의 많고 적음에 따라서 그 순서를 비교하는 서열척도로 측정된 변수들이 이산변수에 해당된다. 또한 이산변수는 다양한 범주를 갖고 있는 범주적 변수(categorical variables)로 되어 있으며, 더미변수(dummy variables)도 이러한 이산변수에 속한다. 이산변수는 주로 질적 연구분야에서 많이 활용되기도 한다.

② **연속변수**(continuous variables): 모든 값이 서로 연결되어 있어 연산이 가능하며 여기에는 등간척도(온도, 시험점수 등)와 비율척도(소득, 몸무게 등)로 측정된 변수가 해당한다. 즉, 연속변수중 비율척도는 연속적인 숫자의 성질을 가지고 있어서 연산이 가능

하며 가감(+, -)이 가능한 등간척도(온도, IQ, 시험점수 등)와 가감승제(+, -, ×, ÷)가 가능하고 절대 영점이 존재하는 점에서 비율척도(연령, 소득, 몸무게 등)로 측정되는 변수를 말한다. 연속변수는 주로 양적 연구분야에서 많이 활용되고 있다.

정리

1. 변수는 가설의 검증을 위해 연구하고자 하는 의미단위의 속성을 나타낸다.
2. 가설은 방향성을 가지는 형태로 기록하며 부적관계, 정적관계 혹은 정비례관계, 반비례관계 등을 반영하여 설정될 수 있다.
3. 연구문제는 가설의 검증을 통하여 결론으로 도출된다.

CHAPTER 04

측정

Reserch Methods for Social Welfare

1절 인과관계의 성립 및 추론

1 인과관계의 성립요건

인과관계는 원인과 결과 간의 관계를 밝힌 후에 그 결과로 발생하는 현상을 설명하는 것으로, 조사연구에서는 모든 현상에 대한 인과관계를 경험적으로 증명해야 한다. 이러한 인과관계를 경험적으로 증명하기 위한 인과관계의 성립요건은 다음과 같이 제시할 수 있다.

1) 공변성

공변성(covariance)이란 원인이 되는 현상이 변화되면 결과가 되는 현상도 언제나 함께 변화되어야 하는 것을 의미한다. 즉, 두 변수 사이에 공변성이 있기 위해서 적어도 한 변수가 변화될 때 다른 변수도 변화되어야 한다는 특징이 있다. 예를 들면 Y=2X+7일 때 독립변수인 X가 변하면 종속변수인 Y의 결과도 X가 변함에 따라서 규칙적으로 변한다.

2) 시간적 선행성

시간적 선행성(temporal precedence)이란 원인이 되는 사건이나 현상은 시간적으로 결과보다도 먼저 발생해야 하는 것을 말한다. 즉, 독립변수가 종속변수보다 시간적으로 먼저 발생하는지의 여부가 제3의 다른 변수들로 인해서 발생하는지를 확인하는 것이다. 예를 들면 'Y=2X+7일 때 독립변수인 X가 변하면 종속변수인 Y의 결과도 X가

변함에 따라 규칙적으로 변한다.'에서 공변성이 증명되기도 하지만 그러나 X가 먼저 변해야만 Y가 변한다는 시간적 선행성도 존재한다.

3) 통제성

통제성(control)은 두 변수 간에 나타나는 공변성과 시간적 선행성의 관계가 제3의 변수(외생변수) 때문에 발생하는지를 확인해 보는 과정이다. 즉 제3의 변수를 도입하였을 때, 두 변수 간 기존의 관계가 사라지면 인과관계가 성립한다고 볼 수 없다는 특징이 있다.

2 인과관계의 추론

인과관계의 추론이란 어떤 사건이나 현상에 인과관계가 성립되었다면 그 인과관계를 논리적으로 입증하는 것은 다음과 같다.

1) 일치법

일치법(method of agreement)이란 한 사건이나 현상의 사례에서 여러 가지의 특성이 나타날 때, 그 중 오로지 한 가지의 공통적인 특성이 존재한다면 이것을 그 사건이나 현상의 원인(또는 결과)으로 추론하는 방식이다.

2) 차이법

차이법(method of difference)이란 어떤 사건이나 현상의 두 가지 사례에서 하나의 특성을 제외하고 모든 특성이 같다면, 그 중 한 사례에서는 특성이 나타나지만 다른 사례에서는 특성이 나타나지 않을 경우에 이 특성을 한 현상의 원인으로 추론하는 것이다.

3) 잉여법(잔여법)

잉여법(method of residues, 잔여법)은 어떤 사건이나 현상의 일부가 어떤 사실의 결과라고 밝혀진 바 있다면, 이것을 제외한 그 사건이나 현상의 나머지 부분이 나머지 사실의 결과라고 추론하는 방법이다.

4) 변수 간의 관계

(1) 이변량 관계

두 변수 사이의 관계에서 정적 관계(정적 관계)는 한 변수의 값이 증가(감소)하면 다른 변수의 값이 증가(감소)하는 것이거나, 부적 관계는 한 변수의 값이 증가(감소)하면 다른 변수의 값이 감소(증가)하는 것을 이변량 관계(bivariate relationships)라고 한다. 여기에서 관계의 플러스(+), 마이너스(-) 부호는 관계의 강도가 아니라 관계의 방향을 보여주는 것이라고 할 수 있다. 예를 들면 '교육수준이 높을수록 소득수준이 높다'는 연구결과는 정적 관계를 보여준다 할 수 있고, '교육수준이 높을수록 소득수준이 낮다'는 연구결과는 부적 관계를 보여준다고 할 수 있다.

(2) 관계의 강도

변수 간의 관계의 강도(strength of relationships)는 예측이 정확한 정도를 뜻하는 것으로 관계의 강도를 측정하기 위한 일반적인 통계치는 상관계수(correlation coefficient)인데, 이는 그리스어 소문자 γ(감마, gamma)라는 기호로 나타내는 것이며 예측은 보통 0% 이상 100 % 이하로 0에서 1 사이의 값을 갖는다.

(3) 대칭적 관계와 비대칭적 관계

변수와의 관계에서 대칭적 관계(symmetrical relationships)는 한 변수의 변화가 다른 변수의 변화를 가져오고 그 역 또한 성립되는 관계를 의미한다. 이에 비하여 비대칭적 관계(asymmetrical relationships)는 한 변수의 변화가 다른 변수의 변화를 가져오지만 그 역은 성립되지 않는 관계를 의미한다. 대칭적 관계의 예로는, '장애인의 자아성취감이 높으면 재활속도가 빨라지고 재활속도가 빨라지면 장애인의 자아성취감도 높아지는 것'을 예로 들 수 있으며, 비대칭적 관계의 예로는, '흡연은 폐암을 유발하지만 폐암이 흡연을 유발하지는 않는 것'을 그 예로 들 수 있다.

2절 조사설계와 조사설계 타당도

1 연구문제와 조사설계

① 조사설계의 가장 중요한 결정요인은 연구문제의 설정이며, 이 연구문제의 성격에 따라서 조사설계가 달라진다. 그런데 이러한 연구문제의 설정은 선행연구결과를 토대로 인과관계의 설정에 있어서 논리성이 담보되어야 한다.

② 연구문제를 서술하는 과정을 통해서 연구계획 또는 조사설계를 어떻게 세워야 할지 결정하는 과정이라 할 수 있다.

③ 연구문제는 표집, 자료수집, 자료분석, 결론유추 등의 전반적인 조사과정과 일치되어야 하며, 선행연구를 통하여 설정하는 것이 바람직하다.

2 조사설계의 개념 및 중요성

1) 조사설계의 개념

조사설계의 개념은 연구문제에 나타난 이론이나 가설들을 경험적으로 증명하기 위해서 연구문제의 선정에서부터 가설의 설정, 연구대상의 선정, 관찰과 분석 등에 있어서 어떤 자료들이 필요하고 취득한 자료들을 어떻게 조합할 것인지 등의 전반적인 틀을 설계하는 작업을 의미한다. 이러한 작업을 조사설계 혹은 조사디자인이라고 한다.

2) 조사설계의 목적

조사설계의 목적은 조사연구자가 연구문제에 대한 타당한 해답을 구하는 과정에 있어서 객관성을 확보하고 정확하고 경제적인 방향을 제공하는 데에 있다. 또한 조사설계는 변수의 분산을 통제하거나 일탈을 방지하는 것이 바람직하며, 변수 간의 관계가 적절히 검증될 수 있도록 만드는 것에 의의가 있다. 또한 조사설계는 연구문제에 따라서 어떤 형태의 통계분석을 사용해야 할 것인지에 관하여 제시하며, 관찰이나 분석의 방향을 적절히 제시하고 가능한 결론의 윤곽을 제시하는 목적도 있다.

3) 연구문제와 조사설계

조사설계의 가장 중요한 결정요인은 연구문제로서 이 연구문제의 성격에 따라서 조사설계가 달라진다. 연구문제를 서술하는 과정을 통해서 연구계획 또는 조사설계를 어떻게 세워야 할지 결정하며 연구문제는 표집, 자료수집, 자료분석, 결론유추 등의 전반적인 조사과정과 일치되어야 한다.

3 조사설계의 타당도

1) 타당도

타당도(validity)란 측정하고자 하는 개념이나 속성이 얼마나 실제에 가깝게 정확히 측정되고 있는가의 정도이다. 즉, 측정값과 실제값 간의 일치 정도를 의미한다고 할 수 있다. 또한 조사설계의 타당도는 각 변수 간의 관계에 대해 인과적 추론을 할 수 있는 정도를 나타내는 것으로 그에 대한 분류는 내적 타당도와 외적 타당도로 나누어 생각해 볼 수 있다.

2) 내적 타당도

(1) 내적 타당도의 개념

내적 타당도(internal validity)란 종속변수에서 나타나는 변화가 독립변수의 변화 때문이라는 것을 확신할 수 있는 정도이다. 이때 인과성에 대한 추론 가능성이 높을수록 내적 타당도는 높다고 할 수 있다.

(2) 내적 타당도의 저해요인

① 외부사건

우연한 사건(history, 외부 사건)으로 연구자의 의도와는 상관없이 조사연구과정 중에 외부적인 어떤 사건들이 발생하여 결과변수에 영향을 미치는 요인이 있다면 이는 연구의 내적 타당도를 저해할 수 있다. 예를 들면, 청소년스트레스의 완화 프로그램의 실시 중에 우연히 개최된 학교의 축제가 우연한 사건이 될 수 있을 것이다.

② 성숙효과

성숙효과(maturation or the passage of time, 성장효과)는 조사연구과정 중에 시간이 경과되면서 조사대상이 신체적 · 심리적으로 성장 또는 성숙하게 되어 결과변수에 영향을 미치는 요인이다. 예를 들면, 아동에 대한 운동프로그램은 자연적인 성숙이나 성장의 효과와 어떻게 구별할 수 있는지에 대하여 생각해 보아야 한다. 이러한 효과는 노인프로그램에서도 자연적인 쇠퇴가 발생할 수 있으므로 유의해야 한다.

③ 선발효과

선발효과(selection bias)는 주로 프로그램의 개입효과 등을 측정할 때 발생하는 요인으로, 연구결과가 프로그램을 개입해서 나타난 것이라기보다 단순히 두 실험집단의 구성원이 다르기 때문에 나타나는 것을 의미한다. 예를 들면, 지원자 혹은 지원자에 의한 금연프로그램의 실시는 이미 지원자에게 금연에 대한 의지가 있을 가능성이 있으므로 조사결과에 영향을 미칠 수 있는 요인이 될 수 있을 것이다.

④ 검사효과

검사효과(testing)란 연구자가 프로그램 실시 전과 실시 후의 결과를 비교하기 위해 실시하고자 할 때 동일한 검사를 반복하는 경우, 연구대상자가 검사에 익숙해져서 결과변수에 영향을 미치는 요인이라고 할 수 있다. 예를 들면, 동일한 조사도구로 반복측정하는 경우에 해당한다.

⑤ 도구효과

도구효과(instrumentation)란 연구자가 프로그램 실시 전과 실시 후의 검사를 각각 다른 도구로 실시할 경우에, 결과변수가 프로그램의 개입효과 때문인지 아니면 검사도구 때문인지 구분할 수 없는 경우가 발생할 수 있다. 혹은 프로그램의 실시 전후에 같은 설문을 실시하는 경우 설문의 내용을 설문의 응답 시에 기억에 의하여 기록하는 경우 등이 도구의 효과로 작용할 수 있다.

⑥ 상실효과

상실효과(mortality)란 조사연구과정 중에서 연구대상자가 참여에 대한 싫증이나 이사로 인한 이탈, 질병 및 사망 등의 이유로 중도에 탈락하게 되어 연구대상자의 표본 수가 줄어들면서 연구의 결과변수에 잘못된 영향을 미치는 요인이 될 수 있다. 예를 들면, 금연프로그램의 도중에 조사자의 이탈로 연구의 조사대상자 변동은 연구결과인 성공률에 영향을 미칠 수 있으며 금연에 실패한 사람들의 중도 이탈 등도 연구의 결과에 영향을 미치는 요인이 될 수 있다.

⑦ 통계적 회귀

통계적 회귀(statistical regression)란 사전측정에서 극단적인 점수를 얻었다고 한다면 사후측정에서 프로그램 개입효과와는 무관하게 측정치의 값들이 평균치로 회귀하려는 현상을 말한다. 즉, 프로그램 실행 이전의 검사에서 결과변수의 값이 극단적으로 높거나 낮은 경우 프로그램 실행 이후의 검사에서 원인변수(독립변수)의 효과와 상관없이 결과변수의 값이 높은 집단은 중간치로 회귀하여 낮아지고, 낮은 집단은 중간치로 역시 회귀하여 높아지는 현상이다. 예를 들어 우울감 정도가 매우 높은 집단에 대한 상담서비스 후 우울감의 정도가 중간으로 회귀한다는 것으로, 이것은 실험에 참여하기 이전에 이미 극단치에 있는 상태에서 오는 경우는 실험의 효과와 자연적인 회복의 효과를 알 수 없다는 것을 의미한다.

⑧ 인과관계 방향의 모호성

인과관계 방향의 모호성이란 시간적 선행성에 대한 불확실성 때문에 인과관계가 곤란하게 되는 것을 의미하는 것이라고 할 수 있다. 즉, 비실험설계에서 나타나는 현상이며 비실험설계는 시간적 선행성을 경험적으로 보여줄 수 없는 설계형태로 인하여 원인변수와 결과변수 사이의 인과관계 방향을 결정하기 곤란하다. 따라서 시간적 선행성이 검증된 이후에 조사설계가 이루어져야 한다.

⑨ 개입확산효과

개입확산(모방효과, diffusion or imitation of treatment)의 효과는 분리된 집단들을 연구하는 조사에서 적절한 통제가 없을 때 나타나는 문제이다. 즉 실험집단에서 실시된 프로그램에 의해서 먼저 실험집단이 효과를 얻고, 이 효과가 실험 중에 통제집단에 전파됨으로 인해서 실험집단과 통제집단 간의 차이가 약해지고 실험에 의한 효과를 규명하기가 어려우며 두 집단의 비교가 어려워지는 것을 말한다.

(3) 내적 타당도의 저해요인 해결방안

① 배합

배합(짝짓기, matching)이란 실험집단과 통제집단을 구성하는 데 있어서, 연구자가 설정된 가설의 독립변수 및 종속변수에 영향을 미칠 것이라고 생각되는 외적인 변수를 실험집단과 통제집단에 동일하게 배정하는 방법이다.

② 무작위 배정

무작위 배정(난선화, randomization), 즉 난선화란 어떤 실험대상이 실험집단이나 통제집단에 배정될 기회가 동일한 조건에서, 연구대상자들을 실험집단 및 통제집단에 무작위로 배정하는 방법을 의미한다. 이 방법은 무작위라는 개념에서 외적 타당도를 높이는 데도 가장 효과적이며, 사전에 알려진 변수뿐만 아니라 알려지지 않은 요인이나 변수까지 통제할 수 있어서 배합의 방법보다 효과적이다.

③ 통계적 통제

통계적 통제(statistical control)란 통제할 변수를 독립변수로 하여 조사설계에 포함시키고 결과의 분석에서 연구결과를 통계적으로 통제할 수 있는 방법이다. 이 방법은 배합 및 무작위 배정의 방법을 1 차적으로 사용한 다음에 연구결과의 도출 단계에서 활용하는 것이 바람직하다.

3) 외적 타당도

(1) 외적 타당도의 개념

외적 타당도(external validity)의 개념은 표본에서 얻은 연구결과를 다른 유사집단에 적용하여 일반화시킬 수 있는 정도를 말한다. 즉, 연구의 결과가 그 조사집단에 국한하지 않고 일반적 다른 집단의 결과에서도 동일하게 나타날 수 있는 정도를 말한다.

(2) 외적 타당도의 저해요인

① 표본의 대표성 결여

외적 타당도의 저해요인으로 표본은 모집단을 대표하는 것으로 표본에서 발견된 특정한 사실은 일반화가 가능해야 한다. 그렇기 때문에 표본의 대표성이 결여된다면 표본에서 얻은 연구결과를 일반화시키는 데에 문제가 될 수 있으므로 모집단을 대표하는 것이 중요하다.

② 조사 반응성

조사반응성이란 조사대상자가 자신이 특정한 연구의 대상이 되고 있음을 인식하여, 조사대상자 스스로가 그에 따른 심리적인 반응을 하여 연구의 설문에 영향을 주고 그로 인해 연구결과에 영향을 주는 것이다. 이러한 경우 연구결과를 일반화시키는 것은 어렵다. 예를 들면, 설문응답자가 바람직한 응답만을 하는 것이다. 연구반응성의 종류는 다음과 같다.

㉠ 호손 효과(Hawthorne effect): 호손효과란 조사대상자가 자신이 연구대상이 된 것을 의식하여 연구자가 원하는 대답으로 긍정적인 방향으로 행동하고 응답하려고 하는 효과이다.

㉡ 플라시보 효과(placebo effect, 위약효과): 조사대상자에게 실제로 어떤 특별한 처치나 개입이 이루어지지 않았음에도 불구하고, 그것을 받은 것과 유사한 효과가 연구결과에 나타나는 경우를 플라시보효과라고 한다. 이는 실제로 약물을 복용하지 않았음에도 그러한 심리적 효과를 발휘하는 효과로 위약효과라고도 한다.

부연설명 할로효과(Halo effect)
할로효과란 선입견 등의 제한된 정보로부터 일반화를 과장되게 함으로써 대상을 부정확하게 관찰하는 현상으로 일명 '후광효과'라고도 한다.

(3) 외적 타당도의 저해요인 해결방안

① 무작위 표집

무작위 표집이란 모집단에 가깝도록 표본의 대표성을 높이기 위해 표본을 구성한

다음 무작위 표집 방법으로 조사대상자를 선정하여 선정된 조사대상자를 무작위 배정(난선화) 방법으로 실험집단 및 통제집단에 배정하는 방법이다. 이는 조사의 결과에 대한 타당성을 높이는 효과가 있다.

② 계획적 표집

계획적 표집이란 연구결과를 일반화시키기 위하여 집단이나 상황, 시기를 계획적으로 규정한 이후에 여기에 여러 가지 이질적인 사례들이 포함될 수 있도록 표본을 추출하는 방법이다.

4) 내적 타당도와 외적 타당도의 관계[9)]

일반적으로 무작위 배정이나 통제집단을 적절히 선정하여 내적 타당도의 저해요인을 상당 부분 대처할 수 있다. 보통 실험이나 환경에 대한 통제가 많을수록 내적 타당도는 높아지는 반면, 그에 따라 외적 타당도는 희생될 수 있다. 따라서 외적 타당도를 높이기 위해서는 최대한 현실에 가까운 조건에서 실험이 이루어지도록 실험을 설계해야 한다. 또한 내적 타당도를 높이기 위해서는 실험조건을 엄격하게 통제해야 한다.

사회복지학에서의 조사연구는 실험실이 아닌 현장에서 이루어지므로 실제 사회복지기관에서 수행되는 실험조사설계에 있어서는 어느정도 제한점이 발생하게 된다.

---

9) 내적 타당도의 위협 요인으로는 역사요인으로 역사 또는 다른 사건에 의하여 연구 중인 현상에 자연적인 변화가 일어나는 현상이나, 성숙으로 주어진 맥락이나 연령이나 발달 단계에 관한 참여자의 변화, 과잉해석의 관찰자의 주관성, 참여자 선정의 오류가 있을 수 있다. 그 밖에 참여자의 감소 또는 탈락의 현상이 있을 수 있다. 또한 외적 타당도 위협 요인으로는 연구 맥락에 영향을 미치는 호손효과 등이 있을 수 있으므로 신뢰성과 타당성을 높이기 위해 삼각 검증법(triangulation)이 필요하다. 이것은 다면적인 방법으로 연구의 시간, 공간, 관점 등을 달리 하여 연구를 검토하는 기법이다. 이는 다수의 연구자의 의견을 통하여 신뢰성을 점검하는 하는 방식이다.

3절 측정

1 측정의 의의

사회과학에서는 측정(measurement)하고자 하는 연구대상은 주로 추상적인 개념들로 구성되어 있는 경우가 많으므로 연구대상의 속성이나 특성을 경험적으로 명확하게 측정하기 어려운 경우가 많다. 특히 사회복지조사에서 인간이 연구대상인 경우가 많으며 인간의 내면적인 심리나 태도, 상호작용 등과 관련된 추상적인 개념들을 경험화하는 것은 개별적 인간의 다양한 사례를 대변한다는 의미로 모집단의 특성을 담아내는 것에는 어려움이 많다.

측정도구 역시 문화나 사회적 배경 등의 특성을 담을 수 있으므로 이에 적합하고 표준화된 척도나 규칙 등이 부족한 상황에서 이를 측정한다는 것은 쉬운 일이 아닐 것이다. 이것은 자연과학과는 다른 사회과학만의 특징이므로 표본이 대표성을 갖도록 하는 작업은 어려울 수밖에 없다.

넓은 의미에서의 측정이란 추상적인 개념을 경험화하는 작업으로 일정한 규칙에 대하여 연구대상에 적절한 값을 부여하는 과정이다. 좁은 의미에서의 측정이란 측정이 일정한 규칙에 의하여 연구대상이나 사물에 수치를 부여하는 과정이다. 따라서 이 두 의미 간의 차이로 일차적인 것은 측정대상에 대하여 연구대상의 속성을 측정할 것인지 연구대상 그 자체의 측정인가에 따라 다를 것이다.

결론적으로 측정이란 일정한 규칙에 따라서 연구하고자 하는 대상의 특성에 속성을 대표하는 숫자나 기호를 부여하는 것이다. 즉 어떤 상태, 특성, 태도, 행동 등의 이론적 개념을 측정할 수 있도록 계량화(quantifying)하는 것을 말한다.

1) 개념화와 조작화

(1) 개념화

측정 시의 개념화(conceptual definition, 개념적 정의)란 연구대상이 되는 사람이나 사물의 속성, 사회적 현상 등을 개념적으로 정의할 때, 각각의 개념이 무엇을 의미하는지 구체화하는 것을 의미한다. 개념화는 사전적이고 추상적일 수 있으므로 각 개념에 대한 명확한 정의가 내려져야 하며 이를 측정 가능하도록 실증적인 지표로 바꾸는 것을 조작적 정의라고 한다.

(2) 조작화

조작적 정의(operational definition, 조작화)란 추상적인 개념을 경험적인 방식으로 측정 가능하도록 구체화한 것으로서 조작적 정의란 개념화를 벗어나지 않는 범위에서 재정의되어야 한다. 정확한 조작화라는 것은 현실적으로 존재하지 않으나 신뢰할 수 있고 타당한 조작화를 위해서 객관적인 자료를 반영하여야 한다. 개념을 조작화 방법은 학자마다 다른데, 예를 들면 부부간의 문제 정도를 조작화할 경우 부부싸움의 횟수, 의사소통의 빈도 등을 통해 부부간의 문제의 정도에 대하여 조작적 정의를 내릴 수 있다. 또한 학생 우울이나 무기력 등을 측정할 때, 지각 및 결석 횟수를 반영하는 경우 등이 이에 해당한다.

정리

1. 일정한 규칙에 따라서 연구하고자 하는 대상의 특성이나 속성에 대하여 숫자나 기호를 부여하는 것이다. 즉 어떤 상태, 특성, 태도, 행동 등의 이론적 개념을 계량화(quantifying)하는 것을 의미한다.
2. 사회과학에서는 측정대상이 갖는 특성으로 인하여 연구대상의 속성을 수량으로 나타내기 어려운 경우가 많으므로 자연과학보다 측정이 더 어렵다.

(3) 측정의 중요성

과학적 조사연구에 있어서 특히 측정이 중요한 이유는 측정이 표준화될 때 가장 간편한 측정 및 연구방법이기 때문이다. 측정은 자료를 처리할 때 통계적으로 분석할 수 있는 필수적인 절차이며 2차 연구의 기초자료가 되기도 한다. 또한 연구문제나 가설상의 추상적인 개념을 객관적이며 경험적으로 인식하여 나타낼 수 있도록 도와주고, 가설을 경험적으로 검증할 수 있게 하는 역할을 수행하기 때문에 중요하다.

2 측정의 기능

사회복지조사과정에서 측정의 기능은 자료를 수집하고 조직화하는 기본단계로서 변수의 계량화 등으로 관련 연구나 후속연구를 가능하게 하는 역할을 수행하며 관념적인 세계와 측정 가능한 경험적인 세계 간의 교량을 제공하는 역할을 한다. 과학적 연구에서 수행되는 측정의 기능은 일치 혹은 조화의 기능, 객관화와 표준화의 기능, 계량화의 기능, 반복과 의사소통의 기능 등을 통하여 가능하도록 추상적 개념 등에 대한 조작적 과정을 거치게 된다.

1) 일치 또는 조화의 기능

경험적인 현실세계와 추상적인 개념세계를 일치시키는 데 사용되는 규칙과 절차를 제시해 주는 방법으로 측정은 경험적인 현실세계와 추상적인 개념세계를 일치시키는 데 사용되는 규칙과 절차를 제시해 줄 수 있다. 일치 또는 조화라는 이론적 모델을 경험세계와 연결하는 것이 일치(correspondence)라는 측정의 규칙이라고 할 수 있다.

2) 객관화와 표준화의 기능

객관화와 추상화의 기능은 추상적이고 주관적인 이론상의 개념들을 객관화 또는 표준화시킨다. 조사연구자가 만든 사실에 대한 어떠한 진술도 다른 조사연구자에 의해서 독자적으로 입증될 수 있어야 한다는 것은 과학의 기본적인 원칙으로 연구의 객관성과 표준화에 대한 당위성을 설명한다. 따라서 측정은 추상적이고 주관적인 이론상의 개념들을 객관화나 표준화시켜서 객관적으로 관찰할 수 있도록 해야 한다.

3) 계량화의 기능

계량화의 기능은 주어진 자료를 통계적 분석을 하기 이전에 이를 수치로 옮기고 연구하려는 변수를 수량화하는 작업이 필요하다. 자료가 수치로 바뀌고 나면 가설을 검증할 수 있으며 이론을 도출할 수 있다. 따라서 측정은 세분화되고 다양한 사건이나 현상에 대하여 보다 구체적이고 정확한 정보를 제공해 줄 수 있다. 이렇게 제공된 자료들은 통계적 분석을 진행하기 전에 수치로 옮기고, 연구하려는 변수를 계량화하는 작업이 필요하다. 자료가 수치로 바뀌면 가설을 검증할 수 있는 토대가 되며 이를 바탕으로 하여 이론으로 도출할 수 있다.

4) 반복과 의사소통의 기능

반복과 의사소통의 개념은 신뢰의 개념과 크게 다르지 않다. 이를 통하여 특정 연구에 대한 반복실험을 가능하게 하고 그 결과 연구과정 및 결과를 둘러싼 의사소통을 가능하게 한다. 즉 측정은 다른 연구자들에 의해서 특정 연구에 대한 반복실험을 가능하게 하고 그 결과를 반증할 수 있도록 해 주며, 실시한 연구가 얼마나 타당성을 가지는지 검증할 수 있도록 한다. 따라서 다른 연구자들에게 연구과정 및 연구결과를 둘러싼 의사소통을 가능하게 하는 역할을 수행할 수 있다. 이때 측정의 절차가 엄격할수록 연구결과의 효율적인 의사소통의 기능과 타당성의 가능성이 증가할 수 있을 것이다.

3 측정의 원칙

측정의 원칙에는 다음의 요인을 주로 고려하여 설문이 작성되어야 한다. 즉 이는 상호배타성의 원칙, 포괄성의 원칙, 논리적 연관성의 원칙, 내적 일관성의 원칙 등이다.

1) 상호배타성의 원칙

상호배타성의 원칙이란 정의된 범주 간에는 중복되는 부분이 없어야 한다는 것이다. 측정을 위한 설문작성에서 범위화가 상호배타적으로 정의되지 않는다면 측정하려는 대상이나 대상의 속성이 중복 측정되므로 이들을 측정한 의미를 해석하기 어렵게 된다. 예를 들어, 연령의 구간을 분류할 때 40~50세, 50~60세와 같이 분류하게 되면 설문작성자 중에서 50세가 두 개의 집단에 포함되므로 양 구간에 임의로 작성이 될 수 있어 상호배타성의 원칙에 위배된다. 이처럼 조사대상은 두 가지의 속성을 동시에 가질 수 없도록 작성되어야 한다.

2) 포괄성의 원칙

포괄성의 원칙이란 정의된 범주 안에서 모든 속성들을 포함할 수 있도록 측정되어야 한다는 것이다. 예를 들면 직업에 관한 조사를 할 때, '① 회사원 ② 공무원 ③ 자영업 ④ 농업 ⑤ 무직 ⑥ 기타(　)'와 같이 일반적인 직업군을 나열하더라도 마지막 항목에는 '기타(　)'와 같은 형태를 두어서 조사대상자가 설문을 통하여 자신의 직업을 선택하지 못하는 일이 있어서는 안 된다. 이처럼 모든 조사대상은 반드시 한 가지가 설문의 속성에 포함되어야 한다.

3) 논리적 연관성의 원칙

논리적 연관성이란 척도를 구성할 때 한 가지 조사 범주 내에 이질적인 것을 포함해서는 안 되며, 각 범주들이 상호 논리적으로 연결되어 있어야 하는 것을 뜻한다. 예를 들면 직업을 조사하는 항목에 연령이나 종교가 포함되어서는 안 되며, 직업군으로 선택할 수 있도록 해야 한다는 것이다.

4) 내적 일관성의 원칙

내적 일관성의 원칙이란 설문을 통하여 질문하는 경우에 한 질문에서는 측정하고자 하는 하나의 개념을 측정해야 한다는 것이며, 또한 설문문항들은 목적한 한 가지의 개념에 대한 수준을 측정하기 위하여 일관적으로 질문되어야 한다는 뜻이다.

CHAPTER
05

척도의 구성

1절 측정도구의 특성

1 측정의 수준

측정을 하고자 할 때 정해진 규칙에 따라서 혹은 대상의 특성이나 속성에 따라 부여되는 수치나 기호의 의미가 달라질 수 있다. 이때 측정하고자 하는 대상에게 부여되는 숫자들의 의미 체계를 척도(scale)라고 하며 측정의 수준에 따라 척도 값(숫자)의 의미가 달라진다. 이것은 측정의 수준과 척도는 명목척도, 서열척도, 등간척도, 비율척도로 나타낼 수 있다.

1) 명목측정

명목척도(nominal measurement, 명목측정)는 측정할 대상의 특성이나 속성을 유사한 집단과 상이한 집단으로 분류하여 각 집단에 숫자나 명칭을 부여하는 척도를 말한다. 명목척도는 가장 낮은 수준의 측정으로 글자 그대로 측정하고자 하는 대상에 이름을 부여하는 명목적인 것을 의미한다. 따라서 명목측정은 실증적 원칙, 완전성의 원칙, 상호배타성의 원칙, 포괄성의 원칙, 논리적 연관성의 원칙 등을 만족시켜야 하지만 산술적 계산(+, −, ×, ÷)에서는 사용될 수 없다. 예를 들면 남자는 0, 여자는 1과 같이 추상적 개념에 붙여지는 개념이라 할 수 있다.

정리

1. 측정할 대상의 속성을 이와 유사한 집단과 상이한 집단으로 분류하여 각 집단에 숫자나 명칭을 부여하는 척도이다.

2. 명목측정의 방식은 실증적 원칙, 완전성의 원칙, 상호 배타성의 원칙 세 가지를 모두 만족시켜야 한다.

3. 산술적인 계산(+, −, ×, ÷) 방식에 사용될 수 없다. → 예 남성+여성은 없다.

표 명목척도의 예

변 수	범주와 측정값
성별	남성=1, 여성=2
종교	기독교=1, 천주교=2, 불교=3, 유교=4, 기타=5
인종	황인종=1, 백인종=2, 흑인종=3, 혼혈=4
직업	회사원=1, 공무원=2, 자영업=3, 농업=4, 무직=5, 기타=6
기타 변수활용 : 결혼여부 등	

2) 서열측정

서열척도(ordinal measurement, 서열측정)는 측정할 대상의 속성을 '분류'하는 면에 있어서는 명목측정과 같다. 그러나 서열척도의 측정에 있어서는 명목측정과 같이 모든 범주가 똑같은 수준에 있어서 값을 똑같이 분류한 것이 아니며, 대상의 속성이나 특징에 따라 서열 또는 순서를 정하여 집단 간의 비교와 서열상의 측정이 가능하도록 만들어졌다. 단, 서열측정은 측정대상 간의 대소(大小), 고저(高低), 전후(前後), 상하(上下) 등에 따라 서열화만 가능하나 서열 간의 간격은 동일하지 않으므로 절대량의 크기를 나타내지 않는다. 따라서 서열측정은 명목측정의 방식과 마찬가지로 산술적 계산(+, -, ×, ÷)에서는 사용될 수 없다.

정리

1. 측정할 대상의 속성을 분류하고(명목측정) 서열 또는 순서를 정하여 집단 간의 비교와 서열(순서)상의 측정이 가능하도록 만들어진 척도이다.

2. 순서를 나타내는 것으로 산술적 계산(+, -, ×, ÷)에 사용될 수 없다. → 예 1등급+2등급 혹은 1등급-2등급은 가능하지 않다.

표 서열측정의 예

변 수	측정값
소득수준	상=1, 중=2, 하=3
장애수준	1등급=1, 2등급=2, 3등급=3, 4등급=4, 5등급=5, 6등급=6
경제적 배경	고소득층=1, 중간소득층=2, 저소득층=3
만족도(리커트)	매우불만=1, 불만=2, 보통=3, 만족=4, 매우만족=5

• 기타 : 석차(전교 1등-50등), 학위(학사/석사/박사) 등

3) 등간측정

등간측정(interval measurement, 등간척도)의 방식은 측정할 대상의 속성을 분류할 수 있으며(명목측정) 서열의 배열이 가능할 뿐만 아니라(서열측정) 대상 간의 간격도 일정하여 항목 간의 측정이 가능하도록 만든 척도를 뜻한다. 등간측정은 등간격(간격이 같음)이 있으므로 산술적 계산 중에 가감(+, -)에 사용될 수 있다. 그러나 임의적 영은 있으나 절대영점(의

미상 대상의 속성이 전혀 없음을 의미)은 없으므로 승제(×, ÷)와 같은 비율계산에서는 사용할 수 없는 특성이 있다.

정리

1. 측정할 대상의 속성을 분류할 수 있고 서열이 가능할 뿐 아니라(서열측정) 대상 간의 간격 또한 일정하므로 항목 간의 일부 측정이 가능하도록 만든 척도이다.
2. 절대영점(없음을 의미하는)이 없으므로 가감승제 중 곱하기, 나누기와 같은 비율계산은 사용할 수 없다.

표 등간측정의 예

변 수	측정값
연령	10대 이하, 20대, 30대, 40대, 50대, 60대 이상
IQ	100 이하, 110대, 120대, 130대, 140대, 150 이상
시험성적	60점대 이하, 70점대, 80점대, 90점대, 100점

• 기타 : 년도, 학력, 물가지수, 생산성지수, 사회지표, 온도계의 0 등

4) 비율측정

비율측정(ratio measurement, 비율척도)은 실제로 존재하는 0의 개념을 사용한다. 따라서 척도의 특성은 명목측정, 서열측정, 등간측정의 모든 조건을 충족하고 그 외에 실제로 존재하는 0을 측정할 수 있는 개념으로 가감승제(+, −, ×, ÷)가 가능한 것을 뜻한다. 비율측정은 가장 높은 수준의 척도라고 할 수 있으며 높은 수준의 척도는 낮은 수준으로 변경이 가능하나 그에 대한 역관계는 성립하지 않는다.

정리

1. 명목측정, 서열측정, 등간측정의 모든 조건을 충족하고 있으며, 그 외에 실제로 존재하는 0을 측정할 수 있도록 만들었으므로 가감승제가 가능한 비율측정이 측정 방식 중에서 가장 높은 수준의 척도라고 할 수 있다.

2. 높은 수준의 척도는 낮은 수준으로 변경이 가능하다. 그러나 역의 관계는 성립하지 않는다. 즉, 낮은 수준의 척도를 높은 수준으로 변경하는 것에는 한계가 있다.

3. 비율측정에 해당되는 측정값 0이 실제적 의미를 가지기 때문에 모든 산술적 조작(+, −, ×, ÷)이 가능한 특징이 있다.

표 비율측정의 예

변 수	측정값
연령	0, ..., 1, 2, 3, ..., 100, ...
체중	0, ..., 40, ...50, ...60, ...70, ... 80, ...
신장	0, ..., 150, ..., 160, ...170, ...180, ...
소득	0, ..., 1,000,000, ..., 1,500,000, ...
• 기타 : TV시청률, 투표율, 가격, 생산원가 등	

측정수준의 비교

특성 \ 척도	명목척도	서열척도	등간척도	비율척도
범주	O	O	O	O
순위	X	O	O	O
등간격	X	X	O	O
절대영점존재	X	X	X	O
비교방법	분류	순위비교	간격비교	절대력, 크기비교
수학적 계산	=	=, 〉, 〈	=, 〉, 〈, +, −	=, 〉, 〈, +, −, ×, ÷

2절 신뢰도와 타당도

1 신뢰도

1) 신뢰도의 개념

조사분석에서 신뢰도(reliability)가 높다는 것은 동일한 대상에게 같은 실험이나 연구를 실시했을 때 결과가 유사하게 나오는 정도를 뜻한다. 즉, 다음과 같은 개념이다. 신뢰도란 측정의 일관성을 뜻하는 것으로 측정도구를 동일한 대상에게 반복해서 사용했을 때 측정한 결과가 일정하게 같거나 비슷한 측정결과가 나오는 정도를 의미한다. 따라서 측정도구인 척도가 좋은 척도가 되기 위해서는 측정된 값들 사이에 일관성이 높게 나타나야 한다. 이러한 면에서 신뢰도란 측정도구의 안전도 및 정확도의 측면을 지칭하는 것이라고 할 수 있다.

2) 신뢰도의 의의

신뢰도를 확보하기 위해서는 대체적으로 안정성, 동등성, 동질성 등이 고려되며 안정성과 동등성은 외적 일관성에 관련되어 있으며 동질성은 내적 일관성에 관련되어 있다. 여기에서 안정성이란 연구대상에 한 가지 측정도구를 가지고 반복하여 적용할 때 나타나는 측정이 일관성 있게 나타나고 있는가 하는 문제이다. 즉, 반복된 측정의 결과를 비교하는 것이다.

반면 동등성은 동일한 현상을 측정함에 있어서 두 가지 이상의 측정도구를 사용할 경우에 이들 측정도구 간의 동등성이 곧 신뢰도가 되는 것을 의미하며, 이때 측정도구가 다르다고 하더라도 측정하고자 하는 내용이 같아야 한다는 동등성의 원리가 적용된다. 마지막으로 동질성의 의미는 측정도구에 사용된 모든 문항이 동일한 특성을 측정해야 한다는 원리로, 이는 한 가지 측정도구를 가지고 신뢰도를 측정할 경우에 측정 또는 관찰의 동질성을 신뢰도 개념의 기초로 삼게 된다.

3) 신뢰도의 측정방법

신뢰도를 측정하는 방법에는 여러 가지가 있으며, 특히 요즘은 컴퓨터가 발달되어서 신뢰도를 측정하는 기법들이 더욱 다양해지고 있다. 여기에서는 일반적으로 널리 사용되고 있는 상호관찰자법, 검사-재검사법, 반분법, 대안법, 내적 일관성 분석법 등의 신뢰도 측정방법에 대해서 살펴보고자 한다.

(1) 상호관찰자법

상호관찰자법(inter-observer method, 조사자 간 신뢰도)이란 조사자 간 신뢰도라고 부르기도 한다. 이는 두 명 이상의 관찰자 또는 조사자들이 관찰의 내용을 서로 숙지한 다음에 동일한 측정도구(척도)를 거의 동일한 시간이나 환경에 같은 조사대상자에게 적용했을 때, 관찰자들 간에 연구의 결과가 얼마나 일관성이 있는지 혹은 얼마나 상관관계가 있는지를 확인하는 측정방법이다. 이러한 방식은 질적 연구에서 삼각화에 의하여 진행되기도 하며 연구의 정확성을 위해 실시하는 방식이다.

(2) 검사-재검사법

검사-재검사법(test-retest method)은 하나의 측정도구를 동일한 대상에게 일정한 시간 간격을 두고 반복해서 측정한 후에, 그 측정값을 서로 비교하여 척도의 신뢰도를 측정하는 방법이다. 검사-재검사법은 적용이 쉽고 절차가 간단하며 측정도구의 자체를 직접 비교할 수 있다는 장점이 있는 반면, 조사시간과 비용이 많이 들며 대상을 두 번 이상 측정하기 어려운 단점이 있다. 또한 첫 번째 측정이 두 번째 측정에 영향을 줄 수 있으며(검사효과), 두 측정시점 사이에 측정대상의 속성 자체가 변화하여(성숙효과) 두 측정치가 차이가 날 수 있다는 단점이 있다.

즉, 정리하면 검사-재검사법은 같은 측정도구인 경우에 문제와 응답을 기억하는 등의 연구반응성이 발생할 수 있으므로 유의해야 한다. 즉 적용이 쉽고 절차가 간단하며 측정도구 자체를 용이하게 비교할 수 있는 반면, 성숙효과로 예를 들어 아동, 청소년, 노인은 시간에 따른 성숙이나 자연적인 쇠퇴현상이 발생할 수 있으므로 연구에 의한 변화인지에 관하여 숙고할 필요가 있다.

(3) 반분법

반분법(split-half method)은 검사-재검사법의 검사효과와 성숙효과를 제거하기 위하여 보완된 것으로 하나의 측정도구를 반으로 나누어 각각의 독립된 두 개의 척도를 동일한 대상에게 동시에 측정한 후에, 각각의 측정값을 서로 비교하면서 신뢰도를 측정하는 방법이다. 반분법의 특징은 측정을 한 번에 동시에 하기 때문에 검사효과와 성숙효과를 제거할 수 있다는 장점이 있는 반면에, 반으로 나눈 두 개의 독립된 측정문항들을 완전하게 동등한 개념을 측정하도록 만들기 어렵고 원래의 척도가 측정문항이 적은 경우에는 사용할 수 없다는 단점이 있다. 정리하면 반분법은 측정을 한 번에 동시에 하기 때문에 검사효과와 성숙효과를 제거할 수 있는 장점이 있으나 반분된 각각의 설문에 대한 응답이 동일하게 응답되지 않을 가능성을 배제할 수 없다. 그리고 원래의 척도가 측정문항이 한정된 경우에는 사용할 수 없다.

(4) 대안법

대안법(alternative-from method, 복수양식법, 평행양식법, 동형검사법)의 개념은 유사한 양식의 두 가지 측정도구를 동일한 대상에게 동시에 실시하여 측정한 후에, 그 측정값을 서로 비교하여 척도의 신뢰도를 측정하는 방식이다. 대안법은 검사-재검사법의 측정시점이 서로 다른 데서 오는 외생변수의 문제로 검사효과나 성숙효과를 극복할 수 있다는 장점이 있는 반면에, 동일한 대상을 정확히 측정할 수 있는 두 개의 동등한 측정도구를 만들기가 어렵고 조사를 두 번 실시하여 조사환경이나 응답자의 동기 및 태도에 차이가 생기게 되는 검사효과를 완전히 배제할 수 없다는 단점이 있다.

결론적으로 복수양식법은 유사양식의 두 가지 측정도구를 동일한 대상자에게 동시에 혹은 실험의 전후 실시하여 측정한 후, 그 측정값을 비교하여 척도의 신뢰도를 측정하는 방식이다. 장점은 적용문항이 다르므로 외생변수의 문제(검사효과)를 극복할 수 있으며 단점은 두 개의 동등한 측정도구를 만들기 어렵다는 것이다.

(5) 내적 일관성 분석법

내적 일관성 분석법(internal consistency method, 문항내적합치도)은 동일한 개념을 여러 개의 항목으로 만들어서 측정하였을 경우, 평균값 이하에 해당되는 항목을 척도에서 제외시켜 신뢰도를 높이기 위한 측정방법이다. 이 측정방법은 현재 신뢰도를 측정하는 방법으로 가장 많이 쓰이고 있으며 크론바하 알파(Chronbach's α) 계수라고도 한다. Chronbach's α 계수는 0(신뢰도 전혀 없음)에서 1(완벽한 신뢰도) 사이의 값을 나타내고 있으며 사회과학에서는 대체로 Chronbach's α =0.7 이상이면 신뢰도가 높다고 인정한다. 이를 정리하면 다음과 같다.

즉, 내적일관성분석이나 문항내적합치도의 개념은 동일한 개념을 여러 개의 항목으로 만들어 측정하기 위한 것으로 신뢰도를 측정하는 방법으로 쓰이며 크론바 알파(Chronbach's α) 계수라 한다. 이는 사회과학에서는 Chronbach's α =0.4 정도인 경우도 많이 발생하고 있고 이는 표본의 수에도 어느 정도 영향을 받으며 표본이 지나치게 적고 설문문항이 상대적으로 적을 시에는 신뢰도의 값이 낮아질 수 있다.

2 타당도

1) 타당도의 개념

타당도(validity)의 개념은 연구를 통하여 측정한 결과가 다른 유사집단에서도 적용될 수 있는 가 하는 점이다. 이를 정리하면 다음과 같다.

정리

1. 타당도란 측정의 정확정도를 뜻하는 것으로 측정하고자 하는 개념이나 속성을 얼마나 정확하며 실제에 가깝게 측정했는가의 정도를 뜻한다. 즉, 측정한 값과 실제 값 간의 일치 정도를 나타낸다.
2. 특정 척도의 타당도를 정확히 측정할 수 있는 도구는 객관적으로 존재하기 어렵기 때문에, 기본적으로 전문가의 추정과 합의에 근거하는 개념을 활용하기도 한다. 타당도의 종류에는 다음과 같은 것이 있다.

2) 타당도의 종류

(1) 내용타당도

내용타당도(content validity, 액면타당도, 안면타당도)는 타당도 중에서 가장 간단한 유형으로 측정도구의 항목들이 조사자가 측정하고자 하는 내용을 적절히 포함하는지를 논리적으로 평가하는 방법이다. 내용타당도는 측정도구의 설문 문항이나 관찰 항목에 대한 적합성의 여부를 연구자의 직관이나 전문가의 견해 등을 통한 주관적 판단에 기초하고 있으며, 문항 간 속성의 차이를 확인할 수 있는 방법이 없으므로 통계적 분석에는 사용되지는 않는다. 다만 내용타당도는 측정도구의 항목들에 대한 면밀한 검토를 주관적인 판단에 기초하므로 적용이 쉬우며 시간이 많이 걸리지 않는다는 장점이 있고, 측정도구의 항목들에 대한 적합성 여부를 전문가의 주관적인 판단에 의존하므로 오류의 가능성이 있다는 단점이 있다. 따라서 내용타당도의 특징은 다음과 같이 정리할 수 있다.

정리

내용타당도는 측정도구의 설문 문항이나 관찰 항목에 대한 적합성의 여부를 연구자의 직관 또는 전문가의 견해 등을 통한 주관적 판단에 기초하여 판단한다. 문항 간 속성의 차이를 확인할 수 있는 방법이 없으므로 통계적 분석에서는 사용되지 않는다. 장단점으로는 측정도구의 검토를 주관적인 판단에 기초하므로 적용이 용이하나 주관적인 판단에 의존하므로 오류의 가능성이 있다. 그러므로 이 오류를 줄이기 위해서는 외부의 다양한 관점들을 이에 포함시켜야 한다.

(2) 기준타당도

기준타당도(criterion validity)는 내용타당도의 단점을 극복하기 위한 것으로 현재 개발된 측정도구의 측정값과 기존의 타당성이 입증된 측정도구의 측정값의 비교를 통해서 타당도를 검토하는 방법을 의미한다. 기준타당도는 타당도 계수를 계산해서 내용타당도에 비하여 훨씬 객관적이고 비교가 가능하다는 장점이 있으나, 비교 기준이 있는지를 먼저 알아보는 것이 필요하며, 이 비교 기준이 타당한 것인가를 고려해야 하는 등 추가적인 시간과 비용이 든다는 단점이 있다. 기준타당도의 유형으로는 예측타당도와 동시타당도가 있다.

정리

기준타당도는 내용타당도의 단점을 극복하기 위한 것으로, 개발된 측정도구의 측정값과 타당성이 입증된 측정도구의 측정값의 비교를 통해 타당도를 검토하는 방법이다.

① 예측타당도

예측타당도(predictive validity)는 측정도구가 미래의 사건을 예견하는 능력이 어느 정도인지에 따라 측정도구의 타당도를 평가하는 방법이 이에 해당한다.

② 동시타당도

동시타당도(concurrent validity)의 개념은 측정한 값이 기준이 되는 다른 측정도구로 측정한 값과 비교하여 그 결과가 얼마나 일치하는가에 따라 타당도를 평가하는 방법이다.

(3) 구성타당도

구성타당도(construct validity, 개념타당도)란 측정하고자 하는 개념이 그 밖의 다른 것과 관련을 맺고 있는 개념이나 가정을 토대로 하고 있는지, 그 개념의 전반적인 이론적 틀 속에서 측정도구의 타당성을 경험적으로 검증하는 방식을 말한다. 구성타당도는 내용타당도와 기준타당도의 단점을 보완한 방법으로서 내용타당도는 논리적 검증법을 사용하고 기준타당도는 통계적 검증법을 사용하며, 구성타당도는 논리적 검증과 통계적 검증 모두를 사용한다는 특징이 있다. 구성타당도는 측정도구에 의해서 '조사대상자가 제대로 측정이 되었는가'에 관한 문제로 '측정하고자 하는 개념이 추상적일수록' 구성타당도를 확보하는 것이 어렵다는 단점이 있다. 구성타당도의 유형으로는 다음과 같은 수렴타당도, 판별타당도, 요인분석이 있다.

정리

개념타당도의 개념은 측정하고자 하는 개념이 이론적 개념이나 가정을 토대로 하여 그 개념의 전반적인 이론적 틀 속에서 측정도구의 타당성을 경험적으로 검증하는 방식이다. 구성타당도의 특징은 내용타당도와 기준타당도의 단점을 보완한 방법으로 내용타당도는 논리적 검증의 방식을 사용하고, 기준타당도는 통계적 검증을 사용하며, 구성타당도는 논리적 검증과 통계적 검증을 둘 다 사용하여 검증한다. 개념타당도의 종류는 수렴타당도, 판별타당도, 요인분석이 있다.

① **수렴타당도**(convergent validity): 수렴타당도의 개념은 A와 B라는 측정도구가 서로 동일한 개념을 측정하는 도구라면 동일한 대상을 측정했을 경우에 얻어진 측정값들 간의 상관관계가 높으며 일정한 결과에 수렴할 것이라는 것을 의미한다.

② **판별타당도**(discriminant validity): 판별타당도란 A와 B라는 측정도구가 서로 다른 개념을 측정하는 도구라면 동일한 대상을 측정했을 경우에 얻어진 측정값들 간의 상관관계는 낮고 다른 것을 서로 나타내야 함을 의미한다.

③ **요인분석**(factor analysis): 요인분석이란 유사한 개념을 서로 묶어서 같은 항목의 요인들로 집약시켜 변수 간의 같은 요인과 다른 요인을 구분하여 각각의 변수의 관계를 보다 명확히 측정하는 방법이다.

④ 측정도구에 의해서 조사대상자가 제대로 측정되었는가에 관한 문제이므로, 측정하고자 하는 개념이 추상적인 경우에는 구성타당도를 확보하는 것은 어렵다.

3 신뢰도와 타당도의 관계

1) 신뢰도와 타당도의 관계

신뢰도는 일정한 결과가 연구를 통해 나타나는 정도로 신뢰도 없는 타당도는 없을 수 있다. 반면 타당도는 연구의 결과가 일반화될 수 있는가로 타당도가 없어도 신뢰도를 가질 수는 있다. 즉 타당도가 높은 측정은 반드시 신뢰도가 높지만, 신뢰도가 높다고 해서 반드시 타당도가 높은 것은 아니다. 또한 타당도가 낮다고 해서 반드시 신뢰도가 낮은 것은 아니며 타당도가 낮으면 신뢰도가 높을 수도 있고 낮을 수도 있다. 그러나 신뢰도가 낮다면 반드시 타당도가 낮으며 신뢰도가 낮고 타당도가 높은 측정은 없다. 반면 신뢰도가 높고 타당도가 낮은 측정은 있으며 신뢰도가 높으면 타당도가 높을 수도 있고 낮을 수도 있다. 결론적으로 타당도는 신뢰도의 충분조건이며, 신뢰도는 타당도의 필요조건이다. 또한 신뢰도는 무작위 오류와 관계가 있고, 타당도는 체계적 오류와 관계가 있다. [그림 5-1]을 보면서 이러한 개념을 이해해 보자.

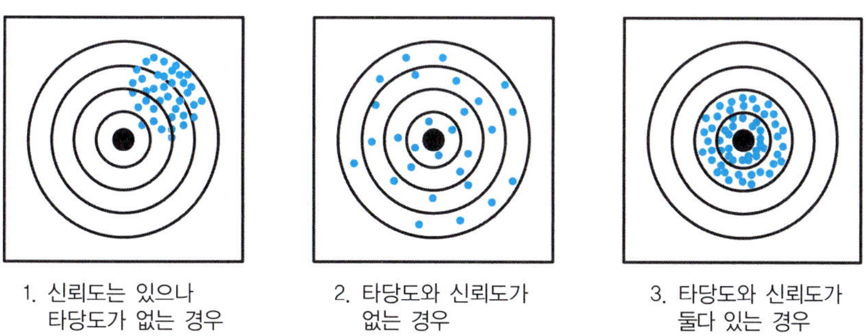

[그림 5-1] 신뢰도와 타당도의 관계

- 신뢰도 – 측정결과의 일관성
- 타당도 – 측정결과의 다른 집단에서의 적용정도 및 일관성

2) 신뢰도와 타당도의 관계의 예

신뢰도와 타당도의 관례에서 신뢰도가 높다는 것은 과녁의 일정한 지점을 얼마나 많이 맞추느냐의 문제로 설명할 수 있으며 이는 많은 전문서적을 통해 설명되고 있다. 한편 타당도가 높다는 것은 과녁의 정중앙에 얼마나 많이 맞추느냐의 문제로 설명할 수 있다. 이를 다음과 같이 나타낼 수 있다.

3) 신뢰도와 타당도에 영향을 미치는 요인

신뢰도와 타당도에 영향을 미치는 요인으로는 측정도구, 조사환경, 조사대상자, 조사자의 해석 등으로 분류할 수 있다.

(1) 측정도구

측정도구에 따라서 신뢰도나 타당도에 영향을 받을 수 있는다. 즉, 질문내용이 애매하고, 응답 기입란이 불분명하거나 관례상 사용하지 않는 문구들을 포함한 측정도구는 응답자의 설문결과 같은 결과가 연구를 통해 도출될 수 있는 신뢰도가 떨어지며, 이에 따라 타당도에도 영향을 미칠 수 있다. 이를 방지하기 위해서는 조사대상자가 동일한 의미로 해석할 수 있도록 측정도구의 내용을 명확히 하는 것이 필요하다.

한편 중요한 개념으로 동일한 개념이나 변수를 측정할 때 문항수를 늘리면 신뢰도와 타당도를 높일 수 있다. 그러나 설문응답자에 비하여 문항수가 많아지는 경우에는 신뢰도가 낮아질 수 있는 것도 유념할 필요가 있다. 그러므로 조사대상자가 잘 모르거나 관심이 없는 내용에 대해서는 설문응답을 받지 않는 것이 바람직하다. 설문지의 작성은 따라서 질문지의 오탈자, 읽기 어려운 단어 등이 있을 경우에는 오해를 유발하여 측정의 신뢰도와 타당도를 저하시키지 않도록 하는 것이 중요하다.

(2) 조사환경

연구조사에서는 설문조사의 응답과정에서 시간이 급박한 상황, 강압적인 상황, 조사자와 얼굴을 대면한 상황이거나 그렇지 않은 상황 등에 따라서 응답에 영향을 미칠 가능성이 있다. 따라서 가능한 한 자유스러운 분위기에서 응답자가 본인의 의사를 정확히 표현할 수 있는 상황을 만들어 주는 것이 중요하다. 조사시간이 너무 길지 않아야 하며, 응답자들이 이해하고 응답할 수 있는 충분한 시간이 주어져야 하는데 그렇지 않은 경우 무성의한 응답을 통해 신뢰도가 저하될 수 있으므로 설문응답에 필요한 시간을 미리 안내하는 것도 바람직하다.

한편 조사자가 측정도구를 완성하는 데 필요한 절차를 정확하게 준수하느냐 그렇지 않느냐에 의해서도 설문의 응답에 영향을 미친다. 예를 들면 조사완성에 필요한 지시나 조사자의 측정방식이나 태도에 조사자는 필요한 교육을 받는 것이 좋으며 가급적 일관성을 유지해야 한다.

(3) 조사대상자

조사자는 설문 대상자의 연령, 교육수준 및 사회경제적 수준을 고려하여 측정도구를 작성하여야 한다. 예를 들면 다문화여성인 경우에는 한국말의 통역사가 동행하기도 하여 설문응답의 정확성을 기해야 하며, 연령이나 지각 혹은 사회문제에 있어서 응답자의 이해도가 고려되어야 한다. 또한 조사대상 집단이 다양한 배경을 가질 때 응답의 신뢰도는 증가할 수 있으며, 조사대상자가 조사에 대한 흥미가 높고 조사 선택 동기가 높으면 신뢰도와 타당도가 높아진다. 지나치게 편파된 집단을 조사대상으로 정하지 않도록 유의한다.

(4) 조사자의 해석

설문의 조사자가 결과를 어떻게 분석하고 해석하는가에 따라 신뢰도와 타당도에 영향을 미칠 수 있다. 예를 들면 개방형 질문의 경우에는 질문하는 방식이나 태도에 따라 조사자의 주관이 개입될 여지가 많으며, 폐쇄형 질문의 경우에도 수집된 자료를 어떻게 부호화하느냐 혹은 측정결과를 어떻게 해석하느냐에 따라서 영향을 미칠 가능성이 있다.

(5) 신뢰도와 타당도를 높이는 방법

신뢰도와 타당도를 높이는 방법으로 신뢰할 수 있는 검증된 측정도구를 사용하는 것이 중요하다. 즉, 조사대상자에게 동일하거나 유사한 질문을 2회 이상하여 일관성 있는 응답을 하는지에 대한 점검이 필요하다. 그리고 설문 조사자에게 측정도구와 측정방법에 대한 사전교육을 철저히 실시하는 것이 바람직하다.

3절 측정의 오류

1 체계적 오류의 개념

측정의 오류 중에서 체계적 오류의 개념은 측정도구를 만드는 과정에서 발생할 수 있는 타당도의 문제라 할 수 있다. 즉, 자료를 수집하는 방법이나 과정에서 발생하는 반복적이거나 유형화된 오류로 일정한 패턴이나 경향이 있는 오류이다. 이 오류는 측정도구나 설문의 방식을 완전하게 수정하지 않는 한 수정될 수 없는 특징이 있으므로 지표의 타당성을 반드시 확보하는 것이 중요하다.

2 체계적 오류의 종류

① **응답군**(response set): 응답군 오류의 의미는 응답이 어느 한쪽으로만 몰려서 일정한 유형을 이루는 현상이므로 질문하는 방식 등에 관한 점검이 필요하다.

② **사회적 기대치에 따른 오류**: 사회적 기대치에 따른 오류는 사회적으로 바람직하다고 생각되는 것에 편향(socially desirable bias)된 현상이다. 이러한 현상은 연구반응성과 연관이 있다.

③ **인구사회학적 특성에 따른 오류**: 응답자의 성, 나이, 학력, 종교, 직업 등과 같은 인구사회학적 특성으로 인하여 발생되는 오류이다. 따라서 이러한 경우에는 다양한 인구사회학적 특성의 집단을 통하여 조사를 실시하는 것이 바람직하다.

3 개인적인 성향에 기인한 체계적 오류

① **연쇄적 오류**: 연쇄적 오류란 후광효과(halo effect)에 의한 오류를 의미하며 측정 대상의 어떤 속성에 의하여 강한 인상을 받은 것에 의하여 전체 속성을 평가하는데 있어 부당한 영향을 미치는 오류이다.

② **중앙 집중화 오류**: 중앙 집중화 현상은 어느 한 쪽에 치우치지 않고 중간에 응답을 하는 오류로 설문에 관심이 없는 경우에 보통이다로 응답하는 경우가 많은 것에 기인한다.

③ **관대화 오류**: 관대화 오류란 설문의 응답시에 좋은 점을 부각시켜서 긍정적인 응답을 하는 오류를 의미한다.

④ **엄격화 오류**: 엄격화 오류란 반대로 나쁜 점을 부각시켜서 부정적인 응답을 하게 되는 오류이다.

4 무작위 오류

1) 무작위 오류의 개념

무작위 오류(random error, 비체계적 오류)의 개념은 일정한 패턴이나 일관성이 없이 우연히 발생하는 오류의 개념으로 신뢰도에 많은 문제를 발생시킨다. 무작위적 오류는 원인을 알 수 없는 경우가 많으며 제거하기가 쉽지 않은 것이 그 특징이다. 무작위적 오류를 최소화하기 위한 일반적인 방법으로는 첫째, 가능한 한 표본의 크기를 크게 하는 방법이며 둘째, 일관성 없는 응답을 방지하기 위하여 설문응답자에게 설문의 중요성 혹은 의의 등에 대하여 설명하고 충분한 시간을 통하여 무성의한 응답이 되지 않도록 하는 것이 중요하다.

2) 무작위 오류의 종류

무작위 오류에 조사자, 조사대상자, 조사의 상황, 측정도구 등의 다양한 영향이 있다.

첫째, 조사자로 인한 오류로 설문응답을 진행하는 조사자의 기분, 태도, 신체적 상태, 정신적 상태 등이 설문대상자의 응답에 영향을 미칠 수 있을 가능성으로 인한 오류이다.

둘째, 조사대상자로 인한 오류는 조사대상자의 기분, 태도, 신체적 상태, 정신적 상태 등으로 인하여 설문의 응답에 영향을 받을 수 있을 가능성에서 비롯되는 오류이다.

셋째, 조사상황으로 인한 오류로 설문의 응답환경이나 상황에 의하여 조사시간, 조사장소, 조사 당시의 물리적 여건, 즉 주위의 소음, 조명이나 조사장비 등으로 인하여 오류가 발생할 수 있다는 가능성이다.

넷째, 측정도구로 인한 오류로 측정도구에 대한 오류는 사전교육이 충분하지 않을 경우 발생할 수 있을 가능성이 있다.

3) 측정오류를 줄이는 방법

측정오류를 감소시키기 위한 방법으로 측정도구를 만들 때 편견이 담긴 언어사용을 피하는 것이 바람직하다. 또한 응답자가 이해할 수 있는 언어를 사용하며 조사자가 객관적인 태도를 지닐 수 있도록 사전교육을 철저히 실시하도록 한다. 한편 설문조사가 아닌 관찰조사의 경우에 조사대상자가 관찰당하고 있다는 사실을 모르게 하는 것이 바람직하며, 설문응답 등에 있어서 다각적 자료수집방법을 사용하는 것이 좋다. 또한 가장 중요한 것으로 측정도구는 신뢰도와 타당도를 가진 측정도구를 사용하며 응답환경이 설문응답에 영향을 미치지 않도록 하는 것에 유의한다.

CHAPTER

06

표본 추출

Reserch Methods for Social Welfare

1절 사회복지 표본추출

1 표본추출의 관련용어 정리

1) 전체 대상

전체 대상(universe)이란 연구대상으로 정의된 범주에 있는 모든 사물이나 사건, 현상에 대한 이론적이며 가설적 집합체를 의미한다. 예를 들면 장애아동에 대한 비장애아동의 태도를 조사할 때, 전체 대상의 범위는 장애를 가지지 않은 전체 아동이 될 것이다. 이 개념은 이론적으로 구체화되어 있지 않으므로 현실적으로 유용성이 없다.

2) 모집단

모집단(母集團, population)이란 연구대상의 전체 대상 가운데 실제로 조사를 행할 수 있는 현실적인 연구대상을 의미한다. 따라서 모집단 가운데 표본이 실제로 추출될 수 있는 집단을 연구 모집단(study population)이라고 한다. 예를 들면, 학교폭력에 대한 청소년 연구에서 실제 학교에서 폭력 등의 위기사건을 직접 겪은 청소년들이 연구모집단이 될 수 있다.

3) 표본추출

표본추출(sample)의 의미는 집단에서 표본을 추출하는 과정 자체가 가지는 의미이다. 즉, 연구하고자 하는 전체를 대상으로 자료를 수집하는 것을 전수조사(complete survey)라고 한다면 이러한 방식이 현실적으로 많은 비용과 노력이 들기 때문에, 모집단을 대표할 수 있는 일부를 대상으로 하여 자료를 수집하는 것이 표본조사(sample survey)이며, 이를 통하여 다양한 조사가 실시될 수 있다.

4) 표집요소

표집요소(sampling element)의 의미는 모집단을 이루는 개별요소를 의미하며 따라서 자료 분석과정에서 '분석단위'와 일치하는 경우가 많다.

5) 표집단위

표집단위(sampling unit)란 표집의 여러 단계에서 표본으로 추출되어야 할 요소나 요소들의 집합을 의미하며 주로 개인이나 집단 등이 표집의 단위가 될 수 있다.

6) 표집틀

표집틀(sampling frame)의 의미는 표본이 선정되는 표집단위의 실제적 목록을 의미한다. 따라서 모집단 전체의 목록을 말한다. 예를 들면 고등학교 학생들 중 일부를 표본으로 추출하고자 할 때, 학생들의 출석부나 학생명부가 표집틀이 될 수 있다.

7) 표집간격

표집간격(sampling interval)의 의미는 모집단에서 체계적으로 추출되는 표본 사이의 간격을 의미한다. 예를 들면, 전국의 1500만 자원봉사자 가운데에서 100만 명을 뽑아서 실태조사를 실시하는 경우에 표집간격은 150이 될 수 있다.

8) 관찰단위와 분석단위

자료수집의 단위가 관찰단위(observation unit)가 될 수 있고 자료수집 내용 중에서 실제로 분석하는 단위가 분석단위(analysis unit)가 될 수 있다. 대부분 관찰단위가 분석단위인데, 이 부분이 반드시 일치하지는 않는다. 예를 들면 인구센서스 조사의 경우, 가족구성원 중 한 명의 응답에 정보를 수집하는 경우가 있기 때문이다. 이때 관찰단위는 응답자이나 분석단위는 가족 구성원이 된다.

9) 변수와 상수

변수는 모집단 내에서 서로 다른 상호배타적 속성을 가진 집합을 말하며, 상수는 모든 연구의 범위에서 동일한 속성을 갖는 집합이다. 변수는 앞서 설명한 바 있으며 상수는 회귀방정식의 예에서 설명될 수 있다.

10) 모수치와 통계치

표본에서 특정변수가 가지고 있는 특성을 요약하고 묘사한 것이 통계치(statistic)라고 할 수 있고, 통계치를 근거로 하여 확률적인 추정에서 모집단의 특성을 요약하여 묘사한 것이 모수치(parameter, 모수)이다. 즉, 표본조사를 통해 얻어낸 값인 통계치를 가지고 모집단의 값인 모수치를 추정하는 것이다. 예를 들면 표본조사에서 나타난 근로자의 월평균 수입의 통계치를 토대로, 모집단인 우리나라 근로자의 월평균수입을 모수치로 추정할 수 있다.

11) 표집오차

표집오차(sampling error, 표본오차)란 표집과정 중에 발생하는 오류로 모집단과 표본과의 통계적 차이를 말한다. 즉, 표본의 통계치들이 모집단의 모수치와 정확하게 일치하기는 어려우며 따라서 그 주위에 분산되어 있는 정도를 뜻한다. 표집오차에 영향을 주는 요인은 표본의 크기나 신뢰구간 등이며, 신뢰수준을 높게 잡으면 오차가 커지게 되며 표본의 크기가 커지면 오차는 작아지게 된다. 또한 표본조사를 통해 얻은 추정된 모수치의 값은 전수조사를 통해 얻은 모수치의 값만큼 정확하지는 않고, 표집오차가 적을수록 표본이 모집단을 대표하는 정확성이 커지는 것을 의미한다.

비교 비표집오차

비표집오차는 조사자가 조사하는 과정상에서 자료를 수집하고 집계하는 과정을 통하여 발생하는 오차이다. 따라서 비표집오차는 전수조사와 표본조사 모두에서 발생하는 것이며 전수조사가 표본조사보다 더 크게 나타날 수 있다.

12) 신뢰수준과 신뢰구간

신뢰수준(confidence levels)의 개념은 표본의 결과를 통하여 추정하고자 하는 모수치에 대한 신뢰성 정도를 의미하며, 신뢰구간(confidence interval)의 의미는 모집단의 모수치가 일정한 확률을 갖게 될 값의 범위를 뜻한다. 즉, 통계치를 가지고 모수치를 추정하려고 할 경우에 이 추정값이 갖는 오차범위를 의미한다. 예를 들면, 신뢰수준 90%인 경우에 실제 모수치와 추정된 모수치 사이의 오차범위는 ±1%라고 할 수 있다.

2 표본추출에서 고려되어야 하는 사항

1) 표본추출의 기본목적

표본추출을 하는 목적은 모집단에 대한 추정에 있어서 보다 효율적이고 정확하게 연구하기 위함이며, 따라서 모집단에서 대표성이 있는 표본을 추출하여 연구하고 그 결과를 모집단을 대변하여 연구의 결과로 일반화시키기 위함이다.

2) 표본추출의 장점

표본추출의 장점은 경제성, 가능성, 신속성, 정확성, 신뢰성, 응답률, 조직적 반발 방지 등을 생각할 수 있다.

(1) 경제성

모집단 전체를 조사하는 전수조사는 시간 및 인적 · 물적자원과 함께 비용이나 시간, 노력 등이 많이 소요되는 데 반해서 모집단의 일부를 조사하는 표본조사는 이를 줄일 수 있으므로 경제적이다.

(2) 현실 가능성

모집단의 전체를 조사하는 것이 불가능한 경우에는 현실적으로 표본 조사가 가능하다.

(3) 신속성

모집단에서 추출된 일부의 인원을 대상으로 조사하는 표본조사의 경우는 조사대상자가 모집단에 비하여 상대적으로 적기 때문에 빠른 시간 안에 효율적으로 자료를 수집할 수 있으며, 수집된 자료의 집계 및 분석도 비교적 신속하게 처리할 수 있다. 이러한 신속성은 모집단조사를 위하여 소요되는 시간과 인적 자원의 소비를 줄이고 긴 조사기간의 진행으로 조사상황이 변하는 등의 단점을 극복할 수 있다. 그러나 인구조사와 같은 정확한 통계자료를 요하는 경우에는 전수집단을 조사하기도 한다.

(4) 정확성

표본조사는 전수조사에 비하여 조사량이 적은 이유로 전문적인 조사자가 양질의 자료를 수집할 수 있으므로 조사의 정확성이 높아질 수 있다.

(5) 신뢰성

전수조사는 많은 수의 면접자와 조사자로 인한 조사자 간의 신뢰도의 문제도 고려해야 한다. 반면 표본조사는 적은 수의 조사로도 조사가 가능하므로 조사자 간의 신뢰도에도 문제가 생길 가능성이 낮으므로 정확한 표본의 구성은 오히려 모집단에 보다 근접한 결과를 얻을 수 있어 효율적이다. 또한 응답자로부터 높은 응답률과 협력을 얻을 수 있다는 장점이 있다. 그러나 표본추출의 단점으로는 표집오차의 발생, 소규모 모집단의 경우 대표성 확보의 어려움과 시간과 비용 소요 등이 있다. 즉, 표본의 설계가 잘못된 경우에는 표집상의 오차가 발생할 수 있다. 따라서 다음과 같은 점을 고려해야 한다.

첫째, 대표성 확보의 어려움 : 모집단의 특성을 대표할 수 있는 표본을 구성하는 것은 쉬운 작업은 아니다. 표본의 설계에 따라 잘못된 조사결과가 나올 수도 있다. 그러므로 이러한 표집결과를 통하여 모집단의 특성을 일반화시키는 데에는 어려움이 따를 수 있다.

둘째, 소규모 모집단의 경우 : 모집단이 작을 경우에는 모집단 전체를 조사하는 데 무리가 없으므로 따로 표본을 추출하여 조사할 필요는 없다. 그러므로 모집단의 크기나 특성을 고려하는 조사방법을 선택하는 것이 중요하다. 또한 표본의 설계가 너무 어렵거나 복잡한 경우에는 시간이나 비용 및 노력 등이 소요되므로 오히려 경제적이지 못하다.

3) 표본추출의 과정

모집단 확정 → 표집틀 선정 → 표본추출방법 선택 → 표집크기 결정 → 표본 추출

(1) 모집단 선정

연구목적에 맞는 자료를 얻기 위해서는 가능한 한 정확한 모집단의 규정이 필요하며 연구대상, 표집단위, 조사범위, 조사기간 등의 중요한 요인을 명확히 점검해야 한다.

(2) 표집틀 확정

표집틀은 연구대상이나 표본단위가 수록된 목록이며 따라서 모든 기본단위가 중복되거나 누락됨이 없어야 한다. 이는 설문작성에서 상호배타성의 원칙과 포괄성의 원칙에서 설명된 부분이다.

(3) 표본추출방법의 결정

표본추출방법을 결정할 때에는 표본의 크기, 표본틀, 조사의 정확도, 조사비용, 조사일정 등을 면밀히 조사하고 조사의 현실적인 측면을 고려하여 결정하여야 한다. 표본추출방법은 크게 확률표집방법과 비확률표집방법으로 구분할 수 있다.

(4) 표집크기의 결정

표집크기의 결정에서 모집단에서 추출되는 표본의 수는 표집의 크기를 의미하며 신뢰구간 접근법과 통계적 기법에 의해 표집크기를 결정할 수 있다. 그러나 실제적으로는 표집의 방법, 모집단의 성격, 연구의 목적, 측정의 신뢰수준, 측정의 정확성, 조사기간과 비용, 조사인력, 연구자의 능력 등을 고려하여 적절한 표집의 크기를 결정하는 것이 바람직하다.

표집크기의 실제적 결정요인

① 모집단의 동질성의 점검에 있어서, 표본의 크기가 매우 작을 때는 전수조사가 좋고, 모집단이 동질적일수록 표본의 크기는 작아도 가능하다.
② 분석범주와 변수의 수에 있어서는 분석범주의 수가 많을수록 표본은 커야 한다.
③ 이론과 표본설계의 측면에서 타당한 표본설계에 의한다면 표본의 크기는 작아도 가능하다.

(5) 표본의 추출

결정된 표집방법으로 표본을 수집할 때에는 대체로 개인이나 집단을 무작위로 추출하는 방법이 쓰이는 경우가 많다. 표집대상은 표본추출방법에 따라 개인이 될 수도 있고 집단이 될 수도 있다. 예를 들면 장애아동 보육에 대한 수요조사를 실시할 경우 조사대상이 장애아동의 보육기관이 될 수도 있고, 장애아동 보육가구 및 보육교사의 수요가 될 수도 있다.

2절 표본추출의 방법

일반적으로 표본추출의 방법으로 유형은 확률표집방법과 비확률표집방법으로 나눈다. 확률표집방법으로는 다음의 단순무작위표집, 체계적 표집, 층화표집, 집락표집 등이 있고, 비확률 표집방법으로는 임의표집, 유의표집, 할당표집, 눈덩이표집 등이 대표적이다.

1 확률표집

1) 확률표집의 개념

확률표집(probability sampling)의 개념은 모집단의 각 요소가 표본으로 선택될 가능성이 동일하도록 각 표집단위가 추출될 확률에 대하여 무작위 방법에 기초하여 표본을 추출하는 방법을 의미하며, 주로 양적 연구에서 사용되는 표집방법이다. 따라서 확률표집은 모든 표본이 동시에 선택될 확률이 동등하고 조사자의 편견이 개입되지 않는 등 표본이 객관적이므로 모집단의 대표성을 높일 수 있다. 또한 일정한 확률에 의한 표본추출로 모수치를 추정할 수 있기 때문에 모수치의 정확도와 신뢰도를 평가할 수 있는 장점이 있다.

반면 비확률표집은 표본의 대표성이 고려되지 않아 간편하지만 표본의 대표성을 갖추지 못한다. 그래서 가능한 한 표본은 모집단을 대표할 수 있는 방법이 고려되어야 한다.

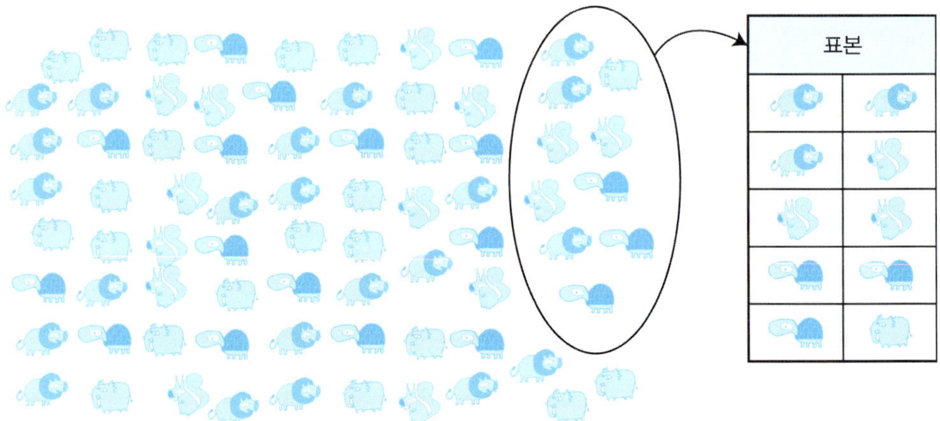

[그림 6-1] 편의 표본추출의 예: 간편하지만 대표성을 갖추지 못함

2) 확률표집의 유형

(1) 단순무작위표집

단순무작위표집(simple random sampling)이란 모집단의 모든 면에서 표본으로 선택될 확률이 동등하며, 어떤 요소의 추출로 인하여 다른 요소의 추출 기회에 아무런 영향을 미치지 않는 것을 의미한다. 따라서 무작위표집의 절차는 표집틀에서 각 사람이나 표집단위에 번호를 할당하여 조사자가 일정한 유형 없이 단순히 무작위로 뽑는 것이다. 예를 들면 난수표 이용법, 제비뽑기, 컴퓨터 추첨 등이 이러한 방법에 해당한다.

단순무작위표집은 모든 요소가 표본으로 선택될 확률이 동등하므로 조사자의 편견이 개입될 확률이 낮으며, 모집단에 대한 사전 지식과 상관없이 진행할 수 있다. 또한 표집오차의 계산이 용이하다. 그러나 역으로 전문가의 의견이 들어가야 정확한 접근이 가능한 경우에는 단순무작위표집은 그에 비하여 모집단에 대해서 이미 알고 있는 사전지식을 충분히 활용할 수 없는 단점이 있다. 모집단의 구성요소 중 그 수가 적은 요소는 추출되지 않을 확률이 크기 때문에 표본의 크기가 어느 정도는 커야 한다. 예를 들면 소수집단의 무작위 추출은 의미가 없이 작은 수치일 경우가 있으며 또한 모집단과 표본규모가 큰 경우에는 많은 노력이 소요되므로 표본의 추출방법은 연구의 성격에 부합하는 방식으로 선별될 필요가 있다.

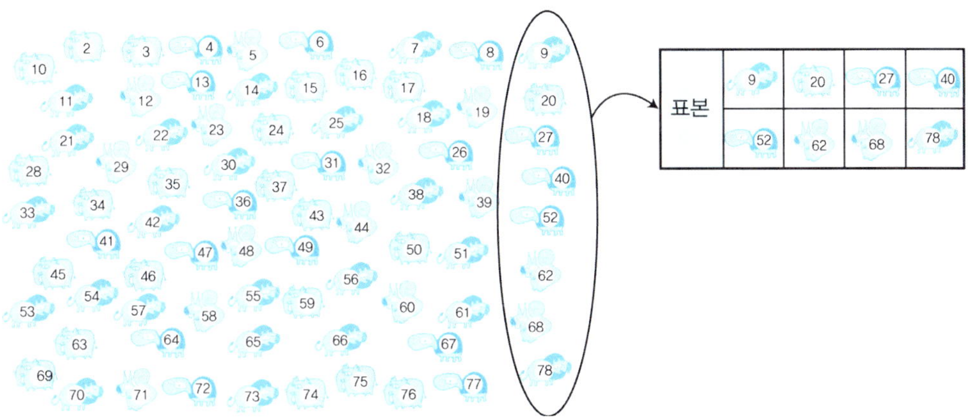

[그림 6-2] 단순무작위 표본추출방식

(2) 체계적 표집

체계적 표집(systematic sampling, 계통표집)이란 모집단의 배열이 무작위로 되어 있는 경우에 모집단 목록에서 일정한 순서에 따라서 매 k번째 요소를 표본으로 추출하는 방법을 말한다. 체계적 표집은 첫 번째 요소는 반드시 무작위로 추출해야 하며 이후 요소를 일정간격으로 추출하는 방식이나, 표집 목록자체가 일정한 주기성을 가지면 안 된다. 즉, 표집틀에 편재(偏在, 비슷한 특성의 사람들이 목록의 일정부분에 몰려있는 현상) 유형이 존재하는지를 자세히 검토해야 한다. 또한 k번째마다 추출되는 요인이 같은 성질의 요인으로 구성되어 있지는 않은지에 대하여 살펴보는 것이 중요하다.

이러한 체계적 표집은 단순무작위표집에 비하여 비용과 시간, 그리고 노력을 절약할 수 있으므로 표본추출이 용이하고 모집단 전체에서 골고루 표본을 추출할 수 있기 때문에 대표성이 높아진다. 반면에 체계적 표집은 모집단 전체의 명단을 준비해야 하는 수고가 필요하며 모집단의 배열이 일정한 주기나 특정 경향성을 가지고 있다면 편의(bias, 표본에 입각한 모집단의 추정치가 모수치의 참값과 계통적으로 차이가 나는 오차)가 발생할 수 있으므로 각별히 유의해야 한다.

표본의 추출간격=모집단의 크기 ÷ 표본의 크기임
표본의 추출비율=표본의 크기 ÷ 모집단의 크기임

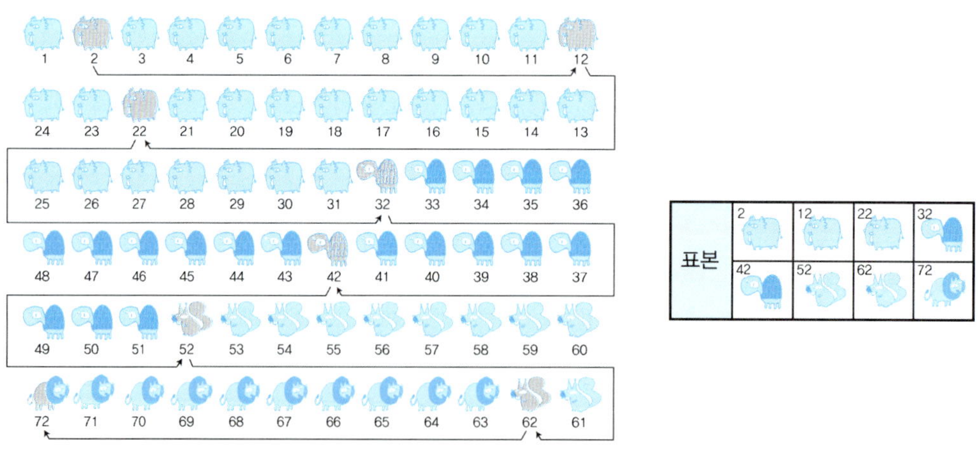

[그림 6-3] 무작위 시작번호를 활용한 체계적 표집

(3) 층화표집

층화표집(stratified sampling)이란 모집단을 일정한 기준과 특성에 따라서 여러 개의 동질적인 계층으로 분류한 이후에 각 계층별로 단순무작위표집하거나 체계적 표집방법을 적용하는 것을 의미한다. 층화표집처럼 동질적인 집단에서 추출하여 표본의 표집오차는 이질적인 집단에서 추출한 표본의 표집오차보다 작다. 층화표집은 첫째, 비례층화표집과 둘째, 비비례층화표집으로 구분할 수 있는데, 비례층화표집이란 층화된 각 계층의 크기에 비례하여 표본을 추출하는 방법이며 비비례층화표집은 층화된 각 계층의 크기에 비례하지 않으나 각 계층에서 동일한 크기의 표본을 추출하는 방법이다.

층화표집의 특징은 모집단의 특수성을 고려하기 때문에 이러한 특수성이 표본에 잘 반영되는 특징이 있으며 각 계층에서 골고루 추출하기 때문에 중요한 집단을 골고루 포함시킬 수 있는 장점이 있다. 또한 층화표집은 표본의 수를 줄이더라도 표집오차가 작은 편이다.

그러나 층화표집을 위해 모집단을 계층별로 나누기 위해서는 모집단에 관한 사전지식이 필요하며 각 계층에 대한 명부도 사전에 파악되는 것이 필요하다. 또한 모집단을 계층별로 나누기 위해서 기준을 정확하게 제시해야 하는데 이는 사실상 어려운 점이 있다. 학교의 학생명부 등 목록이 파악되는 경우에는 보다 용이하게 작성될 수 있을 것이다.

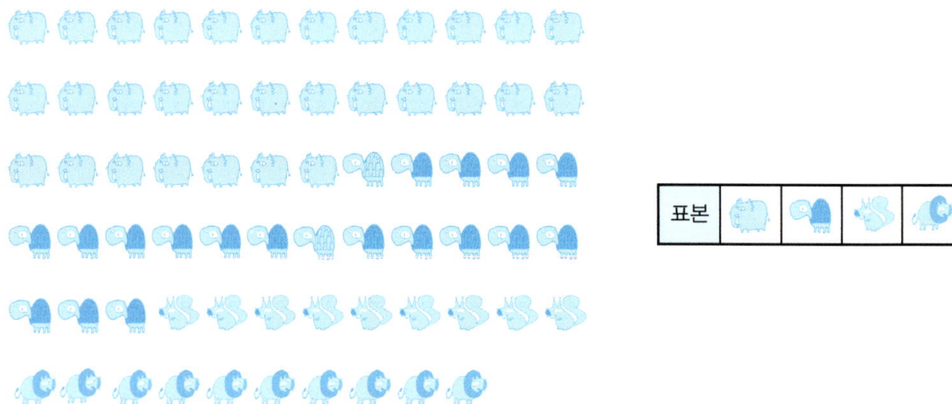

[그림 6-4] 체계적 층화 표본추출

(4) 군집표집(집락)

군집표집(cluster sampling, 집락표집)이란 모집단을 이질적인 구성요소를 포함하는 여러 개의 집락으로 구분한 후에 구분된 집락에 대하여 표집단위로 하여 무작위로 몇 개의 집락을 표본으로 추출한 후, 다시 표본으로 추출된 집락에 대해 각 구성요소를 무작위로 표집하는 방법이다. 층화표집이 주로 동질적인 특성을 지닌 계층을 구성하려고 한 반면에 군집표집은 이질적인 여러 형태의 집락이 표본에 골고루 포함될 수 있도록 하였다는 차이가 있다. 또한 층화표집은 표본이 모든 부분적 계층을 통해 선정되는 반면 군집표집은 표출된 부분계층에서 표본을 선정한다.

군집표집은 시간과 비용을 절약할 수 있고 전체 모집단의 목록을 작성하지 않아도 되지만 집락이 이질적이기 때문에 오차의 가능성이 높은 편이며 단순무작위표집보다 특정 집단의 특성을 과대 혹은 과소하게 나타낼 위험성이 있다.

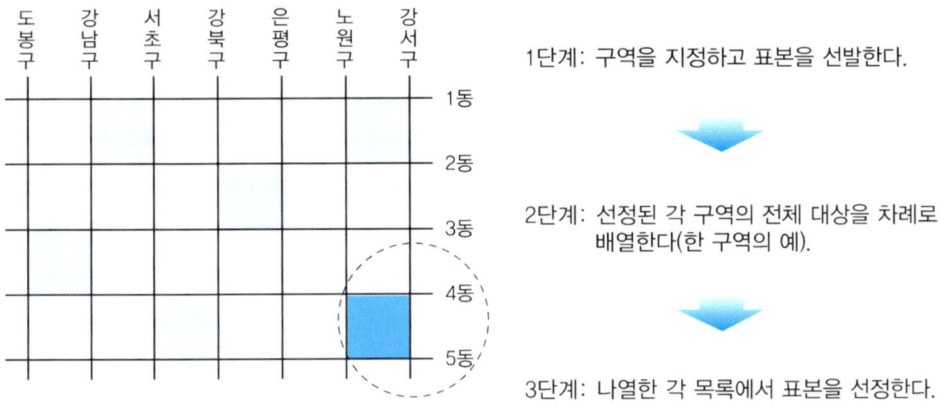

[그림 6-5] 다단계 군집 표본추출

2 비확률표집

1) 비확률표집의 개념

비확률표집(non-probability sampling)이란 모집단에서 선택될 확률이 미리 알려지지 않은 경우에 사용한다. 혹은 모집단 자체의 범위를 한정할 수 없는 경우이거나 모집단의 범위가 분명하더라도 목록(표집틀)을 작성할 수 없을 경우에 활용할 수 있다. 또는 비용이나 시간, 인력이 충분하지 못한 경우에 사용하는 표집방법이다. 비확률표집의 특징은 표본의 대표성 여부와 모수 측정의 한계가 있기 때문에 확률표집보다 신뢰도는 낮으나 조사를 융통성 있게 적용할 수 있다는 점에서 사회과학연구에 광범위하게 사용되며 주로 포커스 인터뷰 등을 활용하는 질적 연구이나 전문가에 의하여 샘플(표본)이 구성되는 경우에 사용된다.

비확률표집은 표본의 추출 절차는 간단하며 시간과 비용이 적게 들고 통계를 적용함에 있어 복잡성이 없으며 활용 가능한 응답자를 즉석에서 추출할 수 있다. 그러나 연구자의 주관에 의해 표본이 선택되는 경우에는 오차에 대한 분석이 불가능하여 모집단의 대표성에 문제가 있을 수 있고 연구의 일반화에 제약이 있다.

2) 비확률표집의 유형

(1) 임의표집

임의표집(convenience sampling, 편의표집)이란 모집단에 대한 정보가 전혀 없거나 모집단의 구성요소들 간에 차이가 별로 없다고 판단될 때 조사자가 임의대로 쉽게 이용 가능한 대상들을 표본으로 추출하는 방법으로서 예비조사나 탐색연구에 주로 이용된다.

임의표집은 표집방법 중 비용과 시간 면에서 가장 효율적이고 경제적이지만 표본의 대표성 문제와 표집의 편의가 문제될 수 있으며 표집오차가 크고 결론을 일반화시키는 데에는 한계가 있다.

(2) 유의표집

유의표집(judge sampling, 의도적 표집)이란 연구자가 조사문제와 모집단의 성격에 대해서 어느 정도 이상의 전문지식이 있는 경우에 연구자의 판단에 따라 연구목적의 달성에 도움을 줄 수 있는 표본을 주관적으로 추출하는 방법을 의미한다. 유의표집은 연구자의 주관성이 들어 있기 때문에 대표성이나 일반화를 보장할 수 없지만 연구목적을 명확하게 달성할 수 있도록 표본이 선정되므로 유용할 수 있다.

예를 들어, 의사의 환자에 대한 연구 등에 있어서는 전문가의 표본선정이 연구의 정확하고 밀도 있는 결과의 도출을 위해 필요한 측면도 있다. 따라서 유의표집은 연구자가 모집단의 성격에 대한 전문지식이 있는 경우에 효과적일 수 있으며 비용과 시간이 비교적 적게 소요된다. 또한 할당표집이나 임의표집보다 조사목적을 충족시키는 요소를 면밀하게 고려할 수 있다. 그러나 표본의 대표성의 객관성은 확신할 수 없고 모집단에 대한 사전지식이 필요하며 표집오차의 산정이 어렵다.

(3) 할당표집

할당표집(quota sampling)이란 모집단의 속성을 먼저 몇 개의 범주로 구분하고 각 범주에 해당하는 모집단의 수를 정한 이후에 각 범주의 할당량에 비례하여 각 범주로부터 일정 수의 표본을 임의로 선택하는 방법을 뜻한다. 할당표집은 확률표집의 층화표집과 비슷하지만 층화표집이 할당된 표본의 수를 무작위로 추출하는 데 반해서, 할당표집은 표본의 수를 임의로 주관적 방법에 의해 추출한다는 점에서 차이가 있다. 할당표집은 이질적인 집단보다 동질적인 집단에서 추출한 표본의 표집오차가 작다는 이론에 기초한 표집방법이다.

따라서 할당표집은 단순무작위표집이나 층화표집보다 활용이 용이하고 경제적이며 신속한 결과를 원하는 경우에 적절하다. 또한 소수집단의 연구가 전체 연구에 포함되어 정확히 측정되지 못하는 경우에도 유리할 수 있다. 그러나 최종 표본이 임의로 추출되므로 대표성을 보장하기는 어렵고 표본을 조사자 편의대로 선정할 가능성이 높기 때문에 표본오차가 커질 가능성이 많다.

(4) 눈덩이표집

눈덩이표집(snowballing sampling)이란 하나의 표본이 선택되면 그 표본을 통해서 또 다른 표본을 선정하는 과정을 되풀이하여 표본의 수를 눈덩이가 불어나는 것처럼 늘려가는 방법이다. 눈덩이표집은 연구자가 모집단에 대한 사전 정보가 없어 이를 탐색적으로 연구할 경우나, 접근이 어렵거나 모집단 표본추출 작성이 곤란한 특정 집단을 조사할 때에 유용하다. 또한 하나의 연결망을 가진 사람들의 특성을 파악하고자 할 때 적합한 방법이므로 주로 양적 연구보다는 질적 연구 혹은 현장연구에서 많이 사용된다.

예를 들어 미혼모집단의 연구나 10대 알코올 중독의 연구, 특수한 특성을 지닌 탈북자 등과 같이 접근이 통제되거나 어렵거나 특수한 경우에 활용되는 방법이다. 그러나 눈덩이표집은 대표성을 확신할 수 없기 때문에 결과의 일반화가 어려우며 추천하는 사람의 주관에 의한 편견이 개입될 수 있는 여지가 있다.

정리 확률표집 및 비확률표집

기 준	확률표집	비확률표집
샘플링(표본화)의 기준	동등하며 알려져 있다.	동등하지 않으며 알려져 있지 않다.
표집의 방법	무작위적 조건	임의조건
표본의 통계치로 모집단 모수치 추정	편의(bias)가 없다.	편의(bias)가 있다.
모수치의 추정성	추정 가능하다.	추정 불가능하다.
오차의 측정성	측정 가능하다.	측정 불가능하다.
시간 및 비용	많이 소요된다.	많이 소요되지 않는다.
모집단의 규모 및 성격	명확히 규명 가능하다.	명확히 규명하기 어렵다.
표집유형의 종류	단순무작위표집, 체계적 표집, 층화표집, 집락표집 등	임의표집, 유의표집, 할당표집, 눈덩이표집 등

편의(bias, 표본에 입각한 모집단 추정치가 모수치의 참값과 계통적인 차이가 나도록 편중을 일으키는 오차를 의미함)

3 그 밖의 질적 연구의 표본추출방법

1) 기준표집

기준표집이란 연구자가 연구의 초점에 맞추어 미리 설정한 기준을 충족시키는 사례들을 표집하는 형식으로 선정하는 방식을 말한다.

2) 최대변화량표집

최대변화량표집이란 소규모의 표본이지만 다양한 속성을 가진 사례들을 골고루 확보하기 위한 방법을 말한다. 예를 들면 사례수가 적은 지역, 사례수가 중간인 지역, 사례수가 많은 지역을 선정하는 방법 등이 있다. 즉 농촌지역, 교외지역, 도시지역의 지자체를 선정하는 방식 등에서 이와 같은 방식이 적용된다.

3) 동질적 표집

동질적 표집이란 최대변화량의 표집과 대조적인 방식으로 동질적인 사례들로 구성하여 표본을 선정하게 되는 방법을 말한다.

4) 결정적 사례표집

결정적 사례표집이란 어떤 상황이나 문제에 관한 구체적인 정보를 제공하는 결정적인 사례를 토대로 하여 표본을 구성하도록 표집하는 방법을 말한다.

5) 예외사례표집

예외사례표집이란 규칙적인 유형에 맞지 않는 극단적이거나 일반적이지 않은 예외적 사례를 검토하는 방식을 의미한다. 예를 들면, 극단적으로 많거나 혹은 극단적으로 적은 유형을 선정하는 경우에 적용될 수 있다.

6) 준예외사례표집

준예외사례표집이란 예외사례표집처럼 극단적이거나 예외적인 사례가 너무 특이해서 연구하는 현상을 왜곡할 가능성을 우려하여, 일상적인 것보다 약간 예외적인 사례를 선정하는 방식을 말한다.

7) 극단적 사례표집

극단적 사례표집(extreme case sampling)이란 연구자가 관심을 보이고 있는 현상이 전형적으로 나타나는 사례와 매우 특이하고 예외적인 사례를 표집하는 방식을 뜻하며 주요 현상에 대한 이해를 넓히는 방법을 의미한다. 따라서 정규분포 곡선상 양 끝에 해당하는 집단인 경우가 많다.

정규분포곡선

정규분포곡선은 중앙한계정리에 근거하는 분포곡선이며 무작위에 의해서 무한한 수의 표본들을 뽑아낼 경우에 각 표본 값들이 평균 주위로 정상 분포되는 상태를 의미한다.

[정규분포곡선의 특징]

① 평균을 중심값으로 좌우대칭의 구조를 갖고, 종모양이다.
② 산술평균, 최빈치, 중앙값이 분포의 중앙 한 점에서 일치하여 종모양을 이룬다.
③ 표준정규분포의 평균은 0이며 표준편차는 1이다.
④ 표준오차의 정도에 따라서 빈도수의 포함 정도가 결정되는데, 그것을 구체적인 확률로 계산할 수 있다. 무한한 수의 표본들을 100%로 두며, 정상곡선 안의 면적들은 표본의 위치를 나타내준다.
⑤ 표본의 대표성에 관하여 정보를 제공해준다.

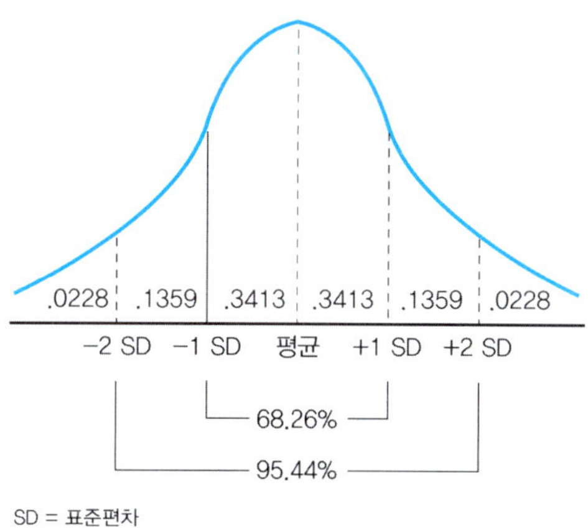

[그림 6-6] 정규분포에서 표준편차 단위별 면적이 차지하는 비율

[변수 간의 관계]

1. 양의 관계

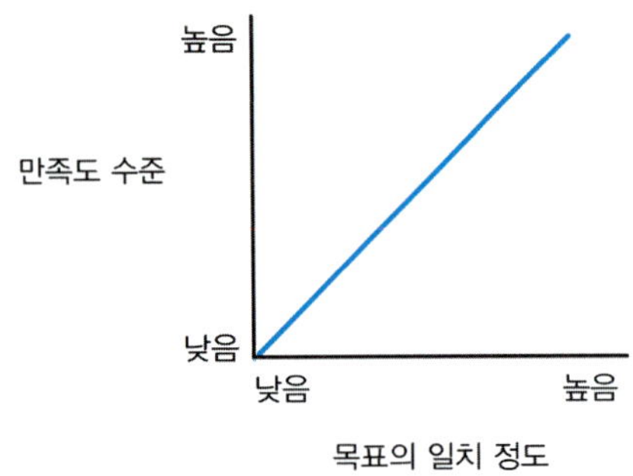

2. 음의 관계

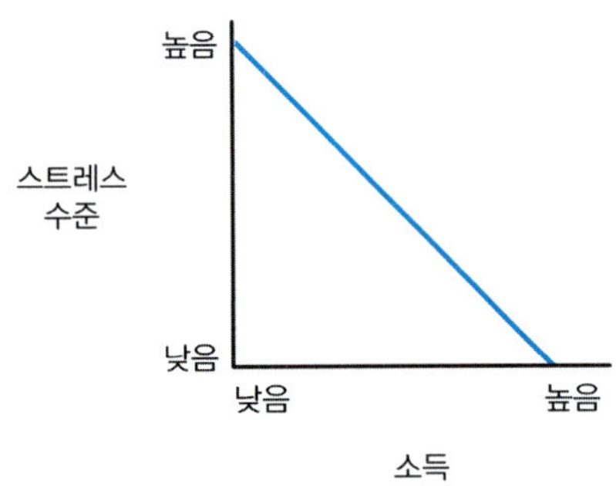

3. 곡선형 관계

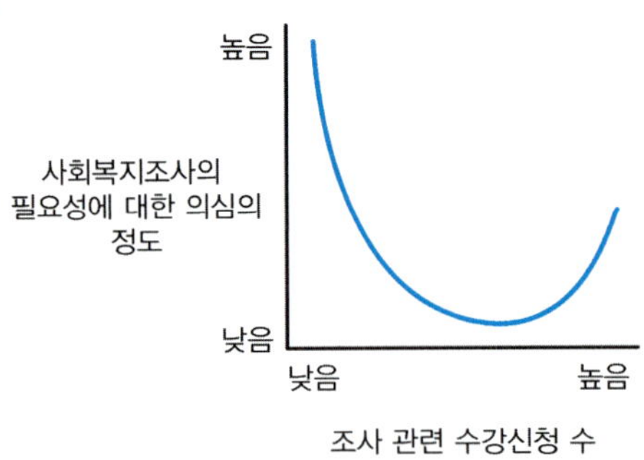

[그림 6-7] 변수 간 관계 유형에 대한 그래프

4 표본의 크기와 표본오차

1) 표본의 대표성

대표성(representativeness)의 개념은 추출된 표본의 특성이 모집단 전체의 특성과 얼마나 일치하는가의 정도를 의미한다. 만일 추출된 표본의 특성이 모집단 전체의 특성과 거의 동일한 특성을 갖고 있다면 그 표본은 모집단에 대하여 대표성을 갖는다고 할 수 있다. 표본의 대표성은 표본을 연구한 결과가 모집단 전체를 연구한 결과와 같다는 것을 논리적으로 주장할 수 있는 근거를 제공한다. 이러한 대표성을 갖추기 위해서 충분한 표본의 크기와 타당한 표본설계가 필요한데, 그 중 표본의 크기는 모집단의 동질성, 표본추출의 방법, 신뢰도 등에 따라 달라질 수 있다.

2) 표본의 크기

표본의 크기의 개념은 모집단으로부터 추출한 표집단위의 총수를 의미한다. 표본의 수는 모집단의 크기와 동질성 여부에 의하여 좌우되며 모집단의 크기가 작은 경우에는 전수조사를 하는 것이 바람직하다. 그러나 모집단이 동질적인 개체로 구성되어 있다면 어느 요소든 표본으로 선택하는 것이 바람직하다. 모집단을 대표할 수 있는 정확한 모수를 구하기 위해서는 되도록 많은 표본의 수를 뽑아 통계치로 분석하는 것이 가장 바람직하나 이것은 현실적으로 너무 많은 시간과 비용이 들 수 있다. 그러므로 연구목적에 맞는 모집단의 특성을 반영한 표본을 추출하여 정확한 통계분석 결과를 얻는 것이 무엇보다 중요하다.

3) 표본크기의 결정요인

(1) 연구목적과 방법

표본의 크기는 기본적으로 연구의 목적과 주제, 전반적인 연구수행의 절차와 방법 등을 고려해서 결정하는 것이 중요하다.

(2) 모집단의 크기

모집단의 크기가 크다면 상대적으로 표본의 수를 크게 하는 것이 표본의 통계치가 모집단의 모수치에 근접할 확률이 높으며 정확한 추정이 가능할 수 있을 것이다. 그러나 모집단의 크기가 크면 표본의 크기도 커야 하겠지만 반드시 모집단의 크기에 비례해서 표본의 크기가 커지는 것은 아니다.

(3) 모집단의 특성 반영

모집단 내의 특성들이 서로 상이한 정도를 고려해서 표본의 크기를 증가시켜야 하는 것이 필요하다. 즉, 모집단이 동질적인 경우에는 표본의 크기가 작아도 되겠으나 이질적인 경우에는 표본의 크기를 증가시켜 대표성을 높이는 것이 바람직하다.

(4) 표집방법 및 조사방법의 유형

확률표집방법의 구체적인 표집방법에 따라서 요구되는 신뢰도와 정확도의 수준이 달라지고 필요한 표본의 크기도 달라질 수 있다. 예를 들어, 사례조사나 질적 조사의 경우에 사례의 수로 표본의 크기가 작으며 서베이(설문)조사의 경우에는 표본의 크기가 대체적으로 크다.

(5) 분석범주 및 변수의 수

표본의 수를 결정하려면 한 변수 내에서 분석되는 범주의 수를 고려하는 것이 중요하다. 분석하려고 하는 변수가 여러 개의 범주로 구성되어 있는 경우에는 오차를 줄이고 측정의 신뢰도를 높이기 위해 분석에 필요한 표본의 수를 충족시키는 것이 중요하다. 즉, 표본의 크기가 일정하더라도 변수의 범주가 많으면 많을수록 각 범주에 속하는 표본의 수는 작아지게 되는 것을 고려하여 범주와 변수를 선정하는 것이 중요하다.

(6) 표본설계

표본을 선정할 때 검증된 이론 등을 고려하여 선정한다면 비록 작은 크기의 표본일지라도 의미 있는 정보를 충분히 얻을 수 있다.

(7) 소요되는 시간과 비용 및 인력

대개 표본의 크기가 크면 클수록 표본의 평균이 모집단의 평균과 유사해질 수 있으므로 자료의 신뢰도와 정확도는 높아진다. 그러나 표본의 크기에 따라 면접자 및 응답자의 사례비, 통신비 등과 같은 조사비용이 많이 소요되게 된다. 특히 같은 크기의 표본이라도 조사대상자가 전 지역에 광범위하게 걸쳐 분포되어 있는 경우에 조사비용은 더 많이 들 수 있다. 또한 시간의 제약도 표본의 크기에 영향을 미치게 되는데 어떤 때는 적절한 시기, 일정한 시간 내에 조사가 이루어져야 되는 경우도 있으므로 유의한다.

4) 표본오차

표본오차란 표본을 선정하는 과정에서 발생하는 오차를 의미하며 모집단의 값과 표본의 값 간의 차이를 말한다. 즉, 표본의 통계치가 모집단의 모수치와 정확하게 일치하지 않고 그 주위에 분산되어 있는 정도를 뜻한다. 표본오차는 표집오차가 작을수록 표본의 값이 모집단의 값에 더 가깝게 반영하는 것이라고 할 수 있다. 그러므로 실질적인 의미에서는 모집단 전체의 값을 알 수 없기 때문에 표본으로부터 얻어진 값을 토대로 연구자가 정한 일정한 신뢰의 수준(예를 들면, 90%, 95% 또는 99%)에서 나타날 수 있는 오차의 범위를 측정하게 된다.

보통 표본의 규모가 작은 경우에는 표본의 규모가 증가함에 따라서 추정량의 표준오차가 급격하게 줄어들지만, 표본의 규모가 큰 경우에는 표본의 규모가 증가함에 따라서 추정량의 표준오차는 완만하게 줄어드는 일반적 특성이 있다.

5) 비표본오차

비표본오차란 표본을 추출하는 과정에서 발생하는 오차가 아니라 설문지나 조사자료의 작성이나 인터뷰 과정에서 발생하는 오류이다. 그러므로 자료의 집계나 분석하는 과정에서 발생하는 요인들 등에서 발생하는 오차라고 이해할 수 있다. 즉, 조사에 응답하는 사람들의 성실하지 못한 태도나 응답자가 고의적으로 그릇된 응답을 하는 것 등이 비표본오차의 영역에 해당한다.

CHAPTER 07

사회복지 설문조사 방법

Reserch Methods for Social Welfare

1절 설문조사와 질문지의 작성

1 설문조사

1) 설문조사의 의의

설문조사(survey research, 서베이)는 질문지, 면접, 우편, 전화, 인터넷 등을 활용하여 응답자로 하여금 연구주제와 관련된 질문에 답하게 하여 체계적으로 실증적 자료를 수집하고 분석하는 조사방법이라 할 수 있다. 주로 양적 연구에서 많이 활용되며 일반화를 위한 자료분석에 많이 쓰이고 있다.

2) 설문조사의 장점

① 대규모의 모집단으로부터 적은 비용으로 필요한 정보를 산출할 수 있어 경제적이며 규모가 큰 모집단의 특성을 반영하는 데 유용하다.
② 현재 조사를 중심으로 하여 현재의 상태를 반영하는 최근의 자료를 획득하는 데 용이하다.
③ 표집오차가 있기는 하지만 비교적 타당도 높은 정보를 얻을 수 있다.
④ 동일한 자료를 통하여 다양한 주제에 대해서 연구할 수 있다. 예를 들면, 통계청의 로우데이터(raw data, 원자료)를 통하여 2차 자료조사 등이 가능한 경우이다.
⑤ 자료의 범위가 넓으므로 일반화의 수준이 높다.
⑥ 동일한 설문지를 일괄적으로 사용하기 때문에 객관적인 측정이 가능하다.

3) 설문조사의 단점

① 응답자의 내면적 상태를 알 수 없으므로 피상적인 결과가 나올 수 있으며 맥락을 파악하는 데 제한이 있다(맥락의 파악에는 인터뷰방식이 보다 용이하며 이러한 방식은 질적 연구에서 많이 활용된다).

② 무응답에 대한 통제가 어려우며, 응답한 내용의 진위를 확인하는 것도 어렵다. 따라서 신뢰도의 검사가 필수적이다.

③ 응답자가 질문 내용을 잘 이해못하거나 왜곡하여 응답할 가능성이 있으므로 대상에 맞는 설문지의 작성이 필요하다.

④ 완성된 설문지는 도중에 변경하지 않기 때문에 현장연구에 비해 유연하지 못하다. 즉, 현장에서 꼭 필요한 변수에 대한 접근을 놓칠 수 있다.

⑤ 외생변수의 통제가 불가능하므로 타당성이 결여될 수 있는 점에 대하여 설계 시 유념할 필요가 있다.

⑥ 횡단연구에 많이 쓰이므로 한 시점에서 조사가 끝나는 경우가 많아 시계열적인 정보를 얻기 어렵다.

2 질문지의 작성

1) 질문지 작성의 중요성

① 질문지(questionnaire)는 조사하고자 하는 대상의 속성을 명확히 측정하기 위한 도구로써, 질문지 작성을 위해서는 측정하고자 하는 개념을 정의하고 이를 연구와 연결시킬 수 있는 조작적 정의를 적절하게 반영해야 한다.

② 질문지는 타당도와 신뢰도가 높은 검증된 문항으로 구성하는 것이 바람직하며, 가설 검증에 필요한 분석기법을 반영하여 적합한 형태의 척도를 구성해야 한다.

③ 질문지 작성은 자료수집과정에 있어서 사회복지조사의 결과를 좌우하는 중요한 작업으로, 특히 연구결과가 잘못되는 큰 이유 중 하나는 측정도구인 질문지가 연구대상과 매칭이 잘 되지 않는 오류로 일어나는 경우로 질문지 작성을 신중하게 해야 한다.

더 알아보기 질문지 작성 시 고려할 점

질문지 작성 시, 변수와 속성들을 구체화하는 개념화와 조작화의 과정에서 다음과 같은 원칙을 점검해야 한다.

① 포괄성의 원칙: 한 변수의 측정을 위해서는 그 안에 포함된 모든 속성들이 포괄적으로 나타나야 한다. 즉, 설문작성자의 상황을 문항 안에 답변할 수 있도록 하여야 한다.
② 상호배타성의 원칙: 한 변수를 나타내는 속성들은 다른 변수의 속성들과 서로 엄격히 구분되어야 한다. 즉, 상호배타적으로 문항에 중복답변이 되어서는 안 된다.
③ **논리적 연관성**: 한 범주 내에 이질적인 것을 포함해서는 안 되며, 범주들이 서로 논리적으로 연결되어 있어야 하며 한 범주에서 한 가지 질문을 답변해야 한다.
④ 내적 일관성: 여러 문항들은 측정하고자 하는 하나의 개념을 측정하도록 해야 한다.

2) 질문지의 작성과정

질문지 작성의 목적 및 범위의 결정 → 질문내용의 확정 → 질문의 형태 선정 → 질문 문항의 구성 → 질문문항 순서 결정 → 사전조사(pre－test) → 질문지 편집 및 인쇄

(1) 질문지 작성의 목적과 범위확정

설문의 특성과 목적에 맞는 질문지를 작성하며 연구에서 지향하는 연구의 특성에 맞는 질문의 목록과 범위를 확정한다.(예 : 응답대상자의 특성 및 시간 고려)

(2) 질문내용의 결정

질문의 내용은 응답자가 이해하기 용이하고 중복적인 의미로 받아들이지 않도록 명확하고 정확한 의미의 전달을 고려하여 작성한다.

(3) 질문의 형태 선정

① 개방형 질문(open－ended question)

㉠ 응답자가 자신의 생각이나 느낌, 의견 등을 자유롭게 표현할 수 있도록 하여 이를 기록할 수 있도록 하는 질문 형태이다.

㉡ 응답자의 독특한 관점이나 주관적 체험, 의견, 이유 등 내면적이고 주관적인 것을 반영하는 경우에 적합하다.

㉢ 장점으로는 응답 카테고리가 너무 많거나 응답 카테고리 모두를 파악하기 어려운 경우에 유용하다. 즉, 구조화된 설문이 아닌 응답자의 내면을 조사하기 위한 경우

에 조사자가 생각하지 못했던 새롭고 창조적인 내용의 응답이 나올 수 있다.

㉣ 단점으로는 응답자의 능력(문장력, 표현력 등)이 요구되어 응답자가 답변에 부담을 느낄 수 있다. 또한 연구목적에 부합되지 않은 응답이 나올 가능성이 있으며 응답의 해석이나 분류과정에서 조사자의 주관적인 편견이 개입될 수 있다. 표준화된 응답이 아니기 때문에 응답의 재분류와 입력 및 통계분석에 어려움이 있을 수 있다. 따라서 탐색적 연구나 질적 연구에서와 같이 대상의 내면세계나 맥락의 연구 등에 적합하다.

② **폐쇄형 질문**(closed－ended question)

㉠ 응답자에게 미리 정해진 응답범주를 제시하여 그 중에서 응답자가 답변을 선택하게 하도록 하는 것으로 표준화된 응답을 유도하는 질문이다.

㉡ 응답 카테고리가 명확하고 그 수가 적을 때 사용하게 되며, 응답 카테고리는 포괄적이고 상호배타적이어야 하는 점이 충족되어야 한다.

㉢ 장점

응답자가 질문에 답하기 용이하고, 응답에 걸리는 시간과 노력이 개방형 질문보다는 적게 든다. 또한 표준화된 응답이므로 조사자의 훈련 및 결과의 입력과 분석이 용이하며, 객관성과 신뢰성을 높일 수 있다.

㉣ 단점

응답자의 태도나 감정 등이 정확하게 반영되지 못할 수 있으며, 응답자가 질문의 내용에 대하여 왜곡하여 응답할 가능성이 있다.

(4) 질문문항의 구성

① 질문은 명확하게 하는 것이 바람직하다.

② 가급적이면 짧고 간결한 문장을 사용하여 작성하는 것이 좋다.

③ 이해하기 어려운 용어나 학술적인 용어, 유행어, 은어 등을 사용하지 않는다.

④ 특정한 방향으로 유도하여 연구반응성 등을 일으키는 표현은 사용하지 않는다.

⑤ 기간이나 내용이 광범위한 방식은 피한다.

⑥ 복수응답을 유발하는 이중적인 질문은 사용하지 않는다.

⑦ 부정적인 문항은 바람직하지 않다.

(5) 질문문항의 순서 결정

① 흥미가 있거나 응답하기 쉬운 질문을 먼저 배치한다.

② 민감한 질문이나 개방형 질문은 가급적 뒤쪽에 배치한다.

③ 질문을 논리적 순서로 배열한다.

④ 반복적이며 일정한 유형의 응답군이 발생하지 않도록 문항을 배치한다.

⑤ 신뢰도를 검사하는 질문은 서로 분리해서 배치하여 분석한다.

⑥ 일반적인 것을 먼저 묻고, 연구문제와 관련된 특수한 것은 나중에 묻는다.

⑦ 질문항목의 길이와 유형을 다양하게 배치하도록 하여 응답자의 지루함을 방지하며 일반적 답변에 걸리는 설문응답시간을 미리 공지해준다.

(6) 사전조사(pre－test)

본 조사에 들어가기 전에, 본 조사에서 실시하는 것과 똑같은 절차와 방법으로 질문지 초안을 가지고 사전조사를 하는 방법이다(pilot survey). 질문내용과 형태, 문항의 작성, 질문순서 등에서 발생하는 여러 가지 오류를 찾아낼 수 있다.

비교 예비조사(pilot study)

질문지 작성의 사전 단계에서 연구자가 연구하려고 하는 문제의 핵심적인 요소들이 무엇인지를 파악하기 위하여 실시하는 조사이다.

(7) 질문지 편집 및 인쇄

사전조사 후 질문지를 수정한 다음, 질문지의 전반적인 내용에 문제가 없다고 확인되면 질문지의 표지, 용지, 활자, 크기 등 여러 가지 측면을 신중히 고려한 후, 인쇄에 들어간다. 이를 위하여 전문가의 점검이 필요하다.

더 알아보기 설문지 회수율 모니터링

① 추가적인 설문지의 발송시기를 예측한다.
② 비 응답자들의 추가 응답률을 높이는 데 활용한다.
③ 모니터링을 중단하는 시점은 회수율 대략 70~80%인 때이다.
④ 여러 시점에서 회수된 설문지를 분석하면 표본추출의 편향을 추정할 수 있다.
⑤ 그래프로 일일 회수빈도와 누적빈도를 기록하는 것이 바람직하다.
⑥ 성함을 기재하지 않으나 넘버링을 통하여 체크하여 미회수된 설문을 독려할 수 있다.

2절 설문조사의 유형

1 우편조사

1) 개 념

조사자가 우편으로 질문지를 전달하여 조사대상자가 이에 응답한 것을 회수하는 방법으로, 우편조사는 비대면적인 조사방법이다. 따라서 회수율이 높지 않아 설문에 대한 소정의 답례를 하기도 한다. 이때 지나친 답례는 다음 설문의 방해요인이 될 수 있다.

2) 장 점

(1) 비용절약

설문지의 작성과 복사, 발송, 반송 등에 따른 비용은 인력을 통한 다른 조사방법에 비해 상대적으로 적게 들 수 있으며, 광범위한 지역과 대상의 조사에 대해서 비용을 크게 줄일 수 있다.

(2) 시간절약

우편조사는 모든 조사대상자들에게 동시에 설문지를 보낼 수 있고 응답의 대부분을 빠른 시일 내에 회수할 수 있다. 그러나 회수율이 낮다면 다른 방법도 고려하여야 한다. 회신률을 높이기 위하여 회신용 봉투와 우표 등을 첨부하기도 한다.

(3) 접근성

조사자가 접근하기 어려운 응답자에 대해서도 조사가 가능하며 시간적으로 효율적이다.

(4) 응답자의 편의

응답에 있어서 설문의 응답자가 자신이 편한 시간에 충분한 시간적 여유를 가지고 응답할 수 있는 것이 장점이다.

(5) 익명성 보장 및 면접자의 편견 배제

비대면적 조사이기 때문에 응답자의 익명성이 보장되며, 면접자의 개입 및 편견에 의한 오류를 최소화할 수 있다.

3) 단 점

(1) 융통성 결여

응답자의 답변이 성의 있게 이루어졌는지는 알 수 없으며, 응답자가 질문을 왜곡해서 응답하여도 이를 점검 및 시정할 수 있는 기회가 적다.

(2) 응답의 낮은 회수율

이동이 잦은 사람에게서는 응답을 받기 어렵다. 통계상 우편조사의 회수율은 20~40% 정도이고 실제로 사용 가능한 자료는 대상마다 다르겠으나 10~25%에 불과한 것으로 알려져 있기도 하다.

(3) 비언어적 행동에 대한 조사 불가능

언어를 통하지 않은 태도 및 관찰은 불가능하며 무의식적 행동이나 비언어적 행동의 조사는 불가능하다.

(4) 환경 통제의 어려움

응답자의 본인응답 진위 여부를 확인할 수 없고, 응답 시 주변에서 받는 영향을 통제할 수 없으며 신뢰도를 확신하기 어렵다.

(5) 응답 누락률

응답자가 질문지 일부에 응답을 하지 않거나, 잘못 응답한 설문은 폐기하게 되며 재의뢰가 어렵다.

(6) 심층규명의 어려움

인터뷰 조사에 비하여 불확실한 응답에 대한 추가질문을 할 수가 없으며 응답에 대한 심층규명이 어렵다.

(7) 응답시간의 통제 불가능

응답이 완성되는 시간에 대해서 통제할 수 없다.

2 면접조사

1) 개 념

① 면접조사는 훈련된 면접자가 조사대상자를 직접 대면하여 질문을 하고 그 응답 내용을 기록하여 자료를 수집하는 방법이다.

② 면접조사는 직접 면대면으로 이루어지므로 조사대상자의 의견이나 태도, 가치관 같은 내면적 상태와 미묘하거나 복합적인 측면의 연구에 용이하며 모르는 내용은 질문을 통해 보다 명확하게 파악하기에 좋은 방법이다.

2) 장 점

(1) 높은 응답률

면접의 방식은 질문지 회수가 따로 필요 없고 구두로 읽어주고 답변하는 것이 가능하므로 문맹자도 가능하며, 응답자가 독려를 통하여 서면보다는 구두로 대답하는 것을 선호한다는 점에서 질문지에 비하여 높은 응답률을 나타낸다.

(2) 융통성

응답자의 특성이나 면접 상황에 맞추어 응답자에게 질문의도에 대해 이해시키므로 정확한 답변이 가능하다. 따라서 재 질문이나 추가질문, 복잡한 질문도 가능하여 연구결과에 있어서 정확한 정보를 수집할 수 있다.

(3) 타당성

면접 중 관찰을 통해 비언어적 행위도 가능하기 때문에 응답의 타당성을 높일 수 있다. 특히 관찰을 요하는 연구의 경우에 적합하다.

(4) 환경의 통제

면접자와 응답자 간의 비밀이 보장되고 주변 환경의 영향을 배제시킬 수 있는 등 연구윤리와 연구결과를 위한 환경조성에 용이하며 따라서 면접 환경의 통제는 신뢰있는 답변을 모니터링하는 것에 도움이 된다.

(5) 질문순서의 통제

응답자가 대상에 따라 질문의 순서를 조정하여 응답의 효율성을 높일 수 있으며 질문의 구조에 불합리한 것이 있다면 이에 대한 융통성을 발휘할 수 있다.

(6) 심층 정보의 수집

심층적인 정보수집이 가능하다. 즉 응답자의 내면적인 측면과 함께 무의식적인 반응을 기록할 수 있으며, 이를 통해 연구에 필요한 심층적인 정보를 얻을 수 있다.

3) 단 점

(1) 시간과 비용 소요

설문의 조사가 물리적 거리에 대한 제한을 받을 수 있다. 즉 응답자가 원거리에 있는 경우 장거리 이동을 할 수 있고, 인터넷 조사 등에 비하여 자료의 수집 및 정리, 분류, 부호화의 시간과 비용이 소요된다.

(2) 전문가 필요

조사의 정확성을 높이기 위하여 면접은 숙련된 전문가가 필요하므로 면접자의 선발, 훈련, 감독, 통제에 많은 노력이 필요하다.

(3) 익명성 결여

설문조사에 있어서 익명성이 결여되어 개인적으로 밝히기 어려운 질문에 대해 응답의 내용이 달라지거나 포장될 수 있으며 따라서 정확한 응답을 얻기 어렵다.

(4) 면접자의 편의(偏倚) 발생

면접자의 개입에 따라 편견이 개입될 수 있으며, 면접자가 응답자가 영향을 받거나 그로 인하여 잘못 기록하는 등에 따른 편의가 발생할 가능성이 있다.

(5) 조사결과의 처리 및 분석

면접자에 의한 조사는 조사결과의 처리와 분석에 응답에 대하여 다양한 면접자의 개입에 대한 표준화가 어려울 가능성이 있다.

4) 면접의 유형

(1) 구조화 면접

구조화 면접(structured interview)이란 연구자가 사전에 질문할 내용이 담긴 면접조사표를 작성하여 훈련 및 지침에 따라 면접자가 응답자의 응답을 얻는 방법이다. 따라서 면접조사표는 모든 응답자가 동일한 순서로 동일한 문항에 대하여 구조화된 면접의 틀 안에서 응답하도록 되어 있기 때문에 분류하고 부호화하는 데 편리하며, 연구자의 편향된 오류를 최소화할 수 있는 특성이 있다.

(2) 반구조화 면접

반구조화 면접(semi structured interview)이란 면접조사표 없이 면접지침 정도만 조직화되어 있어 질문의 순서나 문항 등에 대해서는 면접 상황에 따라 면접자에게 일정정도의 자율권이 부여된 방법이다. 그러므로 반구조화 면접은 구조화 면접에서 필요한 질문을 작성하는 데 유용한 자료를 제공해 줄 수 있는 기능이 있다.

(3) 비구조화 면접

비구조화 면접(unstructured interview)은 면접의 유형 중 가장 자유롭고 개방적인 형태이며 면접에 대한 간단한 주제만 사전에 결정하여, 면접 시 면접자가 질문의 내용이나 순서, 문항 등에 관하여 대체로 자유롭게 전개하는 방법이다. 이러한 비구조화 면접은 일차적인 자료를 수집하는 데 적합한 방법이며, 가설을 검증하거나 특정현상을 정확하게 측정하는 데 적합한 것은 아니다.

5) 면접의 과정

① 면접자를 선정한다.

② 면접자의 훈련을 통해 설문의 정확한 응답을 받을 수 있도록 한다.

③ 면접조사에 대한 협조를 요청한다.

④ 면접조사를 시행(다양한 면접기술 적용－라포형성)한다.

⑤ 프로빙의 기술(추가질문을 통한 확인)에 대하여 점검한다.

⑥ 면접결과를 기록한다.

⑦ 면접을 종결한다.

프로빙(probing) 기술

프로빙 기술에서 프로빙(probing)은 응답자의 응답이 불충분하거나 정확하지 못한 경우에 혹은 추가적인 정보를 얻기 위해 사용하는 면접의 기술이다.

1. 완성형 질문: “더 말씀하실 내용은요?” 혹은 “더 추가하실 말씀은 있으신가요?”
2. 명확화: “그 점에 대해 한 번 더 설명해 주시면 어떤 것이 있을까요.”
3. 경로형 질문: “말씀하신 중에 (　　)를 구체적으로 말씀해 주신다면 어떤 말씀이 가능하십니까?” 혹은 “그 점에 대하여 어떻게 생각하십니까?”
4. 답변 반복: 면접자가 응답자의 응답을 정확하게 이해하지 못한 경우에는 응답자의 답변을 반복해서 들려주며 이해를 돕는다.
5. 동조 반응: “맞습니다. 그렇지요!” 혹은 “아, 그러시겠군요!”
6. 침묵: 응답이 불완전한 경우 아무 말 없이 잠시 쉬면, 응답자는 보충적인 설명이나 추가 정보를 제공할 수 있다.

* 프로빙 기술을 사용할 때는 그것이 다른 질문에 영향을 주지 않도록 가급적이면 중립적인 태도로 임한다.

3 전화조사

1) 개 념

① 전화조사는 사전에 훈련된 조사자가 전화를 걸어 준비된 질문지로 응답자에게 질문을 하고 응답을 얻어내어 통화를 통해 자료를 수집하는 방법이다.
② 전화조사는 가급적 명료하게 진행되는 경우가 많다. 따라서 개방형 질문은 적합하지 않으며 양자택일형이나 질문이 5개 이상 넘지 않는 선다형(選多型, 한 문제에 대하여 3개 이상의 항목 가운데에서 정답 또는 가장 적당한 항을 고르게 하는 형식의 질문) 질문이 적합하다. 그 이유는 전화상담은 통신자의 환경을 고려하지 않고 진행되는 경우가 많으며 중도에 끊어지는 확률도 높기 때문이다. 따라서 설문에 걸리는 시간 등을 안내하는 것도 바람직한 방법이다.

2) 장 점

① 전화조사는 우편조사에 비해 응답률이 높은 편이며 제한적으로 조사 상황을 통제할 수 있다(편한 시간의 조정 등이 용이함).
② 전화조사는 면접조사에 비하여 비용과 시간 면에서 경제적이다.
③ 전화조사는 조사대상자에게 접근하기가 쉽다. 전화번호부를 이용한 무작위추출 등이 가능하나 개인정보활용의 측면에 대해서는 신중한 접근이 필요하다.
④ 전화조사는 즉각성(여론조사 등)에 민감하며, 단시간 내에 필요한 정보를 얻을 수 있어서 투표나 만족도 조사 등에 많이 활용되고 있다.
⑤ 전화조사는 준대면적 방법으로 익명성이 보장되어 자유로운 의견을 받을 수 있으

며 조사자의 편견을 줄일 수 있다.

3) 단 점

① 전화가 있는 경우만 가능하므로 모집단을 대표하는 표본을 선정하는 데 표본의 편의(bias, 편향) 측면이 있다.

② 전화조사는 응답을 거부하거나, 응답자가 조사 도중 일방적으로 전화를 끊을 수 있으므로 설문의 진행에 방해가 될 수 있다.

③ 전화조사는 조사할 수 있는 내용이 한정되어 있다. 예를 들어, 그림이나 사진이 들어 있는 시각적 자료 조사는 불가능하며 긴 문장으로 질문을 하거나 하기에 제한이 있다.

④ 전화조사는 장시간 통화는 곤란하므로 조사내용과 시간이 짧은 경우에만 가능하여 이를 통하여 구체적인 정보를 얻기는 어려운 측면이 있다.

⑤ 전화조사는 응답자의 환경에 대하여 알 수 없는 경우가 많아 이를 통제할 수 없어 경우에 따라 자료의 신뢰성과 타당성을 확보하기가 어렵다.

4 전자조사(인터넷 활용)

1) 개 념

인터넷 등의 매체를 활용하여 컴퓨터 활용자를 대상으로 실시하는 조사라고 할 수 있다. 따라서 인터넷 홈페이지나 전자우편 등을 이용하여 조사에 대한 답을 얻어내어 자료를 수집하는 방법이다.

2) 장 점

① 우편조사나 전화조사에 비해 더욱 광범위한 지역을 대상으로 조사할 수 있으며 대량 유포가 가능하다.

② 조사자의 교육, 질문지의 인쇄 및 우송료, 전화료 등에 따른 시간과 비용이 단축되거나 경감되고, 모집단의 표집의 양이 많은 경우에도 추가비용이 들지 않는 경우도 많다.

③ 인터넷은 발송시간에 대한 시간과 공간상의 제약이 거의 없으므로 조사가 신속히 이루어질 수 있으며 실시간으로 진행결과를 알 수 있다.

④ 사진이나 동영상을 포함한 보조 자료를 제시할 수 있으며 회수 방법이 용이하다.

⑤ 익명성을 보장할 수 있으므로 민감한 질문에도 용이하다.

⑥ 자료의 입력과 분석이 신속하며 경우에 따라 특정 포탈의 기능 등을 사용하면 간단한 결과의 출력이 즉석에서 이루어질 수 있으므로 용이하다.

⑦ 전자메일 등을 통한 후속독촉이나 추가질문 등이 용이하다.

3) 단 점

① 컴퓨터 활용능력이 있는 사람만 가능하므로 표본의 대표성에 문제가 생길 수 있기 때문에 유의해야 한다.

② 홈페이지나 전자우편 이용자는 무관심한 내용에 관하여 응답을 거부하거나, 응답을 하더라도 정확하고 성의 있는 응답인지를 확신할 수 없다. 특히 응답률과 낮은 회수율이 문제가 될 수 있다.

③ 익명성을 보장하는 장치나 동일인의 반복 응답이 불가능하도록 하는 기술적인 지원이 있어야 설문의 신뢰를 기할 수 있다. 또한 정보제공이나 유출에 대한 문제를 점검할 필요가 있다.

집합조사와 배포조사의 특성 비교

1. 집합조사

1) 개념

집합조사의 개념은 조사대상자를 동시에 동일한 장소에 집합시켜서 동일한 조건하에 질문지를 나누어 주고 이해를 위해 필요시 간단한 설명을 하면서 실시하는 조사를 의미한다.

2) 장점

① 짧은 시간 내에 많은 수의 응답자에게서 필요한 자료를 수집할 수 있다.

② 조사가 비교적 간편하고 비용이 적게 든다.

③ 조사의 조건을 용이하게 표준화할 수 있다.

④ 질문에 대한 보충 설명이 가능하다.

3) 단점

① 조사대상자를 한 장소에 동시에 집합시키는 것이 용이하지 않다.

② 조사대상자에게 비용을 지불하게 될 경우(설문 수고비, 교통비 등) 비용이 많이 소요될 수 있다.

③ 조사대상자가 집단설문에서 형성되는 분위기 등의 영향을 받을 가능성이 있다.

④ 조사대상자 집단이 비확률표집의 하나인 의도적인 표집으로 이루어질 수 있는 가능성은 모집단의 대표성 문제를 발생시킬 수 있다.

2. 배포조사

1) 개념

배포조사란 조사대상자에게 설문지를 배포한 후에, 스스로 응답하도록 한 이후에 일정한 기간 내에 질문지를 회수하는 방법이다.

2) 장점

① 배포조사는 우편조사보다는 회수율이 높다.

② 조사가 간편한 편이며 설문 조사자에 대한 비용이 적게 든다.

③ 응답자가 생각해서 응답할 시간적 여유가 있으므로 신중하게 응답할 수 있는 확률이 높다.

3) 단점

① 응답자가 잘못 기입하였을 때 이를 점검하거나 시정하기 어렵다.

② 질문내용에 관하여 필요한 경우 보충설명을 하기 어렵다.

③ 응답자가 주변 환경의 영향을 받아서 응답할 수 있으므로 환경에 대한 통제는 응답자의 몫이 된다.

CHAPTER 08

사회복지의 관찰연구

1절 관찰연구[10)]

1 관찰

1) 관찰의 개념

관찰(observation)은 연령이나 응답의 제한이 있을 수 있는 노인 등 다양한 대상에 활용할 수 있다. 관찰이란 관찰자가 연구대상인 개인의 행동이나 집단 또는 지역사회의 사회현상 등을 감각기관을 이용하여 현장에서 직접 보고 들어 알게 된 사실을 체계적으로 기록하여 연구에 필요한 자료를 수집하는 방법이다.

2) 관찰의 장점

(1) 현장성 및 즉각성

관찰의 장점은 연구대상의 행동을 현장에서 다양한 방식으로 포착하여 기록할 수 있으므로, 연구대상의 언어로 인한 과거의 경험이나 의견 등에 대한 왜곡현상을 극복할 수 있다.

---

10) 관찰 연구방법은 민속방법론에서 파생한 방식으로 참여 관찰과 비참여 관찰이 있다. 이들은 모두 관찰 상황에 대한 객관성을 잃지 말아야 한다. 그런데 비참여 관찰은 참여 관찰이 되기 쉬운데 관찰 연구 수행 중 대상자와의 상호작용이 없을 수는 없기 때문이다. 관찰연구의 장점은 문헌조사의 한계를 극복하고 상황의 현장감을 느낄 수 있다. 단점으로는 시간이 걸리고 연구자의 주관이 개입하면 연구의 의미를 상실할 수 있다. 그러나 의사소통이 잘 되지 않는 대상(예; 유아)을 연구할 수 있는 방법으로 유용하다.

(2) 응답과정의 오류 최소화

연구대상이 행동으로 나타난 것을 관찰하기 때문에 연구대상의 태도나 선호정도, 협력정도에 따른 조사의 영향을 받지 않는다. 즉, 응답과정에서 발생할 수 있는 오류를 최소화할 수 있다.

(3) 비협조적일 때 가능

연구대상자가 비협조적이거나 면접을 거부하는 경우에 가능하며 언어로 인한 응답 이외에도 다양한 자료의 접근이 가능하다.

(4) 무의식적인 행동측정

연구대상의 무의식적인 행동은 관찰을 통해서 측정이 가능하므로 연구 대상의 환경적 상황에 개입하지 않고, 있는 그대로의 상황을 포착하여 자료를 수집할 수 있다. 이는 행동에 대한 분석에 용이하다.

(5) 행동이나 의사소통에 관한 정보수집

행동이나 의사소통에 의한 정보의 수집은 개인 또는 집단 구성원 간의 행동이나 의사소통의 형태를 연구하는 방법으로 적절하게 활용된다. 특히 질적 연구방법에서는 설문에 의존하기보다는 행동과 의사소통의 관찰로 이루어지는 경우가 많아 의미군의 분류 등의 추가적으로 전문적 과정을 요하나 반면 다양한 자료를 활용할 수 있는 장점이 있다.

(6) 비언어적 행동의 자료수집

연구대상의 비언어적 행동(nonverbal behavior)에 관한 자료수집의 예는 언어적 표현이 부족한 아동이나 장애인 또는 노인 등의 연구대상의 자료수집이 용이하며 행동을 통하여 연구의 자료를 얻고자 할 때 유용하다. 때로 고릴라의 사회성 등 다양한 동물 등의 생태학적 연구에도 활용된다.

(7) 귀납적 자료수집

관찰은 귀납적인 자료수집의 방법으로 귀납적 논리전개에 유용하다. 귀납법의 특징은 관찰을 통하여 연구결과에 도달하며 이는 가설을 세우고 이를 검증하는 연역적 방법과 차이가 있다.

(8) 종단분석

관찰은 일정기간동안 지속되므로 설문조사나 면접조사처럼 일정한 기간 내에 자료수집을 완료해야 하는 횡단연구의 경향을 벗어나 보다 긴 종단적 기간동안의 관찰작업이 가능하다. 즉, 관찰은 자연스러운 상황에서 장기간에 걸쳐 자료수집이 가능하므로 어떤 현상에 대하여 장기간에 걸친 시계열 분석 등의 종단분석(longitudinal analysis) 도 가능하다(물론 설문조사도 일정 기간마다 지속적으로 설문조사를 실시하여 종단연구가 가능한 경우도 많으며 이는 패널조사 등에 활용되고 있다).

3) 관찰의 단점

(1) 표본의 크기가 작음

관찰의 특성인 즉각성 때문에 대규모의 집단을 한꺼번에 관찰하는 것은 용이하지 않으며, 특히 관찰자의 제한성과 주관성이 개입될 수 있다는 특징이 있다.

(2) 시간, 비용, 노력의 소요

연구대상자의 행위를 자연스러운 상황에서 포착하기 위해서는 현장을 찾아다니거나 행위가 발생할 때까지 기다려야 하는 등 시간과 비용, 노력 등이 소요된다. 예를 들어, 야생조류의 습관 등을 관찰을 통하여 탐색적으로 파악하고자 하는 경우는 매우 긴 시간 동안의 현장포착의 시간이 필요하며 철새인 경우에는 더욱 계절 등에 대한 시간제한이 있다. 사람과 관련된 연구에서도 특정한 배경과 환경에서의 관찰을 요하는 경우에는 그에 따른 시간과 환경적인 제약이 따른다.

(3) 통제의 부족

관찰자는 자연적인 환경에서 관찰하는 경우에 자료에 영향을 미치는 외생변수에 대해서는 거의 통제할 수 없는 특징이 있다.

(4) 익명성의 결여

관찰은 연구대상자의 익명성을 유지하기 어려운 경우가 있고 연구대상자가 의식하지 못하는 부분에 대한 관찰은 연구윤리에 대한 민감한 부분이 있으므로 매우 유의해야 한다. 따라서 이러한 제한성은 신뢰성이 낮추는 요인이 된다. 이러한 익명성의 결여는 연구대상자가 민감해 하는 범죄행위나 낙태 등의 특수한 이슈들을 관찰하지 못하는 요인이다.

(5) 관찰자 효과(반응효과)

연구대상자는 본인이 관찰당하고 있다는 것을 인지하는 경우 평소와 다른 행동양식을 보이는 반응성의 문제가 발생할 수 있다. 또한 관찰은 대부분 현장에서 이루어지는 현장연구로 관찰자의 동의를 구하지 못하면 연구대상자에게 접근을 못하게 되는 제한점이 있다.

(6) 계량화의 곤란

관찰을 통해 수집된 자료들은 대부분 구두의 기록과 상황 및 느낌을 기록한 질적인 자료들이므로 이들의 자료를 양적인 자료로 전환시키기 위한 수량화 작업에 어려움이 많다. 따라서 이러한 질적 연구의 제한점을 과학적으로 보완하고자 하는 노력으로 내용분석이나 근거이론 등이 도입되기도 한다.

(7) 관찰자의 주관이나 편견 작용

연구대상을 관찰하면서 관찰자의 생각이나 느낌 등의 주관적인 요소가 작용하게 되어 연구결과에 관찰자의 주관이나 편견에 따른 분석 오류가 발생할 수 있다. 그 밖에도 연구대상자의 행동양식의 변화가 있는 경우 특히 일시적 행동 등에 따른 조사결과는 연구의 결과를 일반화시키는 데 제약이 따를 수 있으므로 유의해야 한다.

4) 관찰의 유형

(1) 조직적 관찰과 비조직적 관찰

① 조직적 관찰

조직적 관찰은 관찰대상 및 측정도구, 절차 등을 사전에 정하여 체계적으로 관찰하는 방법으로 주로 가설검증을 목적으로 하는 조사에 많이 활용된다. 조직적 관찰에서는 비참여 관찰이 많이 활용되며, 일상적인 환경에서 행동을 관찰하는 방식으로 조사결과의 일반화가 용이하다는 장점이 있다. 그러나 행동이 일어나는 시점까지 기다려야 하는 단점이 있는데 예를 들면 부부간의 의사소통, 교사와 학생 간의 상호작용 및 각종 사회복지 관련기관에서의 사례연구 등에 있어서 연구에 필요한 현상의 발생을 관찰하기 위하여 시간적인 기다림이 요구된다.

② 비조직적 관찰

비조직적 관찰은 관찰대상, 내용, 절차 등에 대하여 사전에 규정하지 않고 어떤 현상을 관찰하는 방법이다. 따라서 주로 자료 수집을 목적으로 하는 탐색적 조사에 많이 활용되고 있는 추세이다. 비조직적 관찰에서는 주로 참여관찰이 많이 활용되며 이러한 방법은 인류학자나 자연관찰자들이 많이 활용하는 방식이다.

(2) 참여관찰, 준참여관찰, 비참여관찰

① 참여관찰[11)]

참여관찰(participant observation)이란 비조직적 관찰의 하나로 관찰자가 직접 관찰 집단에 참여하여, 자신이 집단의 구성원인 것처럼 자연스럽게 연구대상을 관찰하는 방법이다. 이러한 방식의 장점은 연구대상을 자연적인 상태에서 직접 관찰할 수 있으며, 연구대상의 특수한 행동이나 겉으로 드러나지 않는 내면의식 등을 파악할 수 있는 것에 유리하다. 그러나 단점으로는 관찰자가 연구대상과 같이 생활함으로써 동조현상이 생겨 객관성을 잃기 쉬우며, 연구대상이나 상황에 익숙해져서 관찰목적을 간과할 수 있다. 참여관찰의 유형은 다음과 같다.

첫째, 완전참여자: 완전참여자는 관찰 상황에 완전히 참여하여 자신의 신분과 연구목적을 노출시키지 않으며 실제로 연구대상의 특정역할을 담당하는 것으로 처신하면서 관찰조사를 실시하는 유형이다.

둘째, 관찰적 참여자: 관찰의 상황에 완전히 참여하지만 자신이 관찰자라는 사실과 연구목적을 알려주고, 연구대상의 특정역할을 담당하면서 관찰조사를 실시하고자 하는 유형이다.

---

11) 참여관찰(參與觀察; participant observation)은 특별한 표준화가 없는 비통제적 관찰로 관찰하려고 하는 사회나 집단의 성원과 마찬가지로 그 사회나 집단에 참가하여 관찰하는 것을 의미한다. 단지 외부인(outsider)으로서의 관찰은 그 사회가 가진 내면적인 대화 등의 문화를 이해하는 데 제약이 있다.
이러한 제약을 극복하기 위해 연구자가 관찰하고자 하는 사회나 집단의 주민과 같이 일상생활을 같이 하면서 관찰을 통하여 자료를 수집하는 방법이 있는데, 이때 관찰자는 참여자로서의 관찰자(observer as participant)로 자신의 신분을 처음부터 확실히 공개함으로써 관찰자의 신분을 밝히고 참여관찰을 하는 것이 좀 더 내면적 관찰에 유리하다. 관찰자가 그 지역주민과 같이 해당 지역의 언어를 사용하면서 지역주민의 일원으로 생활을 통해 관찰한다면 조사대상자의 내면까지 관찰할 수 있는 장점이 있다. 또한 조사관찰 사상(事象)을 현지주민에게 이해시키기 용이하고 그 집단성원의 의미로 소통하고 이해할 수 있는 장점이 있다. 이러한 참여관찰법은 접근하기 어렵고 알려지지 않은 집단(노숙자 집단 등)을 연구하는 경우 관찰자의 신분을 완전히 감추고 그 집단의 성원이 되어 일정한 역할을 수행하면서 관찰하는 경우 집단의 맥락과 생활양식 등을 이해하는 데 용이하다.

셋째, 참여적 관찰자: 자신이 관찰자라는 사실과 연구목적을 미리 연구대상에게 알려주고, 연구대상의 특정역할을 담당하지는 않으면서 관찰조사를 실시하는 유형이다. 객관적으로 연구에 집중할 수 있는 장점이 있다.

넷째, 완전관찰자: 자신의 신분과 연구목적을 노출시키지 않을 뿐만 아니라, 관찰상황에 완전히 참여하지 않으면서 오로지 관찰조사를 목적으로 실시하는 유형이다.

정리 참여관찰의 유형

유 형	완전 참여 여부	신분과 연구목적 공개 여부
완전참여자	O	X
관찰적 참여자	O	O
참여적 관찰자	X	O
완전관찰자	X	X

② 준참여관찰

준참여관찰(quasi-participant observation)이란 참여관찰처럼 관찰자가 연구대상의 생활전부에 참여하는 것이기 보다 관찰집단에 부분적으로만 참여하면서 관찰조사를 실시하는 유형으로 관찰자가 항상 관찰집단에 참여하지 않아도 되는 장점이 있지만 준참여관찰 대상이 상대적으로 많지 않다는 단점도 있다.

③ 비참여관찰[12)]

비참여관찰(non–participant observation)이란 관찰자가 관찰집단에 참여하지는 않으나 연구대상에게 자신의 신분과 연구목적을 밝히고 관찰조사를 실시하는 유형으로 장점은 관찰집단의 비구성원인 관찰자가 객관적 입장에서 연구대상을 정확하게 관찰할 수 있는 장점이 있다. 그러나 단점으로는 연구대상이 자신이 관찰당하고 있음을 인지할 때 연구 반응성의 문제가 발생할 수 있다.

(3) 공개적 관찰과 비공개적 관찰

공개적 관찰이란 연구대상에게 자신을 관찰하고 있다는 사실을 알려주고 나서 관찰조사를 실시하는 방법으로 관찰자 효과가 나타날 수 있다. 그러나 몰래 카메라를 설치하는 등 연구대상이 모르게 관찰하는 방법의 비공개적 관찰은 연구 윤리적인 문제가 발생할 수 있다.

(4) 직접관찰과 간접관찰

직접관찰은 실제 일어난 상황을 직접 보고 관찰하는 방법이므로 시간과 비용이 많이 드는 단점이 있으며 간접관찰은 내용분석 등에서 활용되는 방식으로 기존의 기록물이나 문헌자료들, 물리적인 흔적 등을 관찰하는 방법이 적용된다. 이는 적은 비용으로 용이하게 자료를 구할 수 있는 장점이 있다.

---

12) 비참여관찰(非參與觀察; non–participant observation)의 방법은 연구자는 연구대상 집단에 참여하지 않고 관찰하는 방법을 의미한다. 이 연구법은 사회사상을 관찰하는 것에 유리하며 조사대상 집단의 행동양식이나 규범, 성원의 내면까지 파악하는 데는 참여관찰이 더 바람직하다. 이 관찰법은 집단 내에서 일정한 지위나 역할을 점유하고 수행하면서 놓칠 수 있는 관찰의 오류를 방지하여 객관적으로 관찰할 수 있는 방법이다. 예를 들면 농촌연구의 경우 농촌의 자연적 조건과 분위기 및 노동문화(품앗이, 두레), 계(契) 및 종교 활동 등의 이해에 적절한 접근방식이고 달동네의 실태 등에 있어서나 각종 행사에 대한 관찰에 적용될 수 있다.

5) 관찰의 신뢰도와 타당도의 요인

① 관찰자 요인이 신뢰도와 타당도에 영향을 미치는 요인으로는 관찰자의 신체적 상태, 개인적 욕구, 가치관, 과거의 경험 등에 의하여 일관성이 결여될 수 있으며 관찰결과의 왜곡이 발생할 수 있다는 것이다.

② 관찰대상의 요인에 의하여 신뢰도와 타당도에 영향을 미치는 요인으로는 관찰대상의 행동, 사건, 현상 등의 지속성에 있어서 문제가 생길 수 있다는 것이다.

③ 관찰도구의 요인이 신뢰도와 타당도에 영향을 미치는 요인으로는 관찰도구의 명확성, 구체성, 복잡성의 문제로 지정된 범주체계와 적용규칙이 모호하며 불분명한 것에서 문제가 발생할 수 있다.

6) 관찰의 신뢰도와 타당도를 높이는 방법

① 연구조사에 앞서 관찰자에 대한 훈련이 필요하다.

② 동일한 관찰 대상을 여러 명의 관찰자가 동시에 관찰한 후 결과를 비교해 보는 과정을 갖는다.

③ 관찰 기록을 철저히 하며 제3자의 검토를 받는다. 실제 사건과 해석을 명백하게 구분해서 기록하여 해석의 편견 여부를 검토할 수 있다.

④ 같은 형태나 유사한 형태에 대해서는 동일한 용어로 기록하고 평가하는 것이 좋다.

⑤ 조직적인 관찰의 경우에는 질문의 각 문항을 정확하게 기록하는 것이 좋다.

⑥ 윤리 및 법적 문제가 없는 경우에는 동의를 구하고 연구자의 인터뷰에 녹음기 등을 통해 사실을 기록하는 방식을 활용하여 객관성을 검증하는 자료를 확보한다.

2절 내용분석

1 내용분석의 개요

내용분석(content analysis)의 개념은 의사소통 기록의 내용을 객관적이며 체계적인 방법으로 실시하는 조사방법이다. 즉 사진이나, 기사, 책 등의 질적인 내용을 양적 자료로 전환하는 방법으로 단순한 형태의 내용분석으로 선전문이나 신문과 같이 분석할 자료를 선정하고, 이후 그에 대한 내용을 범주로 분류하여 구성하여 각 범주에 따라 코딩을 진행하는 방법이 있다. 내용분석의 방법은 다양하며 질적인 성격을 양적인 수량으로 측정하여 함의를 도출하는 것에 활용된다. 예를 들면 고대시대의 서적을 통하여 당시 기록에 많이 언급된 단어의 횟수가 갖는 의미를 통하여 당시 사회에서 강조했던 덕목을 살펴본다던가, 청소년들의 관심도에 대하여 도서관 서적의 마모도를 관찰하는 방법 등이 이에 해당한다.

1) 내용분석의 도구들

① 의사소통의 기록물이 활용될 수 있다. 즉 출판물, 신문, TV, 라디오, 영화, 녹음(녹화테이프), 일기, 편지, 자서전, 연설문, 회의록, 상담 기록문 등의 내용을 분석 대상으로 하여 이를 토대로 하여 객관적 · 체계적 · 계량적으로 분석하는 방법이다.

② 질적인 내용을 양적인 자료로 전환하므로 양적인 분석방법과 질적인 분석방법 모두를 사용한다.

2) 내용분석의 특징

① 분석대상으로 인간의 의사소통의 내용이나 기록물이 분석대상이다.
② 문헌연구가 활용되며 문자로 기록된 자료와 방송, 영화, 그림, 사진, 만화 등이 포함된 문헌연구의 자료가 될 수 있다.
③ 분석내용은 기록물의 현재 내용뿐만 아니라 그 이면에 숨겨져 있는 잠재적 내용도 분석의 대상이 된다.
④ 과학적 연구방법으로는 객관성, 체계성, 일반성 등 과학적 연구방법의 요건들을 갖추고 있어야 한다.
⑤ 내용분석은 양적 · 질적 방법의 포괄성을 가지며, 양적인 분석방법뿐만 아니라 질적인 분석방법을 모두 활용한다.

3) 장 점

① 심리적 변수 측정이 가능하다는 것이다. 즉 가치, 태도, 인간성, 창의성, 권위주의, 호감도 등 다양한 심리적 변수의 측정이 가능하다는 것에 있다.
② 간접조사가 가능하여 조사인력이 절감되고 특별한 장비도 요구되지 않으며, 단지 분석하고자 하는 자료에의 객관적 태도로 접근하는 연구자의 연구역량이 중요하다.
③ 간접조사의 방식은 안정성과 융통성이 있으며, 자료의 수정 및 반복이 용이하다.
④ 역사적 연구에 적용 가능성은 장기간에 걸친 과정의 역사적 연구에도 적용이 가능하다.

⑤ 비관여적 연구로 연구자가 연구대상에 영향을 미칠 수 없기 때문에 반응효과가 나타나지 않으며 다른 연구방법의 타당성 여부에 대한 조사를 위해서도 사용할 수 있다.

4) 단 점

① 내용분석의 단점은 기록이나 남아 있는 자료에 의존해야 한다.

② 경우에 따라 분석할 자료를 구하기 어렵다면 다른 방법을 모색해야 한다.

③ 조사해야 할 자료가 방대한 경우에는 분석에 시간과 비용이 많이 소요되며 자료접근에 있어서 전문성을 요하게 된다.

④ 내용분석의 부호화 과정에 오류가 발생할 수 있다.

⑤ 결과도출에 있어서 분석결과의 신뢰도에 문제가 발생할 수 있다.

⑥ 내용분석은 자료수집의 타당도는 확보되지만, 기록된 내용이 현실 그대로를 반영한다고 보기는 어렵기 때문에 실제적인 타당도를 확인하는 것에는 제한이 있을 수 있다.

자료의 유형(1차 자료 / 2차 자료)

1. 1차 자료(primary date)

1) 개념

1차 자료란 조사자가 연구목적을 가지고 직접적으로 실험이나 질문지, 면접, 관찰을 통하여 자료를 수집하고 작성하는 것을 말한다.

2) 장점

1차 자료의 장점은 조사자가 연구목적을 가지고 직접 자료를 수집하기 때문에 정확한 자료에 대한 확신을 얻을 수 있다.

3) 단점

1차 자료의 활용은 조사자가 필요한 자료를 수집하는 데 드는 시간과 비용, 인력 등이 많이 소요되기 때문에 비효율적일 수 있다.

2. 2차 자료(secondary date)

1) 개념

2차 자료란 조사자의 연구목적과 관련하여 도움을 줄 수 있는 기존의 모든 자료를 의미한다. 따라서 이러한 자료로는 기존의 정부자료, 조사기관의 간행물이나 기업에서 수집한 자료, 학술지에 발표된 논문 및 기타 조사를 목적으로 수집된 모든 자료가 포함된다.

예를 들면, 통계청이나 각종 기구에서 홈페이지에 게시한 로우데이터(원자료)를 활용하여 분석한다면 2차 자료 분석이 된다.

2) 장점

객관적이며 비교적 빅데이터가 구축되어 있는 경우가 많다. 또한 자료수집에 드는 시간과 비용, 노력 등을 절감할 수 있으나 연구자가 보고자 하는 정확한 데이터를 찾는 것이 용이하지 않을 수 있다.

3) 단점

2차 자료분석의 단점으로는 자료수집이 조사자의 연구목적이나 그 밖의 현재 진행하고 있는 조사와 잘 부합되지 않는 경우 연구결과의 도출이 매우 미미하게 산출될 수 있어 자료의 사용을 숙고해야 한다.

2 내용분석의 범주 및 분석단위

내용분석에서 분석단위가 내용을 분석하기 위한 기준항목이라고 한다면 범주는 그러한 기준항목들의 특성을 파악하기 위한 연구의 틀을 의미한다. 분석단위는 주어진 범주로 구분하여 계산하고자 하는 내용의 최소단위로서 분석단위의 종류는 다음과 같다.

1) 분석단위의 종류

표 8-1 분석단위의 종류

단어	문헌자료의 내용 분석을 위한 최소 분석단위로서 얼마나 많이 사용되었는가를 분석해봄으로 해서 비중 있는 텍스트가 가지는 의미를 분석하는 방식이다. 이는 고대 서적에서 중요시되었던 개념의 추론이나, 청소년 언어를 통하여 이들이 갖는 함의 등을 추론하는 것에 이용된다.
주제	어떤 내용이 중심이 되는 제목이나 문제, 혹은 여러 문장, 문단, 전체 본문에서 나타날 수 있는 내용을 분석하는 방법이다.
인물	수필, 소설, 전기, 연극, 영화 등 주인공이나 역사적 인물을 중심으로 인물을 분석하는 방법이다.
항목	서적, 잡지, 신문, 학술지 등 소재를 분류하는 방식으로 의사소통 전체의 단위를 의미한다. 간접측정으로는 이에 대한 마모도 등을 분석하는 것 등이 활용될 수 있다.
공간 및 시간	인쇄물의 지면이나 방송의 시간도 내용분석의 단위로 활용 될 수 있다.

2) 내용분석과정

내용분석과정은 연구주제 및 문제의 선정으로부터 문헌자료의 모집단을 선정하고 그에 따른 표본을 추출 후에 범주를 설정하는 방식이다. 그리고 내용의 성질에 관한 범주를 통하여 주제, 방향, 기준, 가치, 방법, 특성, 행위자, 기원, 표적을 선정하여 내용의 형식에 관하여 의사소통의 형식, 진술 형식, 강도 등을 설정한다. 이후 단어, 주제, 인물, 문장(문단이나 단어 및 항목), 공간 및 시간, 코딩방법분석단위의 결정하여 분석단위를 결정한다. 그 밖에 출현 여부, 빈도, 시간적 · 공간적 양, 강도를 통하여 계량화하여 분석 체계를 설정한다.

내용분석의 적용을 예로 들면 정약용의 목민심서에서 사용한 단어를 통하여 당시에 중시한 애민사상 혹은 사회복지정신에는 어떤 것들이 있는가를 분석할 수 있을 것이다. 그 밖에도 다양한 형식의 내용분석이 가능하다.

3) 내용분석의 장 · 단점

내용분석의 장점으로는 시간과 비용이 절약된다. 또한 조사자의 비관여적인 형태로 참여하여 연구대상에 영향을 주지 않고 조사 자체에 대한 반응이 없다. 뿐만 아니라, 융통성이 있고 자료의 반복조사와 수정이 가능하다는 안정성을 확보할 수 있고 장기간에 걸친 연구가 가능하다. 따라서 간접적인 방법의 접근을 통하여 다양한 가치, 태도, 창의성, 인간성, 호감 등의 심리적 변수가 측정 가능하다. 반면, 단점으로는 기록된 의사전달만을 다루므로 연구결과에 대한 타당도 확보의 어려움이 있고 수집상의 타당도의 확보는 가능하나 실제적인 타당도 확보는 어렵다는 것이다. 그러므로 자료를 구하는 데 한계가 있을 수 있다.

4) 내용분석의 범주

내용분석의 범주(category, 카테고리)는 분석할 자료의 내용을 분류하는 체계를 의미하므로, 분석단위가 내용을 분석하기 위한 기준항목이라고 한다면 범주는 그러한 기준항목들의 특성을 파악하기 위한 틀이라고 할 수 있다. 내용분석은 범주에 의해 성패가 좌우된다고 할 만큼 범주의 설정이 중요하다. 즉 범주가 명확히 규정되고, 문제파악을 위해 적합하게 만들어질 경우에 비로소 연구에서 추구하는 목적을 성공적으로 달성할 수 있을 것이다.

5) 분석단위

내용분석을 위해서는 먼저, 어떤 내용범주에 어떤 분석내용을 넣어서 내용요소를 수량화하기 위한 기준항목을 정할 것인가가 중요하며 이를 내용분석단위라고 한다.

6) 분석단위의 종류

내용분석의 분석단위의 종류에 대하여 보다 상세하게 살펴보면 다음과 같은 것이 있다.

(1) 단어

단어(word)는 내용분석에서 사용하는 가장 작은 분석단위로서 단어(구와 복합어 포함)가 얼마나 많이 사용되었는가를 분석함으로써 내용을 분석하게 된다. 이때 단어는 경계가 명확해서 구분이 쉽다는 장점이 있지만, 표본이 커지면 분석할 양이 많아서 다루기 어려우며 맥락에 따라서 의미하는 바가 달라질 수도 있다는 단점이 있다.

(2) 주제

주제(theme)는 어떤 내용의 중심이 되는 것으로 대체로 한 문장으로 나타내지만 때로는 여러 개의 문장이나 문단, 또는 본문 전체에 표현될 수도 있다. 주제는 표본이 큰 많은 양의 자료를 다루는 경우에 단어보다 다루기 편리하고 의미가 있다. 이러한 이유로 주제가 분석단위로 많이 활용된다는 장점이 있으나 주제는 단어에 비해 경계선이 명확하지 못하는 경우, 문단 또는 본문 등에 주제가 여러 개 있는 경우에는 핵심주제가 어느 것인지 가려내기 어렵다는 단점이 있을 수 있다.

(3) 인물

인물(character)이란 소설, 전기, 연극, 드라마, 영화 등에 등장하는 역사적 인물이나 주인공을 중심으로 내용을 분석하는 경우에 활용된다. 이때 역사적 인물이나 주인공을 분석단위로 하는 경우에는 이들 특성에 대한 시대별 변화를 파악할 수 있다.

(4) 문단

문단(paragraph)은 여러 개의 문장으로 구성된 단락을 말하며 문단은 형식적으로 구분하기 쉽다는 장점이 있으나, 한 문단에 여러 개의 주제가 있거나 상반된 주제가 있는 경우에는 이를 분류하여 처리하기 어렵다는 단점으로 분석단위로 많이 활용되고 있지 않다.

(5) 항목

항목(item)이란 소재를 크게 분류하는 것으로 내용분석의 전체 단위이다. 예를 들면 책 한 권, 논문 한 편, 시 한 편 등의 소재를 서적, 잡지, 신문, 학술지 등으로 분류할 수 있다. 또한 신문의 소재를 국내문제, 국제문제, 노동문제, 사회문제, 경제문제, 사설 등으로 분류할 수 있으며 항목은 분석단위로 자주 사용된다.

(6) 공간 및 시간

공간 및 시간은 항목보다 세분한 분석단위로 인쇄물은 지면이 공간이 되고 방송은 시간이 이에 해당한다. 예를 들면 신문의 제 3면, 라디오 방송의 10시 저녁 뉴스시간 등이 내용분석의 분석단위가 될 수 있다.

7) 내용분석의 과정

연구문제의 선정 → 모집단 선정 → 표본의 추출 → 범주의 설정 → 분석단위의 결정 → 계량화를 위한 체계 설정 → 자료의 분석과 해석→ 결론 및 함의도출

① 연구문제의 선정을 통하여 연구의 주제 및 문제를 선정한다.

② 모집단 선정을 통하여 내용분석의 연구주제와 관련하여 문헌자료의 범위를 확정한 다음에 모집단을 선정하게 된다.

③ 표본추출은 내용분석의 모집단을 구성하는 모든 문서목록을 작성하고 확률표집방법에 의해 실제 내용분석에 들어갈 표본을 추출하게 된다.

④ 범주의 설정을 통하여 내용분석의 문서를 검토하여 공통요소를 확인하고 분석내용의 범주를 구성한다. 이때, 내용의 성질에 관한 범주로 주제, 방향, 기준, 가치, 방법, 특징, 행위자, 권위, 기원, 표적 등이 활용되며, 내용의 형식에 관한 범주로는 의사소통의 형식, 진술의 형식, 강도 등이 활용된다.

⑤ 분석단위의 결정은 계량화하기 위해 정해진 기준 항목이 곧 내용의 분석단위이다. 여기에는 기록단위(recoding unit)로 단어, 주제, 인물, 문단, 항목, 공간 및 시간, 코딩방법이 있을 수 있다. 또한 맥락단위(context unit)로는 기록단위만으로는 정확한 분석이 어려울 경우에 정확한 분석을 위해 사용되는데 기록단위보다 상위단위이다.

⑥ 계량화 체계 설정은 내용분석의 계량화 체계의 설정을 위하여 분석범주와 단위가 결정되면 자료를 계량화시키는 체계를 설정해야 하는 단계이다. 이때 연구자가 내용

분석의 자료를 양적으로 평가하고자 한다면 타당한 자료처리체계가 필요하다. 자료의 계량화 시, 자주 사용하는 방법으로는 출현 여부(유무)로 연구자가 찾고자 하는 내용이나 속성의 존재 여부를 파악하는 방법이 있고 그 밖에 빈도로 특정범주의 출현 여부보다 얼마나 자주 나타나는지를 계산하는 방법, 그리고 시간적 · 공간적 양으로 시간단위 및 공간단위를 계산하여 상대적 크기 및 강조점 등이 활용된다. 그 밖에 강도로는 어떤 진술에 대한 힘을 측정하는 것이 활용되는 데 이것은 태도나 가치의식 등 문헌자료의 내용과 관련된 정확한 정보를 제공한다.

⑦ 자료의 분석과 해석은 계량화된 자료를 통계분석방법을 이용하여 분석하고, 그 결과를 해석한다. 이를 통하여 결과가 제시되며 연구의 함의가 도출된다.

정리 비관여적 연구조사

1. 관여적 연구조사와 비관여적 연구조사의 비교
   1) 관여적 연구조사는 연구대상이 자신임을 스스로 알고 있는 것에 반해, 비관여적 연구조사는 연구자가 연구대상자와 아무런 상호작용 없이 자료를 수집하는 것이다.
   2) 관여적 연구조사는 연구자와 연구대상자 간의 상호작용에서 발생하는 대상자의 반응으로 인해 대상자에게서 자연스럽지 못한 행동이나 대답이 나타날 수 있는 가능성이 있다. 이러한 반응성의 문제를 해결하기 위해 기존문헌이나 기록들을 분석하는 것이 비관여적 연구조사이다.

2. 비관여적 연구조사로서 내용분석의 특징
   1) 연구자가 조사하고자 하는 행위, 사건, 혹은 대상자와의 상호작용으로부터 분리되어 객관적으로 자료를 수집하는 방법이다.
   2) 연구자가 대상자들과의 상호작용으로부터 분리되어 있기 때문에 대상자들의 반응성으로 인한 오류를 제거할 수 있는 것은 장점이다.
   3) 기존의 문헌자료, 역사자료, 기록물, 물리적 흔적 등을 분석하는 방법이 활용된다.

3. 유형

1) 마모도 측정

연구자가 특정사물(책이나 기타 물건 등)이 선택적으로 마모된 흔적을 보고 분석하는 방법으로, 사물이 마모된 정도를 보고 자료의 성격을 알 수 있다. 이 예를 들면 선호하는 책을 조사하기 위한 도서관에 있는 책의 마모 정도, 선호하는 물건이나 전시물을 조사하기 위한 전시장의 전시물 바닥의 마모 정도를 측정할 수 있다.

2) 누적측정(퇴적측정)

누적측정이란 연구대상의 특정행위나 태도를 조사하기 위해 횟수나 남은 사물의 양을 보고 분석하는 방법으로 특정지역의 음료 소비량 조사를 위해 특정지역의 쓰레기장에 모인 음료의 병을 세어보는 경우가 있을 수 있다.

3) 삼각측정(다원측정)

삼각측정이란 연구의 객관성과 타당성을 확보하기 위해 하나의 관찰이나 해석에 대해 보다 명확하게 의미를 파악하기 위한 방법으로 사용된다. 즉, 동일한 현상에 대한 여러 가지 자료를 검토하거나 동일한 현상을 여러 사람의 관찰자들이 관찰하고 그 결과를 비교해서 수렴하는 방식이 활용된다. 예를 들면, 사건을 취재하는 기자가 자신이 얻은 정보의 타당성을 부여하기 위해 다른 여러 명의 취재원을 통해 확인하는 경우와 경찰관과 대동한 다른 경찰관의 예가 이에 해당할 수 있다.

CHAPTER 09

양적 연구와 질적 연구 및 프로그램평가

1절 질적 연구방법과 양적 연구방법의 비교

1 질적 연구방법과 양적 연구방법의 개념과 특징의 비교

1) 질적 연구방법의 개념과 특징

(1) 개념

질적 연구방법의 개념 및 특징은 발견하거나 분석하기 어려운 문제를 효과적으로 관찰하고 분석하며 결과에 대한 일반화를 위하여 복잡한 사회현상을 심층적으로 규명하고 해석하기 위한 탐색적 연구방법이다. 즉, 탐색하고 발견하고 서술(인간행동과 상호작용중심의 서술 등)의 과정으로 연구대상의 행위나 언어적 상호작용을 분석할 때에 대상자가 사용하는 몸짓, 행동, 언어 등 상황과 환경적 요인들까지 고려하여 연구에 적용하는 방식이다.

(2) 특징

① 비교적 적은 수의 의미 있고 대표성 있는 표본을 가지고 의미 있는 연구의 목적으로, 구조화되지 않은 자료를 가지고 새로운 사실의 탐구를 위해 연구를 진행한다.

② 연구자가 자연적이고 실제적인 생활의 장에서 연구하는 방법으로 현장연구 또는 자연적 연구 등의 배경을 토대로 현상학적 연구방식을 적용하여 실시한다.

③ 즉, 현상학적 인식론에 바탕을 두고 있어 주관성과 상황적 변화를 강조하여 가설

의 수립과 검증을 통한 보편적 진리를 밝히고자 한다. 관련 이론으로는 현상학, 근거이론, 민속학, 상호작용이론 등이 있다.

현장연구의 특성

1. 사람들의 일상생활이 이루어지고 있는 '현장(field)'에서 연구하는 활동을 현장연구라고 한다. 연구자는 현장연구를 하기 위해 관찰, 면접, 설문조사, 실험 등의 방법을 사용하여 자료를 모으게 되며, 창의적인 생각을 바탕으로 하여 연구목적과 현장상황에 맞추는 다양한 연구방법을 선택한다.
2. 현장연구는 현상학, 해석학, 사회학, 인류학, 민속학 등 다양한 학문영역과 이론(현실기반이론)에 그 토대를 두고 있다.

(3) 기본 전제

① 관찰자로부터 독립되어 있는 객관적 현상은 존재하지 않는다. 즉, 세상에 대한 주관적 해석이 있다.

② 연구과정과 맥락적인 과정에 관심을 기울인다.

③ 연구의 절차에 있어서 구조화되지 않은 인터뷰 등의 유연성을 둔다.

④ 관찰을 통하여 결론을 도출하는 귀납적 방법을 선호한다.

⑤ 다양한 질적 연구자료를 활용하여 관찰한다.

⑥ 일반화를 목적으로 하는 것이 아니라 내부자적인 시각으로 인간 내면의 역동성을 탐색하여 구성주의적 시각에서 결론을 도출하는 것이다.

2) 양적 연구방법의 개념 및 특징

(1) 개념

① 양적 연구는 연구대상의 속성을 계량화시켜서 연역적 방법을 통하여 가설을 검증하는 증거기반의 객관적이고 과학적이며 일반적인 보편성을 강조하며, 조작적 정의를 통하여 가설을 검증해 나가면서 그를 통하여 일반화할 수 있는 지식을 습득하는 방법이다.

② 확률표집(비확률표집)방법을 주로 사용하며 표본추출 시 객관성을 확보하기 위하여 신뢰도와 타당도를 바탕으로 일반화를 하는 목적을 가진다.

③ 실증주의적 인식론에 바탕을 두고 있는데, 예를 들면 논리적 실증주의, 논리적 경험주의, 구조적 기능주의 등이다.

(2) 특징

① 객관적인 세상에서 객관적인 사실을 검증하고자 한다.

② 현상은 자연법칙 작용의 결과로 연구는 자연법칙의 검증이다.

③ 연구결과에 대한 일반화에 관심을 둔다.

④ 조사는 가치중립적이어야 한다. 일반화가 가능하다.

⑤ 연역적 방법을 선호한다.

⑥ 양적 연구자료에 초점을 둔다.

2절 질적 자료의 수집과 질적 연구의 유형

1 질적 자료의 수집

1) 심층면접

(1) 심층면접의 개념

① 심층면접(intensive interview), 즉 인터뷰의 과정에는 언어적인 표현뿐만 아니라 연구대상자의 행동, 몸짓, 표정 등 비언어적 반응까지 포함되어 있으며, 이를 관찰하는 방법이다.

② 무작위 표집방법을 사용하지 않으며 표본의 성격을 대표할 수 있도록 연구의 대상을 선정한다. 표본에 따른 연구결과를 일반화시키는 데 한계가 있으며, 관찰 과정에서 관찰자의 편견이 개입될 수 있는 점에 유의해야 한다.

③ 개인면접과 달리 면접시간이 길고 면접내용도 깊으므로 대상자로부터 매우 상세한 정보를 얻을 수 있으며 면접 때 새로운 내용이 더 이상 나오지 않을 때까지 면접을 실시한다.

(2) 심층면접의 유형 – 패튼(Michael Quinn Patton)의 개방형 면접

① 비공식 대화면접

비공식 대화면접(informal conversation interview)은 가장 개방적인 면접형태로서 관찰의 과정에서 관찰자와 대상자 사이에 계획되지 않고 구조화되지 않으며 예측되지 않은 상호작용이 일어난다.

② 면접지침 접근법

면접지침 접근법(interview guide approach)은 면접에 대해 미리 계획하기는 하나 비공식 대화면접보다 조금 더 구조화된 면접지침을 가지고 관찰하는 방식이다.

③ 표준화 개방형 면접

표준화 개방형 면접(standardized open-ended interview)은 질문을 미리 정확하게 작성한 면접 조사표에 의하여 면접하는 방식으로 이 방법은 관찰자의 영향과 편견을 최소화하면서 전체적인 일관성을 유지할 수 있도록 해 준다.

2 질적 연구의 유형

1) 전기 연구

(1) 개념 및 특징

① 전기 연구(biographical study)는 개인의 일대기 등을 다루기 위하여 문헌자료와 기록 등에서 발견되는 한 개인이 경험했던 사실과 그에 관한 기록의 연구이다. 즉, 기록물로는 자서전, 생애사 등이 활용되며 이를 통하여 개인의 삶과 거시적인 사회적 맥락과의 관련성을 탐구하며 구술사 등을 포함하는 광범위한 장르의 전기 기술을 통하여 인간의 내면과 사회와의 관계 등을 살펴본다.

② 덴진(Denzin)은 이에 대하여 전기 연구가 '한 개인의 삶의 전환점을 기술하는 인생기

록물에 대한 의도된 서술이며 수집'이라고 말하였다. 연구의 방법은 연구대상자가 살아온 인생을 몇 단계로 구분하여 연대기식으로 기술하기도 하고 혹은 인생에서 주요한 사건과 경험들을 중심으로 서술한다.

2) 현상학적 연구

(1) 개념

① 현상학적 연구(phenomenological study)에서는 어떤 현상에 대한 사람들의 주관적인 경험의 의미를 탐색하고 해석하는 연구를 한다. 전기 연구가 단일한 개인의 삶을 연구하는 반면, 현상학적 연구는 하나의 개념이나 현상에 대한 여러 개인들의 체험의 의미들을 기술할 수 있는 것이 특징이다.

② 현상학은 모든 질적 연구방법에 적용될 수 있는 철학적 근거의 토대가 되며, 현상학은 인간의 경험에서 의식의 구조와 의미를 탐색하기 위하여 사용한다.

(2) 방법

개인의 경험에 대한 의미를 탐색하는 연구문제를 서술하고, 개인에게 그들의 체험과 일상적인 경험을 기술하며, 자료의 수집은 심층면접을 통해 이루어지며 연구목적에 맞는 현상을 경험한 사람들만 연구에 포함시킨다.

3) 민속지학 연구

(1) 개념 및 특징

민속지학 연구(ethnography study)는 20세기 초반 문화 인류학자들의 비교 문화연구가 발전한 것으로서 문화적 혹은 사회적 집단의 행동이나 관습, 규범, 생활양식 및 체계 등을 탐구하여 이를 서술하고 해석하는 방법이다. 예를 들면, 아동복지시설의 생활아동의 삶에 대한 연구 등에서 대상아동을 연구하여 시설 안에서의 삶을 규명하는 것 등이 이에 포함될 수 있다.

(2) 방법

민속지학 연구에서 연구자는 특정 문화집단의 자연스러운 생활현장으로 들어가서 일정 기간 동안을 함께 생활하면서 관찰과 면접을 통하여 자료를 수집하며, 부수적으로는 인공물 등을 활용하기도 한다. 이러한 이유때문에 민속지학적 연구를 자연적 연구라고도 한다.

4) 사례연구

(1) 개념 및 특징

① 사례연구(case study)는 다양한 정보원들로부터 세부적이고 심층적인 자료를 수집하여 특정 사례를 심층적이고 총체적인 관점으로 탐색하는 방법이다.

② 사례연구는 현상에 대한 심층적 이해를 목적으로 한다는 점에서 질적이며 자연스러운 일상생활 속의 현상을 있는 그대로 관찰한다는 점에서 자연주의적이라 할 수 있는데, 이러한 것은 질적 연구의 특징이다. 또한 전체적인 묘사를 한다는 점에서 총체적인 특징을 가진다.

③ 사례연구만의 특징으로는 개인이나 가족, 집단, 지역사회, 조직 등 단일한 사회현상에 대한 깊이 있는 분석을 할 수 있도록 하기 위한 것으로 경우에 따라서 양적 연구방법과 질적 연구방법을 결합해서 사용할 수 있다.

(2) 사례연구의 종류

사례연구의 종류로는 본질적 사례연구를 위하여 새로운 이론이나 광범위한 사회적 여론들을 만들어내는 것보다는 단순히 개별 사례에 대한 더 나은 이해를 구하기 위해서 실시된다. 그에 반해서 도구적 사례연구는 조사연구의 목적달성을 위한 방법적 도구로서의 역할을 수행하는 목적으로 사용된다. 그리고 집합적 사례연구는 사회적 여론이나 한 집단의 사람들에 대한 이해를 넓히기 위해 한 집단의 개인이나 사례들에 대해 실시하는 것이며, 이를 통하여 이러한 사례들은 사례들 간 혹은 개념들 간에 비교가 가능할 수 있도록 선택된다.

5) 문화기술지 연구

(1) 개념 및 특징

문화기술지 연구(Ethnography study)는 문화적이나 사회적 집단이나 체계에 관한 기술 및 해석을 의미한다. 이에 따라 연구자는 집단의 관찰 가능하고 학습된 행동, 관습 및 생활방식의 패턴을 검토하여 하나의 과정과 연구의 결과로서 문화기술지는 의미 있는 연구의 산물이며 단행본 정도의 분량을 가진 형태로 이루어진다.

(2) 방법

연구자가 특정 집단을 장기간 동안 관찰하는 방법으로 대체로 연구자가 그 집단의 일상생활 속에 몰입된 참여관찰이나 집단 구성원들과의 일대일 면접의 방식을 토대로 연구를 수행한다.

참여행동연구(participatory action research, PAR)

1. 참여행동연구에서는 연구대상자들이 소외계층 등의 특수한 환경에 처해 있는 경우가 많으며 연구자는 연구대상자가 자신의 문제와 해결책을 스스로 정의하도록 하면서 연구대상자의 중심으로 주어진 환경 및 자신의 이야기를 할 수 있도록 분위기를 조성한다.
2. 연구자는 연구대상자들이 자신들의 이익을 위해 효과적으로 대처할 수 있는 의식의 변화 등을 지켜보면서 연구대상자들을 중심으로 하여 연구를 이끌어간다.
3. 참여행동연구는 조사연구가 단순히 지식생산의 수단만이 아니라 "교육과 의식 개발뿐 아니라 의식을 행동으로 옮기는 수단"으로 기능해야 한다는 신념을 기반으로 한다.

6) 참여관찰

(1) 참여관찰의 개념

참여관찰(participant observation)이란 연구대상자의 생활이나 활동영역에 연구자가 직접 참여하여 관찰하는 방법을 말한다.

(2) 참여관찰의 장점

참여관찰의 방식은 연구자에 의하여 직접 자료가 구해지기 때문에 연구대상자의 보고 능력이나 의지에 방해받지 않는다. 특히 아동이나 노인처럼 언어구사력이 떨어지는 집단에 효과적이며, 현장에서 이루어지기 때문에 자료가 세밀하고 정교한 것이 특징이다. 관찰을 중심으로 하므로 행동의 미묘한 차이를 연구하고 일정 기간의 사회과정을 조사하는 데 효과적이다. 또한 연구에 유연성이 있어서 조사설계를 수정할 수 있다. 비용적인 측면에서 경제적인데, 그 이유는 관찰자와 기록할 수 있는 도구만으로 수행이 가능하다.

(3) 참여관찰의 단점[13)]

① 질적 연구는 개인의 독특한 생활에 밀착 연구하는 특징을 지니며 따라서 주관성과 일반화 가능성의 논란으로 결론이 제한적이다.

---

13) 윤리적 이슈로는 관찰을 전제로 할 때 상대방이 이를 모르는 경우 목적을 위해 정보를 얻어내고 인간관계에 전략을 사용하는 것이 윤리적인지 생각해 보아야 하며 도움이 필요한 상황에서 어떻게 반응하는가 하는 것들이 윤리적 문제로 거론될 수 있다.

② 외적 타당도가 떨어질 수 있다.

③ 관찰자효과 및 선입견이 개입될 수 있다.

④ 직접 현장에 참여하므로 시간적 · 공간적 · 물리적 제약이 따를 수 있다

⑤ 연구대상이 소수 개인이나 집단 등으로 제한되므로 대규모 집단의 인터뷰는 양적 연구가 오히려 적합하다.

3 질적 연구와 양적 연구의 특징 비교

양적 연구는 알려진 바와 같이 논리 실증주의를 토대로 과학성과 증거기반의 객관적 실재를 가정하고 있다. 이를 위하여 연역적 방법을 활용하는 반면 질적 연구는 관찰을 토대로 연구대상자의 내면을 관찰하며 이를 통하여 의미 있는 새로운 사실을 발견하는 것에 그 목적이 있다. 즉 연역적 연구는 가설의 검증, 귀납적 방법은 깊이 있는 의미의 탐색 방법이 될 것이다.

표 9-1 질적 연구와 양적 연구의 특성 비교

특 성	양적 연구	질적 연구
이론적 근거	논리 실증주의 행동주의	현상학, 해석학 자연주의
관련 학문	심리학, 경제학, 사회학	인류학, 사회학, 사학
기본 가정	객관적 실재 행동의 규칙성 변인에 대한 통제와 측정 가능 기계론적 관점, 외부자적 관점 연구방법에 대한 우선권	구성된 실재 행동의 유연성과 역동성 변인에 대한 통제 불가능 인간의 의도 중시, 내부자적 관점 연구내용에 대한 우선권
목적	변인들 간의 관계 결정 이론 검증 객관적 실체 규명 일반화, 예측	참여자의 관점 이해 이론 개발 실상의 구성 상황성, 해석
설계	사전에 결정, 미시적(협각) 명세적, 구조화 형식적	즉각적, 점진적, 거시적(광각) 일반적, 융통성 직관적
표본	확률적 주로 대규모 무선적 선발	유목적적 주로 소규모 비대표성
절차, 방법	연역적, 실험적 상관적 가설과 이론이 선행 일치와 규준 추구	귀납적, 분석적 문화기술적, 현장연구 가설과 기초 이론의 발견 다원성과 복합성 추구
연구자의 역할	분리적, 객관적 비관여, 원격적 피험자로서의 피험자 객관적 기술	참여 관찰자 동참적, 근접적 친구로서의 피험자 공감적 이해
도구, 자료원	측정, 질문지, 척도, 검사 구조화된 면접과 관찰	현장 기록, 문서, 테이프, 사진 문화기술적 면접과 관찰
자료 분석, 보고	양적, 수량화, 가설 검증 전형적으로 연구 종결 시 탈맥락적 일반화 객관적, 통계적 보고서	기술적, 언어화, 패턴 탐색 연구 과정에 걸쳐 지속적 맥락 지향적 일반화 해석적, 이야기체 보고서

출처: Gall, Gall, & Borg, 1999; Goodwin & Goodwin, 1996; Johnson & Christensen, 2000; 조영남(2001) 재인용.

질적 연구의 특징은 현상학과 해석학[14]에 주관적으로 구성된 실재를 전제로 양적 연구의 객관적이며 외부자적 시각이 아닌, 내부자적(emic) 관점으로 인간의 의도와 내면세계(insight)를 살펴보게 된다. 이는 소수자들의 알려지지 않은 맥락이나 문화 기술적 측면 혹은 참여 관찰을 통해 이루어진다. 질적 연구와 양적 연구의 유형은 다음과 같다.

4 질적 연구와 양적 연구의 유형

질적 연구와 양적 연구의 대표적인 유형은 다음과 같이 제시할 수 있다.

표 9-2 질적 연구와 양적 연구의 주요 유형

양적 연구		질적 연구	
비실험	실험	자연주의적	분석적
기술(조사 및 발달)	진실험	현상학 문화기술 상향이론 사례 연구 등	역사적 연구
상관	준실험		법률적 연구
인과-비교	단일 피험자		정책적 연구

출처: Johnson & Christensen, 2000; Goodwin & Goodwin, 1996; 조영남(2001) 재인용.

14) 덴진의 해석학은 인터뷰를 통하여 의사소통의 내용을 해체 단계에서 대상이 되는 현상과 관련된 이전 연구에 관하여 분석하고 해석한다. 포착 단계에서 연구자가 연구되는 경험과 관련된 예들을 확보한 이후에 묶기 단계에서 관찰을 하고 있는 과정의 핵심적이거나 필수적인 양상을 분리시키게 된다. 다시 이를 구성하는 단계에서는 사건이나 과정을 전체적으로 해석하고 맥락화하여 의미있는 함의를 도출하게 된다.

양적 연구에서의 신뢰도와 타당도의 관계는 다음과 같다. 즉 양적 연구는 신뢰도 계수가 높을수록 측정에 따른 오차는 감소한다. 양적 연구의 타당도는 추론의 적합성 및 유의미성 과 유용성을 뜻한다.

실험 연구의 타당도는 신뢰성(credibility) 및 일반화 가능성(generalizability)과 연관이 있다. 내적 타당도는 실험 연구의 기본 요건이며 실험을 통한 연구의 결과변수에 영향을 미치는 요인에 대한 설명력과 신뢰성을 의미한다. 외적 타당도는 실험을 통해서 획득된 결과의 일반화 가능성이다. 외적 타당도에는 존 헨리(John Henry) 효과로 통제집 집단 피험자들이 실험참여 여부를 인식하여 평소보다 훨씬 더 잘 수행하게 되는 효과이며, 중다 처치에 의한 간섭이나 애매한 독립변인의 요인으로 처치 또는 독립변인이 모호하게 정의되어 속성이 잘 드러나지 않고, 연구의 반복에 문제를 일으키는 경우가 있다.

이와 같이 양적 연구, 실험연구 등에 있어서 주의할 점은 연구의 신뢰도와 타당도의 점검을 통해서 보다 완성도 있는 연구가 되어야 한다는 것이다. 따라서 각 연구의 성격과 특성을 반영하여 연구방법을 선정하는 것이 중요하다. 양적 연구는 실험 설계로 대변되는 가설의 검증 및 연역적 또는 양적 자료를 통한 통계적 분석으로 이해할 수 있으며, 질적 연구는 자연주의적 탐구로 대변되는 질적 자료, 내용 또는 사례 분석으로 기술되고 있다. 각 접근의 측정 방법은 상호보완적이다.

1) 양적 연구의 유형 및 기본 절차

양적 연구는 통상적으로 비실험 연구와 실험 연구로 나눌 수 있다. 비실험 연구는 설문조사를 바탕으로 하는 기술, 상관, 인과관계의 비교 연구가 있다. 기술 연구의 특징은 특정 현상을 기술할 수 있는 지식산출에 목적이 있으며 상관 연구는 두 개 이상의 변인들 간의 관계를 살펴보기 위한 것이며 인과관계 연구는 변인들 간에 성립되는 원인과 결과의 관계를 살펴보기 위하여 활용된다.

반면 실험 연구는 사전－사후검사를 통제집단과 실험집단을 비교하여 두 집단간의 차이를 통하여 연구의 함의를 도출하게 된다.

2) 질적 연구의 유형 및 기본 절차

질적 연구의 유형은 알려진 바와 같이 현상학, 문화기술, 사례 연구, 생애사 연구, 근거이론 등으로 다양하며, 문화기술 연구를 토대로 자연주의적, 해석학, 사례 연구, 참여 관찰, 현상학 연구 등으로 다양하게 쓰이고 있다. 이들의 공통적인 특징은 맥락을 바라보는 총체적 관점, 선입견을 배제하는 괄호 치기, 참여자의 관점 강조, 과정과 변화 관찰, 귀납적 분석, 의미와 이해의 중요시, 장기간의 현장 활동을 통한 의미단위의 도출 등이 있다. 그 밖에 역사적 연구와 생애사 연구 등이 있다.

표 9-3 질적 연구의 주요 유형과 특성

질적 연구 접근				
유형 / 차원	현상학	문화기술	상향이론	사례연구
연구 목적	특정 현상에 대한 한명 이상의 개인적 경험을 기술 (예 사랑하는 사람의 죽음에 대한 경험)	특정 집단의 문화적 특성과 문화적 상황 기술	특정 현상을 기술하고 설명하는 상향이론을 귀납적으로 산출	한 가지 이상의 사례를 심층적으로 기술하고 연구 문제와 이슈를 해결
학문적 기원	철학	인류학	사회학	상업, 법률, 사회과학, 교육을 포함한 다학문적 기원
주요 자료 수집 방법	10명 정도까지의 심층 면접	장기간(예 한 달~ 일년)의 참여 관찰, 정보원과의 면접	20~30명을 대상으로 면접, 관찰 또한 자주 활용	중다 방법(예 면접, 관찰, 문서 기록)
자료 분석 접근	중요한 진술 열거, 진술의 의미 판단, 현상의 본질 확인	자료에 포함된 문화적 주제에 대한 총체적 기술과 탐색	개방적 코딩에서 출발하여 축을 중심으로 코딩, 선택적 코딩으로 진행	사례에 영향을 미치는 테마에 대한 총체적 기술과 탐색
이야기 보고의 초점	경험의 본질적 또는 불변의 구조(즉, 공통적 특성 또는 본질)에 대한 풍부한 기술	맥락과 문화적 테마에 대한 풍부한 기술	연구 주제와 인물 기술, 상향이론 제시로 종결, 명제 열거도 가능	사례의 맥락과 작용에 대한 풍부한 기술, 테마, 잇슈, 함의에 대한 논의

출처: Gay & Airasian, 2000: 314; 조영남(2001) 재인용.

이에 대하여 구바와 링콜(Guba & Lincoln, 1994)은 현재까지 경쟁해 온 4가지 연구 패러다임(실증주의, 후기실증주의, 비판이론, 구성주의)에 대하여여 각 패러다임이 지향하고 있는 바와 그에 대한 특징을 다음과 같이 제시하고 있다.

표 9-4 선정된 주요 잇슈에 대한 각 패러다임의 입장

이 슈	실증주의	후기실증주의	비판이론 등	구성주의
탐구의 목적	설명: 예측과 통제		비판과 변화 생성; 복구와 해방	이해; 재구성
지식의 본질	사실 또는 법칙으로 확증된 가설	사실 또는 법칙일 것으로 기대되는 반증되지 않은 가설	구조적/역사적 통찰	합의를 중심으로 통합되는 개별적인 재구성
지식의 축적	자연증가-벽돌을 쌓듯 지식의 체계를 축적; 일반화와 인과의 연계		역사적 수정론; 유사성에 의한 일반화	보다 해박하고 정교한 재구성; 대리적 경험
수월성 또는 질적인 준거	전통적인 엄정성의 벤치마크: 내·외적 타당도, 신뢰도 및 객관도		역사적 상황성; 무지와 오해의 타파; 행동 자극	신뢰성과 자실성
가치	가치 배제-가치의 영향 부정		가치 수용-가치 형성적	
윤리	외재적; 오도될 가능성이 존재		내재적; 새로운 사실에 대한 도덕 지향적 경향	내재적; 새로운 사실 대한 과정 지향적 경향
대변자	의사결정, 정책결정, 변화관리의 정보 제공자로서 중립적인 과학자		주창자, 활동가로서의 변화 생성적 지성	중다 의견 재구성 촉진자로서의 열성적인 참여자
훈련	기술적; 양적; 실체적 이론	기술적; 양적 및 질적; 실체적 이론	재사회화; 질적 및 양적; 역사; 이타주의와 권한 위임의 가치	
패러다임 간 조화	비교 가능		비교 불가능	
헤게모니	출판, 재정, 승진, 신분 보장의 통제		재인식과 새로운 입력의 추구	

출처: Guba & Lincoln, 1994: 112, 2000: 166; 조영남(2001) 재인용.

이에 대하여 존슨과 크리스텐슨(Johnson & Christensen, 2000)은 양적 연구와 질적 연구가 상호 보완적으로 연구의 성격에 따라 복합적인 자료 수집을 통해 각각의 장점이 활용될 수 있다고 하였다.

3) 질적 연구의 유형

(1) 현상학

현상학은 기존의 선입견을 내려놓고 본질적 직관을 통하여 순수하게 사물의 본질을 직관하는 데 방해되는 요소들을 제거하는 작업, 즉 괄호 치기의 기법을 활용한다. 기존의 철학이나 과학이나 사회를 통하여 가지고 있는 이론이나 가설, 윤리적인 전통이나 사회를 통하여 얻은 선입견이나 의견을 배제하는 것을 전제로 하는데, 이것을 역사적인 배제라고 한다. 또한 모든 실재적인 실존판단도 배제해야 하는데, 그 이유로는 현상학에서는 본질적인 존재가 문제이며 본질을 탐구하기 때문이다. 따라서 감성 등도 배제하게 되는데 이를 실존적인 배제라고 한다.

즉, 사실과 본질을 구별하는 형상적 환원을 적용하게 되는데 이러한 방법은 사실적인 것으로부터 본질적이 것으로 정신적인 전환을 통하여 사물의 본질에 접근하고자 한다. 이러한 과정은 본질들로부터 순수한 의식 속에 깃들어 있는 선험적인 주체성으로 환원하는 선험적인 환원이 이루어지게 한다.

현상학의 과제는 현상들에서 환원적으로 그들의 존재와 의미를 구성하는 구조를 밝히며 모든 하나의 존재와 구성된 세계가 어떻게 구성되는가를 질문한다. 즉, 삶의 세계에서 이제는 다시 주관성에로 환원되어 삶의 모든 형태들이 그들의 구성적인 근거로 인간의 주관성에 환원되어야 한다는 것을 전제로 한다. 이러한 현상학은 개인의 주관적 인식의 기초를 중시하는 구성주의 등과 연결되면서 현상학적으로 가장 본원적이고 일차적인 경험으로 '나 자신의 주관성의 경험'을 중시하게 되는데 이에 대하여 현상학자 후설은 언제나 명확한 출발점을 '나'라는 존재로 보고 있다.

현상학에서 다루는 초월이라는 것은 주관성이 자기 속에 갇혀 있지 않고 의식의 지향성에 의하여 삶의 세계를 구성하며 존재를 구성하는 일을 의미한다. 후설에게는 의식의 지향성이 삶의 세계 안에서 존재들을 구성하고 있는 것으로 본다. 이는 외부자적인 시각보다는 내부자적인 시각으로 사물을 바라보며 괄호 속에 보류되었고 또한 괄호 속에서 다시 문제시 되는 세계는 마지막 단계에서 바로 현상이 되는 것으로 설명된다. 따라서 현상학의 중요 과제는 현상학적 환원을 통해서 선험적인 주관성의 구성적 구조를 나타내는 것이다. 현상학적인 환원이란 내부세계를 주관성 자체의 구조로 분석하는 것을 목적으로 가장 중요한 것은 정신적인 이념의 형성체에 비해 더 실재성을 갖는 '삶의 세계'를 경험 속에서 존재로 구성하는 주관성에 환원시키는 것에 있다. 즉, 지향성의 원점으로의 환원을 통하여 현상학적 방법은 완성되며 이를 현상학적인 환원[15]이라 한다.

(2) 생애사 연구

생애사 연구(life history research)는 개인의 특수하거나 한 사람의 생애를 통하여 의미를 도출하는 질적 연구방법이다. 생애사 연구를 위하여 이야기, 일화, 역사적 내용 등의 자료를 분석하게 되며 개인의 생애에 대해 발생하는 사건이나 경험 혹은 내적인 움직임 등에 대하여 상세히 기술된다.

---

15) 현상학적인 환원은 첫 단계로 모든 이념적 형성체로부터 삶의 세계로 환원하는 단계가 있고 다음 단계로 자연스러운 세계로서 삶의 세계로부터 선험적 주관성에로 환원하는 것이 있다. 첫째 단계에서 모든 선입견을 내려놓고 둘째 단계에서 선험적인 주체성과 그 지향적인 구조로 돌아가게 된다. 이러한 환원은 모든 현상의 존재의미에 대한 명증을 얻으려고 하는 과정이며 현상학적인 환원은 insight로 향하는 의식지향 원리를 근거로 한다.

이와 같은 전기적 특성은 개인이 접하게 되는 제도와 사회적 역사로부터 영향을 받으며 연구자는 상이한 학문적인 관점들을 통하여 개인이 한 문화를 대표하여 개인의 인생을 탐색하는 것을 통하여 인류와 사회적 특성을 밝혀내기도 한다. 예를 들면 위안부의 삶의 생애사 연구는 개인의 일대기에 국한하지 않으며 당시 사회와 역사의 모습을 그 안에 담고 있어 사회적으로나 역사적으로 가지는 한 개인의 경험의 의미를 담고 있다.

(3) 근거이론의 연구

근거이론(grounded theory)의 방법은 사회학자 바니 글래이저(Barney G. Glaser)와 안젤름 스트라우스(Anselm L. Strauss)가 실증주의와 상호작용 이론을 접목하여 제안하였다. 이는 사회과학의 질적 방법론으로 양적 연구의 과학적 방식을 적용하여 토대이론 혹은 근거 이론적 접근(grounded theory approach)이라고도 불렀다. 이는 전개되는 관찰들의 맥락을 비교하여 중심맥락 등을 도출하게 된다. 각각의 단계를 살펴보면 개방코딩을 통하여 범주를 나누고 축코딩을 통하여 패러다임의 모형을 만드는데, 예를 들면 이를 통하여 범주의 조건, 인과적 조건, 중재 조건, 맥락조건, 중심현상, 작용/상호작용 전략을 살펴보아 결론을 도출한다. 이를 통하여 한 눈에 살펴볼 수 있는 구조화된 도표와 그림의 패러다임 모형을 산출하여 일반적이며 보다 과학적 방법으로 맥락을 도출하므로 미국의 간호학 등에서 많이 활용되었다.

또한 근거이론은 체계적이고 귀납적 자료수집 방법과 분석을 통해 도출되는 방식으로 양적 연구가 체계적 사회과학연구의 탁월한 형태라는 지배적 견해에 대하여 질적 연구의 부족한 점을 보다 과학적 방식으로 접근하여 개선한 형태이다. 즉, 엄밀성을 추구하는 데 있어서의 질적 연구가 부적절하다는 주장과 질적 방법이 비체계적이며 인상주의적이라는 주장과 자료수집과 자료 분석 방식에 대한 비판점에 대하여 보완한 방식이라고 할 수 있다. 따라서 근거이론의 방식은 방법적이고 이론적인 면에서의 보완을 통해서 상호작용에 대한 보다 과학적 근거를 제시하였다고 할 수 있다. 이에 대하여 스트라우스와 코빈(Strauss & Corbin, 2008)은 상징적 상호작용론의 기본 원리를 바탕으로 근거 이론의 전제를 다음과 같이 제시하였다.

첫째, 연구자는 실제로 진행되는 것을 발견하기 위하여 현장연구가 필요가 있다.

둘째, 연구자는 학문의 발전과 사회적 활동의 기초가 되는 자료에 근거하는 이론의 관련성과 적절성을 검토해야 한다.

셋째, 연구자는 사회현상 및 인간 행위의 복잡성과 다양성을 고려하여야 한다.

넷째, 사회적 주체로 개인은 문제 상황에 대응하여 적극적으로 역할을 배우는 것이 필요하다.

다섯째, 개인은 의미에 기초하여 행동한다.

여섯째, 의미는 상호작용을 통하여 정의되거나 재정의된다.

일곱째, 연구자는 사건과 과정이 발전 및 전개되는 본질에 대하여 민감성을 지니는 것이 필요하다. 또한 연구자는 구조와 과정 및 결과 사이의 상호 관계를 인지해야 한다.

근거이론의 적용에 대한 실제 연구를 다음의 예시를 통하여 패러다임 모형까지 이해를 통하여 과정을 살펴보면 다음과 같다.

[Step 1]

예시 1 개방코딩을 통한 가족의 재정의(의미찾기)에서 나타난 개념, 하위범주, 범주분류(1)

범 주	하위범주	개 념
가족의 조건	혈연	혈연과 직계가족의 개념은 내외적으로 영속적인 결속을 맺어준다.
	공동생활	오랜 시간을 같이 지냄으로써 동거동락 심리적 결속이 가능하다.
	친구나 이웃	상호 솔직히 마음을 터놓고 의논 · 의지하는 대상으로써 가능하다.
	애완동물	현대인에게 애완동물은 생활을 함께함으로써 동거가족으로 인식됨
구성원 간 맥락적 관계	의지함	마음의 안식이나 정신적 지주 혹은 솔직한 의논의 대상으로 형성
	친밀함	과거 · 현재공동경험으로 생성되며 의지의 대상으로 발전 가능하다.
	소원함	물리적 거리감, 책임불이행, 의사소통단절, 가치관 상이 등이 작용
(관계의 질)	좋음	상호 간에 이해하고 배려하며 관심을 갖는 관계로 설명할 수 있다.
	무관심	물리적 거리와 가치관의 상이로 가족과 나를 별개의 존재로 인식
	나쁨	가족의 방임이나 이탈로 불신과 적개심을 느끼며 단절감을 경험함
시간적 공유	많 음	긍정적 시간공유를 많이 함으로써 관계성과 관계의 질에 영향미침
	적 음	부정적 경험의 기억은 현재 관계에까지 지속적인 영향을 미치게 됨

출처: 곽미정(2016).

[Step 2]

이를 통하여 의미단위에 대한 범주의 구분이 가능하다.

[Step 3]

예시 2 가족의 재정의(의미찾기)에서 나타난 개념, 하위범주, 범주분류(2)

범 주	하위범주	개 념
공동체 자각정도	상	책임감이 극도로 지나칠 때는 부담과 소외와 짐으로 인식되기도 함
	적절함	유연하고 적절하게 심적 경제적 책임을 인식하고 배려하는 정도임
	하	방임이나 무책임, 이탈 등으로 나타남으로써 불안과 분노를 야기
가족의 소중함을 절감함 (긍정성)	긍정적 존재	항상 느끼지는 않지만 기본적으로 자신의 뿌리임은 인식하고 있음
	소중한 존재	자신에게 없어서는 안 될 귀중한 존재로 인식하며 보답하는 마음
가족에게 분노하고 상처입음 (부정성)	무관심 존재	가족개념은 있으나 개인적 사고로 자신이 다소 별개의 존재로 인식
	부정과 대처	가족을 부정하지만 달리보거나 극복하거나 하는 대처방식을 모색
가족인식의 긍정적 재인식과정	긍정적 인식	가족에게 물리적 도움이 되지는 않더라도 긍정적인 부분으로 인식
	내 삶과 생활	내 삶이나 생활의 일부로써 인식되어 나의 일상이 곧 가족의 일상
	나의존재인식	가족의 의지를 넘어 자신이 그들에게 도움이 되는 존재가 되고자함
수동적 피해의식 형성과정	무관심 경향	일부 가족과 상호 능동적인 교류관계를 형성하지 못하고 무관심함
	분 노 잠 재	가족에게서 피해의식을 느끼며 내면에서 분노를 경험하고 있음
가족의 의미부여 의식	가족에게 나	대상과 정도 차이는 있으나 소중하고 귀중한 존재라고 할 수 있음
	나에게 가족	가족은 삶이며 뿌리이다. 혹은 회복되어야 할 가치가 있는 존재임

출처: 곽미정(2016)

[Step 4]

상기내용에 따라 주요현상의 속성과 차원을 분류하여 제시할 수 있다.

[Step 5]

예시 3 축코딩에 의한 주요현상의 속성과 차원

	범 주	속 성	차 원
주요 현상	가족–마음 속의 인식	인식의 정도	중함–미약함
		(가치관에 영향을 줌)	(깊음)–(얕음)
인과 조건	구성원 간의 관계성	친밀의 정도	강함–약함
맥락 조건	경험을 통한 가족 긍정성 형성	정서적인 영향	큼–적음
		(정도)	강함–약함
	경험을 통한 가족 부정성 형성	정서적 영향	큼–적음
		(정도)	강함–약함
중재 조건	경험을 통한 시간 공유	정도(질)	깊음(좋음)–얕음(나쁨)
	관계의 질–배려의 정도	정도(질)	깊음(좋음)–얕음(나쁨)
	공동체 자각 및 의무감	정도(질)	깊음(좋음)–얕음(나쁨)
작용 및 상호작용 전략	가족의 소중함을 절감	정도(이에 대한 다짐)	큼–작음
	가족에게 분노나 상처입음	정도(이에 대한 의식적 회피나 다른 각도에서 보고자 함)	큼–작음
결과 (가족의미 내면화)	가족 인식의 긍정적 재정의	정도	큼–작음
	수동적 피해의식	정도	큼–작음

출처: 곽미정(2016).

[Step 6]

이를 통하여 다음과 같은 패러다임 모형을 도출할 수 있다.

[Step 7]

예시 4 패러다임 모형

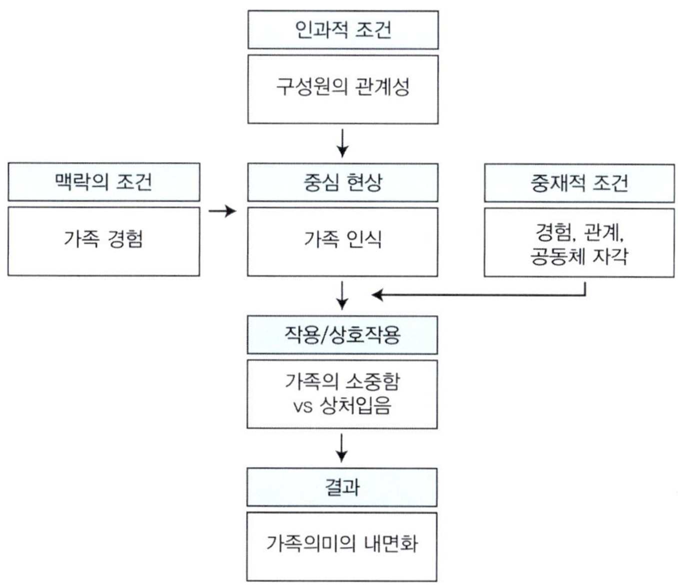

출처: 곽미정(2016).

[Step 8]

이를 근거로 핵심범주의 속성과 차원을 제시하여 함의를 도출한다.

예시 5 핵심범주의 속성과 차원

구 분	범 주	속 성	차 원
핵심범주	의미찾기	가족과 상호관계의 질	긍정적 – 부정적

출처: 곽미정(2016).

[Step 9]

이와 같은 결과를 토대로 유형분석이 도출되고 각각의 특성이 제시될 수 있다.

예시 6 가족의 지각에 대한 유형의 분류

유형 / 패러다임	가족 긍정성향 형성	가족 부정성향 형성	조직보다 개인형
현상	가족의 소중함 인식	가족존재의 부정	개인주의 의식
인과조건	구성원 간의 관계 – 친밀도 높음	구성원 간의 관계 – 친밀성 낮음 (구성원 각각에 대해 상이함)	구성원 간의 관계 – 별개적인 삶의 의식형성
맥락조건	가족을 통한 긍정적 경험	가족을 통한 부정적 경험	가족의 불인정, 개인주의
중재조건	시간의 공유 (많거나 적음) 관계의 질(좋음) 공동체 자각(높음)	시간의 공유 (많거나 적음) 관계의 질(나쁨) 공동체 자각 (비교적 낮음)	시간의 공유(주로 적음) 관계의 질(좋거나 나쁨) 공동체 자각 (비교적 낮은편)
전략	가족의 소중함을 절감함	가족에 대한 상처와 분노	마이웨이 개척형
결과	긍정적인 가족의 인식	부정적인 가족의 인식	개인주의
핵심범주	가족의미찾기 (긍정성)	가족의미찾기 (부정성)	가족보다는 스스로의 삶에서 의미를 찾음

출처: 곽미정(2016).

질적 연구의 타당성에 대하여서는 관찰하고 해석하고 결론을 내린 것에 대한 신뢰성으로 이는 연구물의 윤리적 타당성, 신빙성, 확실성, 비판성 등이 점검되어야 하며, 그 밖에도 명백성, 창의성, 민감성 등이 점검되어야 한다.

따라서 질적 연구의 타당성을 향상시키는 방안으로 다음과 같은 것이 논의될 수 있다. 첫째, 자료의 다원화를 통해 복합적이고 다양한 자료원으로부터 적절한 결과의 도출이 필요하다. 둘째, 삼각화로 동료 검토나 보고를 통하여 연구의 과정을 점검한다. 셋째, 예외적인 상황에 대하여 적절히 처리한다. 이를 위하여 외부의 자문가와 감사를 통하여 연구의 과정과 결과에 대해 신뢰성과 정확성을 평가하도록 한다. 넷째, 자료의 코딩에 있어서도 여러 번 필사본을 읽으며 코딩하여 녹취 코드, 코드명, 텍스트를 점검하고 비교한다. 이를 통하여 코딩한 문단이 동일한 주제를 사용하는 것에 있어서 일관적인지 살펴보는 것이 중요하다. 다섯째, 연구의 확고한 신념이 납득할 만한 이론적 설명을 갖추고 논의되고 있는가 하는 점이 점검되어야 한다. 또한 연구가 유익하며 실천을 향상시키는 지에 대한 여부 및 윤리적 비밀보장 등이 합당한가 등이 점검되어야 한다.

정리 다양한 질적 연구의 개략적 특성과 점검할 점

• 내러티브 연구

1. 상호작용하는 개인의 생생한 경험이 사회학의 기초이며 유용한 주제이다.
2. 경험이 갖는 의미는 그것을 경험한 사람만이 가장 잘 이해한다.
3. 문헌해석 및 비평의 전략과 기법을 어떻게 사용할지 결정한다.
4. 사람들은 독자들도 자신의 관점을 통해 읽기 때문에 한 사람의 경험은 다른 사람의 삶의 이해의 폭과도 연관이 된다.
5. 내러티브 연구는 한 개인 혹은 2~3명에게 초점을 둔다.
6. 개인의 생애와 관련된 중요한 이슈를 다루며 이를 통하여 함의를 도출한다.
7. 이야기의 각기 다른 단계나 양상에 관련하여 전개되는 양상이 갖는 의미를 파악한다.
8. 연구참여자의 이야기를 재구성하여 문헌적 방법으로 설득력 있는 이야기를 구성한다.
9. 이야기를 광범위하게 분석하여 생성된 주제를 풍부하게 제시할 수 있다.

• 현상학 연구

1. 현상학의 철학적 기초에 이해하여 그러한 과정을 글을 통하여 구성해나가고 있는가?
2. 간결한 방식으로 논리성을 갖추고 연구할 현상을 명확히 하고 있는가?
3. 자료에 대한 절차의 분석에 있어서 현상학적 절차를 적용하고 있는가?
4. 참여자의 경험에 대하여 전반적인 본질을 이끌어내고 있는가, 즉 이러한 본질은 경험한 맥락과 경험에 대한 기술을 잘 조화시키고 있는가?
5. 저자는 연구전반에 있어서 다양한 현상을 올바로 반영하여 분석하고 있는가?

• 근거이론 연구

1. 개념의 형성에 있어서 이론적 논리적 틀을 갖추고 있는가?
2. 개념들이 체계적으로 관련되어 개념이 이끌어지고 있는가?
3. 개념적 연결을 통하여 범주가 잘 개발되고 있는가?
4. 이론을 통한 다양성을 반영하고 있는가?
5. 과정에 있어서 논리적 연결고리에 무리가 없으며 새로운 내용을 도출하고 있는가?
6. 이론의 핵심요소로 과정, 행위, 상호작용이 잘 드러나고 있는가?

7. 자료에서부터 더 큰 이론적 모델까지 연결성 있는 코딩작업을 통하여 맥락의 전개와 패러다임이 도출되고 있는가?
8. 그림과 다이어그램을 통하여 이론적 모델에서 범주를 연결하고 연구자의 의견을 패러다임 모형을 통하여 적절히 제시할 수 있는가?
9. 연구에 있어 연구자의 태도에 대한 반영성 혹은 자기노출

• 문화기술지 연구

1. 문화기술지 접근에서는 관찰이 맥락화되는 기록으로 다양한 영상매체들이 활용될 수 있다.
2. 가설은 연구가 진행되는 지속되고 반복되는 관찰을 통하여 진행상황에서도 구성될 수 있다.
3. 문화기술지의 면접자는 응답의 종류에 의하여 결과를 먼저 결정해서는 안 된다.
4. 면접, 관찰과 다양한 유도절차 등을 통해 현실에 관한 현지인의 관점을 반영한다.
5. 문화기술지 연구자들은 정보제공자와 참여자로부터 체계적인 방식으로 의미 있는 결과를 도출한다.
6. 면접을 통하여 코드, 상호작용, 질문지의 작성 등이 연구결과를 통하여 현장에서 형성된다.
7. 문화기술지 연구자는 정보의 제공자에게 함축적인 것을 명확하게 해석해 주기도 한다.
8. 문화집단에 대한 구체적인 기술은 문화적 집단을 이해하는 것에서부터 시작된다. 즉, 현장에서 발생하고 있는 역동성과 연구자와 참여자 간의 관계를 해석적 특성과 반영 및 민감성을 통하여 문화공유집단이 어떻게 형성되는지에 대한 해석 및 유의미한 결과의 도출이 가능하다.

• 사례연구

1. 보고서가 사례를 잘 대변하고 있으며 개념적 주제가 명확히 전달되고 있는가?
2. 사례가 의미 있는 주제를 전달하고 있는가?
3. 독자에게 대리경험을 제공하며 연구대상자의 인용이 효과적으로 코딩되었는가?
4. 저자가 바른 반영을 하고 있으며, 과대 혹은 과소 해석을 하고 있지는 않은가?
5. 다양한 맥락에 대한 주의와 민감성을 가지고 관찰과 해석이 다원화되고 있는가?

6. 원자료가 충분히 제공되고 있으며 자료원이 잘 선정되어 연구자의 역할과 관점이 분명히 나타나고 있는가?
7. 의도하는 사례의 특성이 명확하며 사례에 대한 해석이 명확한 전달적 함의를 지니고 있는가?
8. 연구의 사례에 대한 주제가 사례분석을 통하여 잘 드러나고 있는가?

4) 질적 연구와 사회복지실천의 비교 및 질적 연구의 오류

(1) 질적 연구와 사회복지실천

① 유사점

질적 연구와 사회복지실천은 대상자의 개별화된 사정을 중요시한다. 따라서 대상자의 삶을 관찰하고 기록하며, 관찰이나 심층면접을 통한 귀납적인 유연한 사고를 위하여 대상자의 문제를 정의하며 그에 따라 관찰자의 입장 및 연구자의 입장을 결정한다. 또한 대상자에 대한 공감이나 감정이입을 통하여 개인의 개별성을 존중하고 비심판적인 환경에서 조사가 이루어진다는 점에서 공통점이 있다.

② 차이점

차이점으로 사회복지실천은 이론과 모델에 바탕을 둔 규범적인 시각을 갖으나 질적 연구는 규범적인 시각을 갖는 것이 현상학적 기본요건에 맞지 않는 측면이 있다. 한편 사회복지실천은 대상자에게 개별화된 서비스 제공에 중점을 두나, 질적 연구는 학문적 지식과 이해의 증가 및 이론적 정립과 기여에 보다 초점을 둔다. 또한 사회복지실천은 대상자의 문제의 대응을 위한 감정을 관찰하지만, 질적 연구는 어떤 사건이나 경험이 주된 관심사이다. 종결의 시기로는 사회복지실천은 대상자의 변화 정도에 따라서 실천 과정을 종결하게 되나, 질적 연구는 연구자의 자료수집이 충분하다고 판단되는 경우에 연구를 종결한다.

(2) 질적 분석에서 유의할 점

질적분석에서 유의할 점은 편협성(provincialism)으로 연구자의 주관성과 편견에 따른 오류를 지양해야 한다. 또한 원주민화(going native)로 연구자가 자신을 연구대상자와 동일시하여 정체성을 상실하지 않도록 하는 것이 중요하며 경우에 따라 감정적 반응(emotional reactions)으로 연구자가 관찰이나 심층면접을 하면서 개인적인 감정반응을 개입시키지 않아야 한다. 또한 성급한 결론(hasty conclusion)으로 자료가 충분히 모이지 않았는데 성급하게 결론을 내리지 않도록 한다. 그 밖에도 의심스러운 원인(questionable cause)으로 어떤 결과에 대한 원인을 정확하게 판단하지 못하는 일이 있으면 안 되며 관찰한 내용에 대해서 언급하지 않고 묵시함으로써 보이지 않는 증거(suppressed evidence)를 남기고 문제제기의 잘못으로 잘못된 딜레마(false dilemma)에 빠지지 않도록 하는 것이 바람직하다.

질적 연구에 관한 쟁점

1. 질적 연구와 양적 연구의 병행에 대한 쟁점
질적 연구와 양적 연구를 동시에 사용하는 것이 바람직하다는 의견은 있으나 실질적으로 두 접근 방식은 각기 서로 다른 가정에 근거를 두고 있으므로 동시에 사용하는 것은 어렵다. 그럼에도 양자를 상호 보완적으로 사용하여 질적 연구의 장점을 살려 연구에 접근하는 것은 바람직하다.

2. 질적 연구의 과학성에 대한 쟁점
과학적이라고 하여 반드시 연역적이고 가설검증적인 연구만 뜻하는 것은 아니다. 따라서 질적 연구의 과학적 연구란 엄격하고 체계적인 경험적 탐구를 의미하는 것으로서 삼각화 등의 객관적이고 전문가적인 점검을 통하여 다각적인 점검을 통하여 보완하여 논리성을 갖출 수 있도록 한다.

3. 질적 연구의 일반화 가능성에 대한 쟁점
질적 연구는 양적 연구에서와 같이 연구결과를 일반적으로 적용할 수 있는가보다는 연구결과가 유사한 다른 상황과 대상에 어느 정도 적용될 수 있는가 하는 적용 가능성에 관심을 둔다.

4. 질적 연구에서 연구자의 주관성 배제에 대한 쟁점
질적 연구의 목적은 주관적인 것을 객관적으로 연구하는 것으로 질적 연구자는 주관성에 대한 반영을 포함하는 세부적인 현장기록을 통하여 편견 개입의 가능성을 줄여야 한다. 이것이 현상학의 초점이기도 하다.

5. 질적 연구의 신뢰성 확보에 관한 쟁점
양적 연구자들이 주장하는 동일한 조건 아래, 서로 다른 연구자의 연구에 의해 동일한 결과가 도출될 수 있는가에 관한 신뢰성의 쟁점이 점검되어야 한다. 따라서 질적 연구자들이 주장하는 신뢰성이란 연구자가 기록하는 내용과 실제로 일어나는 상황 간에 일치되는 정도, 즉 자료의 정확성 및 포괄성을 질적 연구의 신뢰성으로 간주한다.

5) 양적 연구 및 질적 연구를 위한 욕구조사의 유형

(1) 사회지표조사

욕구조사의 유형으로 사회지표조사에서는 인구조사, 사회지표, 보건의료통계 등 각종 정부기관과 민간기관에서 정기적 · 비정기적으로 발표하는 통계자료를 수집하여 이를 통하여 지역사회의 욕구를 파악할 수 있다. 예를 들면 소득수준, 실업률, 빈곤율, 범죄율, 교육수준, 주택보급률, 공공부조 수혜자수 등을 사회지표조사로 파악할 수 있다.

(2) 2차 자료의 분석

지역주민이나 전문가들로부터 직접 자료를 수집하는 것이 아니라, 간접적으로 지역사회 내 사회복지기관의 서비스이용자에 관련된 기록을 통하여 자료를 수집할 수 있다. 예를 들면 접수자료, 면접기록표, 상담일지 등을 검토하여 대상자의 욕구나 빈번한 사회문제 등을 파악할 수 있다.

(3) 델파이조사(전문가 의견조사)

델파이조사의 개념은 전문가들에게 우편으로 의견이나 정보를 수집하여 분석한 결과를 다시 응답자들에게 보내어 의견을 묻는 방법이다. 이 방법은 객관성을 확보하기 위하여 전문가 간의 의사소통에 있어서 결과가 모아지고 만족스러운 결과를 얻을 때까지 이 같은 과정을 반복하여 실시한다. 이 조사는 어떤 불확실한 사항에 대해서 전문가들의 합의를 얻으려고 할 때 적용되는 방법이다.

① 원리

델파이조사에는 다음과 같은 원리가 활용된다. 익명성의 원리로 모든 전문가들은 익명성이 엄격히 보장되는 독립된 개인일 것을 요구한다. 반복의 원리로는 참가자 개개인의 판단과 의견을 하나로 통합하며 통합된 의견을 다시 참가한 모든 전문가들에게 보내는 과정을 반복하여 참가한 전문가들은 자신의 의견을 수정할 수 있다. 통제된 환류의 과정으로 통합된 의견의 전달은 질문서에 대한 답을 집계한다. 통계처리의 과정으로 개개인의 답변 자료는 통계적 방법을 적용하고 빈도분석 등을 활용한다. 합의의 원리로 델파이조사의 가장 중요한 목표는 전문가들의 최종적인 합의를 얻는다.

② 장점

장점으로는 전문가를 직접 방문하거나, 전문가들을 한 자리에 모이게 하는 수고를 덜 수 있는 장점이 있다. 또한 응답자가 편리한 시간에 응답을 할 수 있으며 익명이므로 특정인이나 특정 집단의 영향력을 배제할 수 있는 것이 특징이다. 또한 통제된 환류과정을 반복하여 주제에 대한 관심을 제고할 수 있다.

③ 단점

델파이조사의 단점으로는 전문가들의 자질과 역량의 점검이 필요하며 반복하여서 응답을 받아 내는 데 시간과 노력이 많이 소요되며, 반복하는 동안 응답자의 수가 감소하는 등의 문제가 발생할 수 있다. 경우에 따라 극단적인 의견은 판단의 합의를 얻어내기 위해서 제외될 수 있는 가능성이 있다.

(4) 주요 정보제공자 조사

조사대상 지역의 전문 종사자, 사회복지단체의 관계자, 정치적 지도자, 종교지도자, 지역유지 등을 비롯하여 조사대상지역이나 집단에 관하여 잘 파악하고 있는 사람들을 대상으로 욕구 실태를 파악하는 방법이다.

① 장점

조사에 필요한 비용과 시간, 인력 등을 효과적으로 사용할 수 있으며 해당 대상지역의 전반적인 욕구와 장점 및 문제점을 쉽게 파악할 수 있다.

② 단점

단점으로는 조사대상자의 선정기준이 모호하여 조사대상자 선정에 따라 연구 결과에 변동이 발생할 수 있다. 따라서 조사대상자의 의도적인 조사인원의 선정은 표본의 편의(bias, 편향) 현상으로 나타날 수 있다. 그러므로 조사대상자나 주변 사람들의 주관적 견해와 이해관계가 개입될 가능성이 높은 것이 단점이다.

(5) 지역사회 공청회 및 포럼

지역사회 공청회나 포럼의 개념은 지역사회에 거주하거나 활동하는 사람들이 다른 사람보다 자신의 욕구나 문제를 가장 잘 알고 있을 것이라는 전제하에, 조사자가 지역사회의 모든 사람들이 차별없이 참여할 수 있는 공개적인 모임을 개최하여 이 모임에서 논의되는 지역사회 대상자들의 욕구나 문제들을 파악하는 방법이다.

① 장점

비용이나 시간적인 측면에서 매우 효율적이며 광범위한 계층의 사람들의 의견을 수집할 수 있다. 또한 계층이나 집단별로 서로 다른 문제의식을 다양하게 수렴하여 파악할 수 있는 것이 장점이라 할 수 있다.

② 단점

관련 주제에 관심 있는 소수의 사람들만 참여할 수 있으므로 이는 표본의 편의(biss) 현상이 나타날 수 있다. 따라서 이러한 경우에는 소수의 적극적인 참여자들의 의견에 집중되어 특정 집단의 이익만이 대변될 수 있다.

초점집단조사

1. 초점집단조사

① 초점집단조사란 좀 더 압축된 포커스로 소수의 전문가들이 한자리에 모여 정해진 주제나 조사목적에 관하여 상호 토론을 하고, 이 과정에서 자료를 수집하는 방법이다.

② 초점집단조사는 집단 구성원 간의 활발한 토론과 집단적인 상호작용을 전제로 하여 자료를 수집하는데, 이러한 의사소통의 과정을 통하여 초점집단의 주제와 관련한 맥락 정보(특정 주제와 그 주제에 영향을 주는 모든 요인에 관한 정보)를 얻을 수 있으며, 이러한 자료들의 경우에는 내용 타당도(측정하고자 하는 개념에 대한 포괄적인 내용을 포함하고 있는 정도)가 높은 것이 장점이다.

③ 초점집단조사를 통하여 진행 조정자는 논의를 활발하게 하는 역할을 수행하며, 참여자들의 논의가 초점에서 벗어나지 않도록 전체적인 맥락을 조정하기도 한다. 이를 통하여 집단 구성원 간의 활발한 토론과 상호작용에 결정적인 기여를 한다.

2. 초점집단조사와 델파이조사의 비교

초점집단조사와 델파이조사 모두 집단이 상호작용을 통하여 견해와 자료를 도출하는 유형에 해당하게 되며 구체적인 방법에 있어서는 차이가 있다. 즉, 초점집단조사가 대면(face to face) 집단의 상호작용을 강조하는 것에 반하여 델파이조사는 익명 집단이 서로 대면하지 않고 상호작용을 한다는 점이 있으며 각각의 장단점이 있다.

3절 프로그램 평가조사

1 프로그램 평가조사의 개요

1) 프로그램 평가조사의 개념

프로그램 평가조사(evaluation research)는 프로그램의 개입기술이나 개선, 지속적 수행 여부 등을 결정하기 위하여 시행한 프로그램이 담고 있는 전반적인 내용과 목표달성의 정도를 평가하고 측정하기 위한 응용조사 방식이다. 이것은 프로그램의 효과성, 효율성, 적절성, 만족도 등을 체계적으로 분석하는 것을 통하여 결정권자로 하여금 합리적인 결정을 내릴 수 있도록 정보를 산출하는 과정이라고 할 수 있으며 다음 프로그램에 반영될 수 있는 장점이 있다.

2) 프로그램 평가조사의 목적

(1) 프로그램에 대한 환류(피드백) 목적

평가결과의 환류작업은 PDCA(plan-do-check-act)의 작업을 통해 프로그램의 성공 여부와 지속 여부, 즉 프로그램의 중단, 축소, 유지, 확대 등에 대한 합리적인 판단의 근거를 제공한다.

(2) 기관운영의 책임성 이행

프로그램의 평가는 예산 또는 인적 · 물적 자원의 사용과 기관의 목적을 얼마나 달성하였는지에 대한 효율성과 효과성 등을 평가하여 기관운영의 목적에 대한 책임성 이행의 근거를 마련한다.

(3) 이론형성에 기여

프로그램의 실시 전과 후의 차이를 측정하고, 프로그램의 실시가 어떤 영향을 미쳤는지 평가하는 것은 이론의 형성 및 보완을 통하여 학문적으로 기여할 수 있으며 그에 대한 인과관계를 검증을 통하여 새롭게 이론화할 수 있다.

(4) 정보 획득 및 프로그램 진행의 개선

프로그램의 평가는 기관의 활동과 성과 간의 관계에 대한 프로그램 기획 및 개발에 필요한 지식이나 정보를 획득하기 위해서 필요하다. 또한 평가조사의 과정 중에 실시되는 형성평가의 경우 프로그램 계획과정 중에서 발생할 수 있는 프로그램의 저해요인을 개선시키고, 환류를 통하여 보다 나은 프로그램이 될 수 있는 근거를 마련한다.

(5) 설계적 목적

프로그램의 평가조사는 새로운 프로그램 개발의 설계를 검토할 수 있는 근거를 마련하여 더욱 개선된 프로그램에 반영될 수 있는 기반이 된다.

(6) 합리적인 자원배분

프로그램의 평가 결과에 따라서 효과적인 프로그램과 비효과적인 프로그램을 선별하는 자체가 향후 합리적인 자원배분이 이루어지도록 하는 것에 도움이 된다.

(7) 서비스 전달체계의 개선

프로그램의 평가는 서비스 전달과정을 평가함으로써 서비스가 지체되거나, 대상자의 접근성이 어렵거나, 혹은 본래 목적과 다르게 서비스가 전달될 경우 발생할 수 있는 서비스 전달의 과정을 점검하고 그에 대한 개선안을 도출하는 것에 도움이 될 수 있다.

3) 평가조사의 유형

(1) 평가목적에 따른 분류

① 형성평가

형성평가(formative evaluation)란 프로그램 운영 도중에 이루어지는 평가의 개념이며 따라서 현재 진행하고 있는 프로그램을 수정 및 보완하기 위하여 이루어지는 평가라고 할 수 있다. 그리고 프로그램의 형성과 과정에 초점을 둔 평가는 향후 서비스 전달체계의 향상 및 서비스 효율성 증진을 도모하는 기능을 담당한다.

② 총괄평가

총괄평가(summative evaluation)는 프로그램 종료 후에 실시되는 평가로 프로그램의 중단, 축소, 유지, 확대 등에 관한 총괄적인 의사결정을 위하여 프로그램의 진행 이후에 이루어지는 평가이다.

③ 통합평가

통합평가(integrated evaluation)는 형성평가와 총괄평가를 통합한 평가로 모든 프로그램은 모니터링을 통하여 프로그램 과정 중에 시정될 수 있는 사항의 점검과 프로그램의 실행 후 클라이언트 등을 대상으로 하여 효과 및 효율성 등을 평가하는 작업이 중요하다.

(2) 평가규범에 따른 분류

① 효과성 평가

프로그램의 효과성 평가란 프로그램의 목적달성 정도를 평가하는 것이다. 즉, 프로그램이 애초 목적하고 있는 다소 추상적이고 거시적인 목적과 부합하고 있는가에 대한 평가라고 할 수 있다.

② 효율성 평가

효율성 평가란 비용대비 투입된 자원과 이를 통하여 산출된 산출물에 대한 비교 평가이다. 즉, 비용최소화와 산출극대화를 평가하는 것일 수 있으며, 동일한 산출물의 성과를 도출하게 된다면 비용이나 시간면에서 효율적인 방법을 모색하는 것에 도움이 될 수 있다.

③ 공평성 평가

공평성 평가란 프로그램의 진행에 있어서 나이, 성별, 교육 등의 차별은 없었는지, 프로그램에 대한 욕구를 지닌 대상자의 선별에 크리밍 현상(효율성을 극대화하기 위하여 성장 가능성이 용이한 클라이언트를 선별하는 현상) 등은 없었는지 점검하는 과정이라 할 수 있다. 이는 프로그램의 효과와 비용이 사회집단 간에 공평하게 배분되었는지에 관한 평가이다.

프로그램 효율성평가

1. 비용편익(cost – benefit)평가

① 비용편익의 평가란 프로그램에 투입된 비용과 프로그램의 성과(편익)에 대하여 화폐가치로 환산하여 이를 통하여 프로그램의 효율성을 평가하는 방법이다.

② 비용편익평가는 모든 비용과 성과를 화폐의 단위로 환산하여 서로 다른 목표를 갖는 프로그램을 상호 비교할 수 있다는 장점이 있다. 그러나 사회복지 프로그램으로 인한 성과를 단순히 화폐로 환산하기 어렵다는 단점이 있다. 그럼에도 산출에 대한 계량화에는 기여하는 측면이 있으며 한정된 재정을 운영하고 평가하는 과정에서는 도움이 된다.

2. 비용효과(cost – effectiveness)평가

① 비용의 효과평가는 비용편익평가의 가장 큰 문제점인 성과의 화폐 환산보다, 즉 성과(편익)에 대해서는 화폐 환산을 하지 않으며 단지 비용 측면만을 금전적 가치로 평가하여 프로그램의 효율성을 평가하는 방법이다.

② 동일한 목표를 가진 프로그램들을 각각의 소요 비용들을 비교하여, 최소 비용으로 최대 효과를 나타내는 프로그램이 가장 효율적이라고 판단하므로 결국 목적의 달성에 대한 비용대비 평가라고 할 수 있다.

(3) 평가주체에 따른 분류

① 자체평가

자체평가란 프로그램의 담당자가 자체적으로 평가하는 것을 의미하며 실제적인 정보를 얻을 수 있으며 비용 절감의 효과가 있으나, 반면에 평가의 공정성 확보에는 문제가 발생할 수 있다.

② 내부평가

프로그램을 직접 수행하지 않는 조직 내의 다른 구성원, 즉 조직의 내부자에 의해 객관적으로 이루어지는 평가이다. 이는 시간과 비용 등의 접근성 문제에 있어서는 용이한 측면이 있으나 담당자 간의 결탁이나 상호의존 등의 문제는 객관성에 영향을 줄 수 있다.

③ 외부평가

프로그램을 수행하는 조직의 구성원이 아닌 외부의 전문가 또는 조사연구기관 등 제3자인 외부자에 의하여 이루어지는 평가방식이다.

내부평가자 활용의 장점

1. 외부자의 평가에 대하여 프로그램에 관한 배경이나 클라이언트의 현황 등에 대한 많은 지식을 갖고 있다.
2. 프로그램의 관련 정보에 관한 접근성이 외부자의 평가에 비하여 용이하다.
3. 외부평가자의 활용보다 현실적인 제약요건들을 융통성 있게 감안하여 평가할 수 있다.
4. 프로그램 운영자로부터 평가에 대한 협조를 구하기가 외부평가에 비하여 수월하다. 그러나 단점으로는 해당기관으로부터 객관성과 독립성을 유지하기 어려울 가능성이 있다.

2 평가의 기준과 요소

1) 노력성 – 프로그램 활동의 양

노력성은 프로그램의 투입요소와 전환과정에서 단위 활동의 수, 대상자의 수, 전문지식과 기술의 소유 및 활용 정도와 전문인력의 수 그리고 프로그램 예산 및 지원, 프로그램 기간 및 하위 활동들에 대한 단위기간, 프로그램 활동에 대한 전문인력의 투입시간 등 노력 정도를 평가하게 된다.

2) 효과성 – 프로그램 목표의 달성 정도

효과성이란 목표달성과 프로그램을 위한 노력과의 인과관계까지 검증하는 것이며 대상자의 인지 및 감정적 변화, 대상자의 행동적 변화, 대상자의 사회적 변화 등을 평가하는 것을 통하여 목적 및 목표의 달성 정도를 확인한다.

3) 효율성 – 비용과 효과성 정도

효율성이란 프로그램 투입 대비 산출 정도로, 프로그램을 위한 노력의 평가요소들에 대한 비용, 프로그램의 결과로 효과성의 평가요소들에 대한 비용 등을 평가하는 것으로 재정을 고려한 평가라고 할 수 있다.

4) 서비스의 질 – 프로그램의 전문성

서비스의 질의 평가는 클라이언트에게 있어서 매우 중요하며 이는 서브 콜과 같이 서비스의 신뢰성, 대응성, 유형성 등을 다면적으로 평가하여 수혜자 입장에서 전문적이고 편리한 서비스가 전달되는지를 평가하는 방식이다. 이것은 프로그램 제공자의 전문성으로 서비스 인력에 대한 전문자격 소유의 여부, 프로그램에서 활용 가능한 전문지식과 기술의 정도 등을 평가하게 된다.

5) 프로그램 과정 – 프로그램 결과의 경로

프로그램 과정은 운영상의 다양한 매개체를 통하여 세부목표 등의 달성 정도와 연계성 및 세부목표와 프로그램 결과 사이의 영향 정도의 차이 등을 다각적으로 평가한다. 따라서 이것은 다양한 경로를 통한 프로그램의 과정을 평가하는 것이라고 할 수 있다.

6) 영향성 – 사회문제나 대상자 변화에 미친 영향

영향성의 평가란 프로그램을 위한 노력과 사회적 지표의 변화 간의 관계를 평가하는 것으로 위기집단과 표적집단에서의 프로그램을 통한 변화의 정도, 사회지표상의 변화에 대하여 실증적인 영향력에 대한 파급효과까지 평가한다.

7) 형평성 – 프로그램 배분의 공평성

형평성의 평가란 프로그램이 대상 집단에 동일한 접근기회가 주어지는지의 여부와 프로그램의 활동이 지역 내에서 균등하게 배분되는 정도 등을 평가한다. 즉, 클라이언트에 대하여 형평성 있게 제공되는 정도 등을 포함한다.

프로그램 평가의 오류

프로그램 평가의 오류란 프로그램의 목표가 바람직한 성과로 도출되지 않았을 경우에 원인의 분석을 위해 개입된 변수들을 구분하여 프로그램의 실행에서 나타나는 오류에 관한 근본적인 원인을 명확히 파악하는 방법이라 할 수 있다.

1. 이론오류

프로그램이 어떤 변수들에 대한 정확한 개입을 했음에도 불구하고, 바람직한 성과들이 도출되지 않는 경우를 의미한다. 이는 직업 상담이 일에 대한 태도를 변화시켰음에도 불구하고, 기술의 부족으로 대상자가 취업을 할 수 없는 경우에 이론의 적용에 대한 오류가 될 수 있으며, 따라서 이론적 보완을 요하게 된다.

2. 실행오류

1) 실행오류란 운영된 변수들 간의 설정에 있어서 실행하는 과정에서 오류가 발생했다고 보는 것으로서 프로그램이 제대로 실행되지 않았던 것에 문제가 있는 것으로 간주하고 실행에 대한 전반적인 사항을 점검하게 된다.
2) 만약 프로그램의 실패가 실행오류 때문이었다고 한다면 프로그램에 대한 부분적인 수정이 권고될 가능성이 높으며 실행에 대한 올바른 수정은 결과에 반영되므로 중요한 사안이다.

CHAPTER 10

실험 설계

Reserch Methods for Social Welfare

1절 실험설계의 개요

1 실험설계의 개념

실험설계란 외생변수를 통제하고 독립변수를 조작한 실험을 통하여 그 조작된 변수가 종속변수에 어떠한 영향을 미치는가를 평가하는 방법이다. 따라서 실험설계의 목적은 인과관계를 규명하여 앞으로의 결과를 예측하는 것이라고 할 수 있다.

2 실험설계의 기본요소

독립변수의 영향을 통하여 결과변수의 공변성을 입증하기 위하여 실험집단과 통제집단에서 각각 종속변수를 사전, 사후 및 통제집단의 결과 값과 비교 측정하여 두 집단간의 차이를 비교한다. 즉, 결과의 예측을 위하여 독립변수와 결과변수에 대하여 조작적 정의 및 계량화할 수 있는 수치의 비교를 통하여 외생변수를 통제한 상태에서 독립변수의 값과 비교하게 된다.

2절 실험설계의 유형

1 실험조사설계

조사설계는 건축도면과 같으며 청사진을 만드는 것과 같다. 즉 조사설계에서 연구방법의 선택, 변수의 조작적 정의, 자료수집방법, 조사대상자 선정, 측정도구 선정 등의 내용을 포함하고 있다. 조사설계에는 주제와 가설을 설정하고 조사대상을 선정한 후 표본을 수집하는 단계를 포함한다. 이후 조사방법을 선택하여 측정의 척도와 자료의 수준을 어떻게 결정 것인가(탐색적 수준, 기술적 수준, 설명적 수준)를 선정한 이후, 조사결과를 분석할 자료와 분석방법, 통계기법, 결과분석의 해석을 적용하여 결론을 설정하고 조사분석에 대한 결과서를 작성하게 된다.

2 집단 실험설계

집단 실험설계는 여러 클라이언트 체계에 있어 독립변수가 종속변수에 미치는 처치의 영향에 관심을 두는 것을 뜻하는 것으로, 프로그램이 클라이언트 집단에 어떠한 영향을 미치는지 살펴보는 프로그램의 결과적 영향을 평가하는 것에 주로 활용되는 방식이라 할 수 있다. 따라서 한 개인, 한 집단, 한 가족, 한 조직체계와 같이 한 단위에 관한 개입의 영향력을 연구하는 단일구조설계와는 개념적으로 구별이 되는 것이라 할 수 있다.

3 실험의 중요개념

1) 인과관계와 통제

실험연구를 수행하기 위해서는 조사설계에 앞서 세팅되는 것들에 대한 개념과 용어의 이해가 필요하다. 따라서 다음과 같은 개념을 중심으로 그 개념을 정의내릴 수 있다.

① 실험이란 피실험자(연구대상자)의 개념은 실험상황에 노출되어 있는 사람들을 의미한다.
② 실험자극(실험처치)이란 어떤 조건이나 변수들, 즉 결과에 영향을 미치는 것을 평가하기 위해 실험자에게 간접적으로 조작된 독립변수에 해당하는 것을 의미한다.
③ 실험집단은 실험자극에 노출된 대상자들의 집단을 의미한다.
④ 사전검사란 실험처치 전에 영향을 받기 이전의 종속변수를 측정하는 것을 의미한다.
⑤ 사후검사란 피실험자를 실험자극에 노출시키고, 그 변화가 있는지 보기 위해 결과변수를 측정하는 것을 의미한다. 사후검사를 통하여 결론을 도출한다.
⑥ 실험의 변산성이란 독립변수(혹은 실험처치)에 의해 야기되는 종속변수 변화의 정도라고 할 수 있으며 실험의 가치와 영향력을 검증하게 된다.
⑦ 외부변산성의 의미는 실험자극이 아닌 다른 요인으로 인한 종속변수의 변화를 의미한다.
⑧ 통제변수란 실험의 모든 조건에서 그 가치가 일정한 변수를 의미한다. 예를 들어, 인구사회학적 특성 등이 해당하는 경우가 일반적이라고 할 수 있으며 실험집단과의 대조를 통하여 실험결과를 증명한다.

⑨ 따라서 통제집단이란 실험조건이 동일한 환경에서 실험자극에 노출되지 않은 비교집단을 의미한다.

⑩ 실험설계와 관련한 기호는 다음과 같은 것이 있다. O는 관찰 혹은 종속변수의 측정을 의미한다. 그리고 X는 실험자극에 노출된 사람 혹은 독립변수를 뜻한다. R이란 랜덤의 의미로 무작위 할당의 의미로 사용된다.

2) 단일사례연구의 정리

단일사례연구는 개인, 가족, 집단 등을 하나의 단일사례로 보고 이들을 대상으로 하여 특정한 개입(프로그램 등)이 프로그램 등의 처치 후에 어떤 결과를 가져오는가를 실험을 통하여 검증하는 연구방법이다. 이때 개입을 독립변수로 하고, 대상 문제에 대한 변화를 종속변수로 하여 인과관계를 추론할 수도 있으며 이에 대하여 조절이나 매개변수의 측정이 함께 고려될 수도 있다.

(1) 단일설계 수행과정

단일설계 수행과정은 표적문제를 선정하고 문제에 대하여 조작화하는 단계를 거친다. 이때 표적문제(표적행동)란 개입의 대상이 되는 문제이며 개입을 통하여 변화시키고자 하는 대상으로, 개입목표와 밀접히 관련되는 것을 대상으로 명확하고 측정이 가능한 것으로 계량화하여야 한다. 측정방법은 직접적인 관찰로 표적문제가 외부로 드러나는 행동인 경우에 활용하여 자기보고식 척도 등으로 클라이언트의 생각, 태도, 감정 등 쉽게 겉으로 드러나지 않는 문제를 자기보고식 척도를 활용하여 다룰 수 있다.

단일설계의 수행과정을 위해서는 다음과 같은 단계가 필요하다. 첫째, 기초선 단계를 통하여 개입제공 전 표적문제를 반복 측정하여 이전의 표적문제에 대한 개입 전의 경향성을 파악하는 것이 필요하다. 둘째, 개입 단계에서는 개입을 제공하면서 결과를 반복측정하는 것이 필요하다. 이 단계에서는 기초선 단계를 마무리하고, 기준선을 설정한 이후의 실험에 대한 개입효과가 일어나도록 개입을 도입하는 단계이다. 셋째, 결과 분석의 단계는 개입을 진행하면서 개입단계와 기초선 단계의 자료를 상호 비교하여 프로그램 등의 처치에 대하여 개입의 효과성을 평가하도록 하는 단계이다. 분석을 위해서 기초선 단계와 개입단계의 그래프의 높이 차이를 통하여 효과의 차이를 알 수 있다. 또한 그래프의 모양을 통해 표적문제의 양상이 어떤 방향성과 경향을 나타내는지 살펴보는 것은 단일사례의 결과를 산출하는 것에 도움이 될 수 있다.

이를 통하여 시각적 분석으로 기초선과 개입단계의 경향성과 변화를 시각적으로 비교하고 분석하여 개입의 효과성을 평가할 수 있다. 또한 통계적 분석자료는 시각적 분석에서 수준이나 경향성의 변화가 뚜렷하지 않을 경우에 사용하여 평균 비교를 통하여[16] 기초선 단계에서 나타났던 표적문제의 평균값과 개입단계에서의 평균값을 서로 비교하여 두 평균값에 있어서 통계적으로 유의한 차이가 있는지 검증한다.

① AB설계(기초선 개입)

AB설계란 하나의 기초선 단계(A)와 하나의 개입단계(B)로 이루어진 가장 기본적 설계로 실천현장에서 가장 많이 사용되는 형식으로 기초선에서 개입하는 특징이 있다. 반복측정을 통하여 클라이언트에 미치는 영향에 관한 경험적이고 논리적인 증거를 제공할 수 있다. 이에 대한 장점으로는 다양한 대상과 상황에 용이한 적용이 가능하다는 것을 들 수 있다. 그리고 개입에 대한 평가가 즉각적으로 이루어지며, 신속한 결과를 얻을 수

16) 표준편차(SD)란 평균값과 떨어져 있는 정도의 차이를 뜻한다.

있다는 장점이 있다. 그러나 단점으로는 제3의 요인에 대하여 통제가 불가능하여 그에 대한 효과를 가려내기가 어려운 점을 들 수 있다.

② ABA설계(기초선 단계에서 개입하여 제2기초선 단계를 측정)

AB설계에서 제2의 기초선 단계(A)를 추가하는 설계방법이 있다. 이 설계방법의 장점은 AB설계에서 외부사건의 영향을 통제하지 못하는 단점을 보완하였다. 이는 AB설계의 외부요인 효과를 효율적으로 차단할 수 있는 장점이 있으나 반면에 단점으로는 개입을 중단하는 또 다른 기초선 단계 A를 도입하는 것은 개입을 인위적으로 중단한 뒤 변화를 관찰하는 것이므로 조사연구에 있어서 방법적 차원에서 비윤리적이라는 비난을 받을 수 있다는 것은 단점이다. 또한 제2기초선 단계에 대한 개입은 이월효과의 문제가 발생할 수 있다.

③ ABAB설계(기초선 단계에서 개입하고, 제2기초선 단계에서 다시 개입)

이는 ABA설계에 두 번째 개입 단계(B)를 추가한 설계이며, 장점은 개입의 효과와 다른 요인으로 인하여 영향을 확인해 볼 수 있다는 것이다. AB설계나 ABC설계보다 인과관계를 설명하는 능력이 크다는 장점이 있다. 그리고 ABA설계의 윤리적 문제를 극복하기 위해서 제2기초선 단계를 가능한 짧게 하고, 제2의 개입단계를 추가한 설계로 설명할 수 있다. 그러나 단점으로는 ABA설계의 윤리적 문제를 완전히 극복하지 못하는 단점이 있으며 연구기간이 길고, 이월효과를 배제하기 어렵다는 특징이 있다.

④ BAB설계(개입에서 기초선을 관찰하고, 이후에 다시 개입)

BAB설계는 처음 기초선의 기간을 설정하지 않고 바로 개입단계(B)로 들어가는 특징을 가지고 있다. 이는 신속한 개입이 필요한 경우에 활용되는 방식이어서 장점은 빠른 개입에 유용하며 반복된 개입을 통해 개입의 효과를 가져 올 수 있다는 것이다. 그러나 개입효과가 지속적인 경우에는 프로그램 등의 개입효과를 평가하기가 힘든 점이 있다.

⑤ ABCD설계(복수요소설계라고도 한다)

ABCD설계방식은 하나의 기초선자료에 관하여 B, C, D라는 복수의 다른 개입방법을 연속적으로 도입하는 방식을 취한다. 이 설계방식의 장점으로는 각각에 대한 기초선이 요구되지 않는 상태에서 다른 개입방법들에 관한 비교가 가능하므로, 따라서 매우 효율적이며 실천적인 상황에서 각 다른 개입들이 연속되어 이루어지기 때문에 그에 적합한 설계와 개입이 어느 것인지에 대한 파악이 가능하다. 그러나 해석의 한계로 인해 각 개입방법에 대한 독자적인 효과성에 관한 인과관계를 단정하기 어려울 수 있다는 단점이 있을 수 있다.

⑥ 다중기초선 설계

다중기초선 설계란 AB설계와 동일한 과정을 여러 대상과 표적문제 및 세팅에 적용하는 것으로, 기초선 단계는 동시에 시작하나, 개입하는 시기를 달리하여 효과가 서로 다른 대상과 표적문제 및 세팅의 변화를 개입시기에 맞추어서 유사점 및 차이점을 관찰하는 방법이다.

장점으로는 서로 다른 클라이언트와 서로 다른 장소와 서로 다른 문제 행동을 비교하는 것에 활용될 수 있으며, 한 사람의 클라이언트만 보는 것보다 개입효과의 확신을 가질 수 있다. 그러나 외부효과의 가능성으로 인해 일반화는 어렵다는 단점을 가지고 있다.

(2) 단일사례설계의 장점과 단점

단일사례설계의 장점은 다음과 같다.

첫째, 실천과 조사연구의 관점이 통합될 수 있다.

둘째, 클라이언트 한 사람이나 한 대상에 대한 개입의 효과성과 변화의 패턴을 파악할 수 있다.

셋째, 설계의 방식에 있어서 시간과 비용의 효율성이 뛰어나다.

단일사례설계의 단점은 다음과 같다.

첫째, 외적 타당도가 낮으므로 결과를 일반화가 어렵다.

둘째, 반복 측정을 위하여 시간적 여유를 확보하기 어렵고, 반복측정 시 반응성의 문제가 발생할 수 있다.

셋째, 사전조사의 시간이 오래 걸리는 것으로 인하여 도움을 주는 시간이 미루어지는 것은 연구윤리적 측면에서 단점이다.

3) 설문조사의 정리

설문조사방법에 있어서 설문지의 작성 시 다음과 같은 사항이 고려되어야 한다.

① 설문의 작성 시에는 측정하고자 하는 개념에 대해 개념적 정의와 조작적 정의가 명확하게 정의되어 측정되어야 하며, 신뢰도와 타당도를 고려하여 작성하며 설문지는 가설을 검증할 때 필요한 분석기법까지 고려하여야 한다.

② 설문의 질문은 설문의 응답자의 이해도를 고려하여 명확한 문항으로 구성되어야 한다.

③ 응답에 있어서 주관식 질문과 객관식 질문이 적절하게 조화되어야 하며, 명확한 문항의 구성으로 이중대답을 할 수 있는 질문은 피해야 한다.

④ 질문은 직접질문과 간접질문을 적절히 사용하여 간결한 질문으로 하며, 유도질문이나 부정적 질문을 하지 않도록 하여야 한다. 또한 편견이 섞인 용어나 항목이 포함되지 않도록 유의한다. 설문의 항목 배열은 민감한 문제나 주관식문제는 뒤에 배치하여 면접시작에는 평범한 인구학적 질문으로 시작하는 것이 바람직하다.
그러나 경우에 따라 본론 부분이 앞 부분에 나올 수도 있으며, 인구학적 특성을 설문의 뒤에 배치될 수도 있다. 또한 고정반응을 막기 위한 항목을 배치하는 것을 고려하며 신뢰도 있는 응답을 측정할 수 있는 질문으로 떨어져 질문을 배치하거나 질문 항목들의 유형과 길이를 다양화하는 것이 필요하다. 즉, 신뢰도를 측정하기 위해 도입된 문제 짝들을 분리하여 배치하는 것이 좋다(유사한 질문에 서로 다른 대답을 하는 경우 신뢰도 있는 답변으로 보기 어렵다). 즉, 일정한 유형의 응답경향이 구성되지 않도록 역질문을 배치하는 것도 신뢰도 있는 응답인지를 확인 할 수 있는 하나의 방법이다.

(1) 질문의 유형

① **폐쇄형 질문**(close question): 폐쇄형 객관식이거나 '예' '아니오' 또는 단답의 형식으로 대답할 수 있는 질문의 형식이다. 객관식 문항과 같이 응답자에게 미리 정해진 응답범주를 제공하는 형식으로 신뢰성 있는 명확한 응답의 확보가 가능한 장점이 있으나, 응답범주가 이미 구성되어 있으므로 응답자가 자신의 의견과 느낌을 자유롭

게 전달 못하고 그에 대한 세부적인 다양한 이유 등을 반영하지 못하는 단점이 있음에도 명확성에 있어서는 결론의 도출에 용이하다.

② 개방형 질문(open question): 개방형 질문은 질적 연구 등에 많이 활용되며 응답자에게 미리 정해진 응답범주를 제공하기보다 주관식과 같이 응답자의 생각, 느낌 혹은 의견 등을 자유롭게 표현할 수 있도록 질문하는 형식이다. 따라서 응답자가 갖고 있는 정보의 양 및 의견과 감정의 강도에 대한 표현이 가능하다. 반면 응답자의 자유로운 응답에 따른 추후의 재분류를 통한 분석에 많은 시간이 소모되는 단점이 있으며 연구의 결과를 유형화하는 것에 있어서도 범주를 미리 예측하기가 어렵다.

> ① 폐쇄형 질문의 예: 여행다녀오셨어요? ('예' / '아니오'로 답할 수 있음)
> 연세가 어떻게 되세요? (단답형 대답)
> ② 개방형 질문의 예: 대학교 활동에 대해 어떻게 생각하세요? (다양한 대답이 가능)

(2) 면접법

면접법의 장점은 환경을 비교적 용이하게 통제하고 질문과정의 유연성을 높이며 높은 응답률과 타당도를 지닐 수 있다. 그러나 단점으로는 시간과 비용이 소요되고 면접자의 주관적 느낌에 의한 편의가 발생할 수 있어 면접자의 훈련을 요하며 익명성 부족으로 접근성이 낮고 질문어법 등의 표준화 등이 부족할 수 있다. 면접의 유형은 면접의 형식에 대하여 구조화하는 면접, 반구조화로 진행되는 면접, 비구조화 면접이 있다.

4 순수실험설계

순수실험설계(experimental design)의 의미는 외생변수를 통제한 실험상태에서 독립변수를 조작하여 결과변수와의 인과관계를 밝히는 설계로 실험설계의 유형 중에서 인과관계를 확인할 수 있는 이상적인 방법이다. 다른 실험설계에 비하여 외생변수의 통제가 엄격하고, 대상의 무작위 할당이 가능하며 독립변수의 명확한 조작이 가능하다. 순수실험설계는 순수한 독립변수의 효과와 변수 간 인과관계를 검증하여, 가설검증과 수정 및 새로운 가설을 도출하고 이론의 예측타당성을 검증하는 것에 연구의 목적이 있다.

1) 순수실험설계의 유형

(1) 통제집단 전후 비교설계

통제집단 전후 비교설계(pretest-posttest control group design, 통제집단 사전사후검사 설계방식, 사전-사후시험 통제집단설계)방식은 실험집단과 통제집단에 연구대상자를 무작위로 할당한 후 실험집단에는 독립변수의 조작이나 개입을 하고, 통제집단에는 독립변수의 조작이나 개입을 하지 않고 두 집단 간의 차이를 전후 비교하여 결과를 얻는 방법이다.

설계방식은 개입을 하기 전에 먼저, 실험집단과 통제집단의 사전검사(pretest)를 실시한다. 그리고 나서 실험집단에만 개입을 하고 다시 두 집단의 사후검사(posttest)를 실시하여 그 결과를 비교하고 개입의 효과를 검토한다. 이러한 설계방식의 장점은 두 집단의 동질성이 확보될 수 있으며 외생변수를 철저하게 통제할 수 있다는 것이다. 그리고 통제집단과 무작위 할당의 방식을 활용하여 내적 타당도를 높일 수 있다. 이러한 설계방식의 단점은 사전검사의 경험이 사후검사에 영향을 주는 검사효과(주시험효과: $O_1 \rightarrow O_2$)를 통제할 수 없으며 사전조사와 개입의 상호작용효과(O_1 → X)가 발생할 수 있다는 것이다. 그 밖에 처치효과에 대해 두 집단 간 오염문제가 발생할 수 있다.

실험식

R: 무작위 할당, X: 실험(개입), O: 검사

	사전검사		사후검사
실험집단 R	O_1	X	O_2
통제집단 R	O_3		O_4

(2) 통제집단 후 비교설계

통제집단 후 비교설계(posttest-only control group design, 통제집단 사후검사 설계, 사후시험 통제집단 설계)방식은 통제집단 전후 비교설계의 단점(주시험효과: O_1 → O_2)을 극복하기 위하여 실험집단과 통제집단의 실험 대상자를 무작위로 할당하고, 사전조사 없이 실험집단에 개입을 하고, 통제집단에는 개입을 하지 않고 결과를 서로 비교하는 방식이다. 이 실험설계는 사전검사가 쉽지 않은 경우에 실시할 수 있다. 이러한 설계방식의 장점은 사전검사를 실시하지 않으므로 주시험효과와 상호작용효과가 발생하지 않으며 외적 타당도가 높다는 것이다. 또한 무작위 할당으로 두 집단 간 최초의 상태는 동질적이라고 가정할 수 있으나 사전측정이 이루어지지 않으므로 이에 대한 확신은 불분명하다.

실험식

R: 무작위 할당, X: 실험(개입), O: 검사

		사후검사
실험집단 R	X	O_1
통제집단 R		O_2

(3) 솔로몬 4집단 비교설계

솔로몬 4집단(solomon four-group design) 비교설계방식은 통제집단 전후 비교설계와 통제집단 후 비교설계의 단점을 보완하기 위해 두 방법을 조합한 것이다. 따라서 이 실험설계방식은 사전검사와 사후검사를 하면서도 사전검사의 영향을 통제할 수 있다고 할 수 있다.

또한 무작위 할당을 통하여 실험집단과 통제집단을 구분하며 사전검사를 한 실험집단과 통제집단의 2집단, 그리고 사전검사를 하지 않은 실험집단과 통제집단 2집단으로 이렇게 총 4개의 집단을 비교하는 형태이다.

이 실험설계는 인과관계를 설명해 주는 가장 이상적인 방법으로 알려져 있다. 이 방식은 사전검사의 영향을 제거하여 내적 타당도를 높일 수 있으며, 한편 사전검사와 개입의 상호작용의 영향을 배제하여 외적 타당도를 높일 수 있는 방법이다. 그러나 단점으로는 4개의 집단으로 무작위 할당하기가 현실적으로 어렵기 때문에 실용적으로 활용되지는 못하는 측면이 있다.

실험식

R: 무작위 할당, X: 실험(개입), O: 검사

	사전검사		사후검사
실험집단 R	O_1	X	O_2
통제집단 R	O_3		O_4
실험집단 R		X	O_5
통제집단 R			O_6

(4) 기타 실험설계

① 가실험 통제집단 설계

가실험 통제집단 설계(placebo control group design, 플라시보 통제집단 비교설계) 방식은 통제집단 전후 비교설계, 통제집단 후 비교설계에 가실험 효과 즉, 플라시보효과로 위약효과 등을 측정할 수 있는 집단을 추가적으로 결합해서 만든 설계이다.

실험식

R: 무작위 할당, X: 실험(개입), O: 검사

		사후검사
실험집단 R	X	O_1
통제집단 R		O_2
가실험집단 R	X_P	O_3

정리 순수실험설계

실험설계의 유형	무작위 할당	통제집단	사전검사	사후검사	특 성
통제집단 전후 비교설계	○	○	○	○	사전검사를 실시하므로 검사효과 및 상호작용효과가 발생할 수 있다.
통제집단 후 비교설계	○	○	X	○	사전검사를 실시하지 않으므로 검사효과와 상호작용효과가 발생하지 않는다.
솔로몬 4집단 비교설계	○	○	○	○	• 4개의 집단(실험집단 2, 통제집단 2)으로 구성한다. • 사전검사를 실시하지 않고 사후검사만 실시하는 집단이 2개, 사전검사와 사후검사를 모두 실시하는 집단이 2개이다.

5 유사실험설계

유사실험설계(quasi－experimental design)방법이란 무작위 할당에 의하여 실험집단과 통제집단의 동질성을 확보할 수 없을 때 사용하는 설계 방식이다. 따라서 무작위 할당 대신 다른 방법인 배합과 난선화 등을 통하여 실험집단과 유사한 비교집단을 구성한다. 이러한 방식은 실험설계와 같이 무작위 할당을 통한 엄격한 통제집단의 활용이 어렵기 때문에 내적 타당도는 낮으나 개입에 의한 통제가 비교적 적으므로 외적 타당도는 어느 정도 확보될 수 있는 장점이 있다. 이러한 유사실험설계는 이론의 검증이나 복잡한 사회적 요인이 작용하는 경우에 용이한 방식으로 활용될 수 있으며, 한편 윤리적 문제가 덜한 실제적이고 다양한 문제를 해결하는 경우에 많이 활용된다.

1) 유사실험설계의 유형

(1) 단순시계열 설계

단순시계열 설계(simple time-series design, 시간연속 설계)는 통제집단을 구성하지 않고 무작위 할당 없이 실험집단을 구성하여 개입 이전에 사전 검사를 몇 번 실시한 이후에 개입 후에 다시 사후검사를 몇 번 실시하여 사전검사와 사후검사의 결과를 비교함으로써 개입의 효과를 분석하는 방식이다. 이러한 방식의 장점은 통제집단을 구하기 어려운 경우에 사용할 수 있으며, 개입 이전과 개입 이후의 경향성을 파악할 수 있다. 그러나 단점으로는 단순시계열 설계방식으로 외부사건의 영향을 통제하지 못하고, 개입요소 이외의 역사적 사건이나 반복 검사로 인한 측정효과로 인하여 사전검사가 사후검사에 영향을 미칠 수 있다.

실험식

X: 실험(개입), O: 검사

	사전검사				사후검사		
실험집단	O_1	O_2	O_3	X	O_4	O_5	O_6

(2) 복수시계열 설계

복수시계열 설계(multiple time-series design, 다중시계열 설계)의 방식은 단순시계열 설계의 외부사건 등에 의하여 내적 타당도의 문제점을 개선하기 위해 단순시계열 설계 방식에 통제집단을 추가한 방법이다. 이러한 방법은 무작위 할당 없이 비슷한 2개의 집단을 선택하여 실험집단에는 개입을 하기 전에 여러 번 관찰을 실시하고, 개입을 한 이후에 다시 여러 번 관찰을 실시한다. 또한 통제집단에는 개입은 하지 않으며 실험집단의 측정시기에 맞추어 여러 번의 관찰을 통해서 종속변수의 변화 및 상태를 서로 비교한다.

이러한 방식의 장 · 단점을 살펴보면 다음과 같다. 즉, 복수시계열 설계는 통제집단을 사용함으로써 내적 타당도를 높일 수 있다. 그러나 무작위 할당이 이루어지지 않기 때문에 실험집단과 통제집단의 동질성을 확보할 수 없는 것이 단점이다.

실험식

X: 실험(개입), O: 검사

	사전검사				사후검사		
실험집단	O_1	O_2	O_3	X	O_4	O_5	O_6
통제집단	O_7	O_8	O_9	X	O_{10}	O_{11}	O_{12}

(3) 비동일 통제집단 설계

비동일 통제집단 설계(non-equivalent control group design)방식은 전형적인 유사실험설계의 방식으로 실험설계의 통제집단 전후 비교설계와 비슷한 방식이나 무작위 할당에 의하여 실험집단과 통제집단이 선택되지 않은 점이 다른 점이다. 이 방식의 특징은 두 집단이 모두 무작위 할당이 이루어지지 않았으며, 두 집단에 대하여 개입 이전에 사전검사를 실시하고 개입 이후에 다시 사후검사를 실시하여 두 집단 간의 전후 차이를 비교하는 방식이다.

이 방식의 장점으로는 사회복지현장에서 가장 많이 활용하는 실험설계의 방식이며 적절한 배합 등의 방법을 통하여 두 집단을 유사하게 구성한다면 실용적인 방법이 될 수 있을 것이다. 그러나 단점으로는 무작위 할당이 이루어지지 않아 두 집단 간의 동질성이 분명하지 않으므로 내적 타당도가 낮아질 수 있는 것이 단점이다.

(4) 사전-사후시험 비교집단설계

사전-사후시험 비교집단설계는 정태적 비교와 단일집단 사전-사후시험설계를 혼합한 형태라고 할 수 있다. 그 실험설계의 특징은 조사대상자가 무작위로 할당되지 않고 비교집단이 있어 프로그램의 효과성을 비교할 수 있다. 따라서 내적 타당도의 문제로 성숙, 선택문제가 발생할 수 있으며 이것이 통제집단과의 비교에서 실험의 효과임을 증명하는 것에 한계가 있으며 외적 타당도의 문제로는 선택-처치 상호작용, 성숙-처치 상호작용 등의 문제가 발생할 수 있으므로 다양한 요인이 점검되어야 한다.

실험식

X: 실험(개입), O: 검사

	사전검사		사후검사
실험집단	O_1	X	O_2
통제집단	O_3		O_4

TIP! 유사실험설계

실험설계의 유형	무작위 할당	통제집단	사전검사	사후검사	특 성
단순시계열 설계	X	X	○	○	개입 전후로 여러 번의 사전검사와 사후검사를 실시하여 결과를 비교한다.
복수시계열 설계	X	○	○	○	통제집단이 존재하며 여러 번의 사전검사와 사후검사를 실시하여 결과를 비교한다.
비동일 통제집단 설계	X	○	○	○	무작위 할당을 제외하면 통제집단 전후비교 설계와 유사한 방식이다.

6 전실험설계

전실험설계(pre-experimental design, 선실험설계, 원시실험설계)방식은 연구자가 실험대상을 무작위화할 수 없어서 샘플(표본)의 문제가 발생할 수 있고, 실험변수를 조작하기 어려운 실험설계이기 때문에 어떤 의미에서는 진정한 실험설계라고 할 수 없다. 따라서 전실험설계는 가설검증보다는 문제도출을 위하여 순수한 실험설계를 하기 이전에 시험적으로 실시하는 탐색조사의 성격을 띠고 있다.

이러한 전실험설계는 외생변수의 통제가 이루어지지 않고, 무작위 할당과정이 없어 두 변수 간의 동질성을 확보할 수 없는 설계이므로, 내적 타당도 및 외적 타당도 저해요인을 거의 통제하지 못하는 가장 낮은 수준의 실험설계라고 할 수 있다.

1) 전실험설계의 유형

(1) 단일집단 전후 비교설계

단일집단 전후 비교설계(one-group pretest-posttest design, 단일집단 사전사후 설계)방식은 단일집단에 대하여 먼저 개입 이전에 사전검사를 실시하고, 개입 이후에 다시 사후검사를 실시하여 두 결과의 값 간의 비교를 통하여 개입 효과를 측정하는 방법으로 무작위 할당이나 통제집단이 없는 경우에 사용하게 된다. 그러나 이 설계방식은 시간적 선행성과 비교의 기준이 존재하다는 점에서 개입 효과를 추정하는 데 있어서는 필요한 최소한의 조건을 갖추고 있다.

내적 타당성을 위협하는 요인은 다음과 같은 것이 있다.

이는 우연적 사건(시대적 상황 등), 실험집단의 성숙(자연성숙현상) 효과, 검사효과(피실험자가 측정도구에 한번 이상 노출된 경우 사후검사에 영향을 미칠 수 있음) 등이 발생할 수 있으며 다음과 같은 것이 있을 수 있음을 감안하여 결과를 점검하는 것이 바람직하다.

그 밖에도 사전검사와 사후검사에 있어서 측정도구를 달리 하거나 혹은 실시요원이 다른 경우에는, 결과에 영향을 미칠 수 있는 도구효과가 발생할 가능성이 있다. 그리고 극단적인 사례를 집단에 포함시킬 때 발생하는 경우는 극단적인 측정값이 시간이 경과한 사후검사 시에 집단 평균인 중간 값 쪽으로 이동하는 경향이 있다는 것은 통계적 회귀 현상으로 프로그램 평가 시에 고려되어야 한다.

한편 실험집단과 통제집단이 프로그램의 효과와 달리, 애초부터 편향(바이어스)이 있는 경우에는 선택과의 상호작용현상이 일어날 수 있고 이는 프로그램의 효과성 점검에서 우선 고려가 필요하다.

실험식

X: 실험(개입) O: 검사

	사전검사		사후검사
실험집단	O_1	X	O_2

(2) 단일집단 후 비교설계

단일집단 후 비교설계(one-group posttest-only design, 일회사례설계, 단일집단 사후실험 설계)방식은 일회사례설계라고도 하는데, 예를 들어 단일집단 전후 비교설계에서 사전검사를 못하는 경우에 적합한 설계방식으로 단일집단에 대해 단 한번 개입을 실시한 후에 사후검사를 하여 그 효과를 측정하는 방법으로 많이 쓰이는 방식이다. 그러나 비교대상인 통제집단이 없는 것은 큰 단점이다.

특성

- 비교집단이 없는 단일집단이다.
- 실험에 의한 효과인지 규명하기 어렵다.

실험식

X: 실험(개입) O: 검사

		사후검사
실험집단	X	O_1

이러한 방식은 프로그램이 어떻게 기능하였는지를 살펴보는 방식에 유용하지만, 비교집단이라는 통제집단이 없기 때문에 프로그램과 클라이언트 변화 간의 인과관계가 연구결과의 일반화를 설명하는 것에 있어서는 매우 제한성이 있다. 즉, 사전검사가 없으므로 프로그램에 의한 효과인지를 알 수 없는 것이 큰 단점이라고 할 수 있다. 이러한 결과가 여타의 집단에서도 적용될 수 있는지의 문제는 결국 타당도로 설명할 수 있는데, 타당도는 다음과 같이 내적 타당도와 외적 타당도가 있다.

① 내적 타당도의 대한 점검

㉠ 선택: 프로그램 집단에 선택된 사람들과 프로그램에 선택되지 않은 사람들이 서로 다를 가능성이 존재한다. 그런 경우에는 비교집단이 성립될 수 없으므로 실험연구에 있어서 편향(바이어스)이 발생하게 될 수 있다.

㉡ 우연적 사건: 실험연구의 결과에 영향을 미칠 수 있는 우연적 사건이 프로그램 진행 중에 발생하여 이것이 프로그램의 결과측정에 영향을 미칠 수 있다. 즉, 다른 우연한 사건에 의하여 프로그램의 결과측정에 영향을 미칠 가능성이 있음을 배제할 수 없을 것이다.

㉢ 중도 탈락: 프로그램 가운데 피실험자가 집단에서 이사 등으로 이탈하는 것은 집단이 결과측정단계에서 동질적이지 않은 결과를 초래하므로, 사전사후의 검증에 오류가 발생할 가능성이 있다. 따라서 결과가 더 높거나 낮은 성공률을 보일 수 있게 되는 요인으로 중도탈락자에 대한 점검이 필요하다.

② 외적 타당도의 대한 점검

㉠ 외적 타당도의 선택과 처치의 상호작용: 선택과 처치의 상호작용은 표본이 무작위로 선택되지 않았거나, 사전검사가 없는 이유로 프로그램의 결과분석을 일반화시

키기에는 제한 사항이 될 수 있다. 예를 들면, 클라이언트의 프로그램 참여 동기는 프로그램의 결과에도 영향을 줄 수 있게 되며 프로그램의 개입 여부와 상관없이 결과에 영향을 줄 가능성이 있다.

ⓛ 사건과 처치의 상호작용: 사건과 처치의 상호작용으로 프로그램의 개입 이외의 다른 요인들이 결과의 분석에 기여하거나, 결과를 일반화시키는 데 영향을 미치는 경우에는 사건과 처치의 상호작용이 발생할 수 있다.

(3) 비동일집단 후 비교설계

비동일집단 후 비교설계(post-test only design with non-equivalent groups, 정태적 집단 비교설계)방식은 간단히 정태적 집단 비교설계방식으로 무작위 할당이 이루어지지 않은 두 집단 중, 실험집단에는 개입을 하고 비교집단인 통제집단에는 개입을 하지 않고 사후검사를 하여 비교하는 방법으로 많이 쓰이는 방식이며 무작위 할당을 하지 않는다는 점이 통제집단 후비교 설계와 다른 점이라고 할 수 있다. 무작위 할당이 어려운 상황에 난선화 및 배합 등으로 타당도를 높일 수 있다.

실험식

X: 실험(개입), O: 검사

		사후검사
실험집단	X	O_1
통제집단		O_2

7 비실험설계

비실험설계(non-experimental design)방식은 독립변수의 조작이나 외생변수의 통제나 결과의 비교 등이 필요한 실험적인 연구방법을 사용할 수 없는 경우에 불가피하게 사용되는 방법이다. 따라서 이 설계는 인과관계를 규명하기가 어려워 연구결과의 해석을 부적절하게 할 위험성이 있는 설계방식이다. 또한 실험설계는 윤리적 문제가 발생할 수 있기 때문에 사회과학 연구에서는 많은 경우 비실험설계가 사용되기도 한다.

1) 비실험설계의 유형

비실험설계의 방식은 일반적으로 알려져 있는 양적 연구의 다양한 방식이라고 이해할 수 있을 것이다. 각각의 특성에 따라 분류하면 다음과 같다.

(1) 횡단적 실험설계(cross-sectional experimental research design)

① 일원적 설계

일원적 설계(univariable design)는 독립변수를 조작하지 않으며 이미 일어난 일을 조사하는 것으로, 사회의 어떤 특정 현상이나 사건, 사회 및 인구집단의 특성, 개인 및 집단적 경험 등을 있는 현 상태 그대로 관찰하여 각 변수들 값의 비율, 분포 등 빈도를 기술하는 경우에 사용되는 방법이라 할 수 있다.

② 상관관계 설계

상관관계 설계(correlational design)방식은 독립변수의 변수와 종속변수의 변수의 속성을 분류하거나 교차시켜서 통계기법을 활용하여 비교하는 방법으로 교차분석 설계(cross-sectional design)라고도 부른다. 실험설계에서 가장 많이 이용되는 방법으로 두 변수의 상관관계를 추정하여 상관관계로부터 인과관계를 추정하는 방법이다. 그러나 상관관계 설계가 개입 전후 비교나 무작위 할당이 없으므로 두 변수 간 상관관계를 인과관계로 추정하는 것은 위험성이 있으며 변수 간의 관계성만을 파악하는 것에 준하는 경우가 많다.

③ 비실험적 요인설계

비실험적 요인설계(factorial design)방식은 두 가지 이상의 독립변수와 하나의 종속변수의 관계 및 독립변수 간의 상호작용의 관계를 교차분석을 통하여 결과를 확인하는 방법으로 독립변수의 독립적인 효과와 두 가지 이상의 독립변수가 결합되어 생기는 효과를 동시에 알 수 있으므로 두 변수 간 관계를 보다 명확히 알 수 있는 특성이 있다.

(2) 종단적 실험설계(longitudinal experimental research design)

① 경향조사설계

경향조사설계(trend study design)방식은 다른 설계에 비해 비교적 큰 동일 모집단 내에서 각각 다른 표본내의 변수를 선정하여 여러 차례 시간간격을 두고 관찰하는 방법이다. 이 방법 연구의 일차적 목적은 일정기간 동안 특정집단을 반복 관찰하여 변화의 추세를 파악하고자 할 때 사용하는 방식이다. 그러나 연구할 때마다 표본이 매번 바뀌므로 표본의 동질성을 확보하기는 어렵고 내적 타당도를 저해하는 요인들이 있다.

② 동년배집단 설계

동년배집단 설계(cohort study design)방식은 동일 연령대의 사람들을 모집단으로 설정하여 일정한 시간의 간격을 두고 같은 모집단에서 각각의 다른 표본을 선정하여 이를 관찰하는 방법이다. 경향조사설계와 비교하면 경향조사설계방식은 어떤 특성을 갖고 있는 다양한 연령층을 포함하고 있는 모집단인데 반하여 동년배집단 설계는 일정한 연령층으로 한정된 모집단이라는 특성에서 차이가 있다.

③ 패널조사설계

패널조사설계(panel study design, 동일집단연구 설계)방식은 동일 모집단에서 동일한 표본을 선정하여 일정한 시간간격을 두고 지속적으로 관찰하는 방법이다. 이러한 패널조사설계방식은 표본의 동일성을 완전하게 유지할 수는 있으나 현실적으로 일부 이탈한 경우를 제외하고는 동일한 표본을 유지하도록 한다. 그러나 변동되는 변수 등과 성숙이나 역사적 사건과 같은 내적 타당도를 저해하는 요인들의 통제는 어렵다.

정리

1. 조사설계의 실험설계방식으로 순수 실험설계, 유사 실험설계, 비실험 설계방식으로 구분된다.
2. 사회복지 조사설계는 조사시점에 따라 횡단연구와 종단연구가 있다.
3. 종단적 실험설계는 경향조사, 코호트조사, 패널조사설계 등이 있다.

CHAPTER 11

단일사례 설계

Reserch Methods for Social Welfare

1절 단일사례설계의 특성

1 단일사례설계의 개념

단일사례설계(single subject design)란 개인 또는 가족, 소집단 등이 직면하고 있는 문제를 해결하기 위해서 적용한 개입(독립변수)이 어느 정도 효과가 있는지 대상문제(종속변수)에 적용하여 과학적인 방법으로 검증하는 것을 말한다.

단일사례설계(single subject design)는 유사실험설계의 시계열설계와 유사하나 무작위로 할당된 집단을 대상으로 하지 않고, 개인이나 가족, 소집단의 표적행동에 개입 전후를 반복 측정한 결과에서 개입에 따른 표적행동의 변화를 분석하여 개입효과를 측정하는 방법이다. 단일사례설계는 변수 간의 인과관계를 규명하는 것이 아니라, 표적행동에 대한 사회복지사의 의도적인 개입이 효과를 나타냈는지 평가하기 위해서 적용하는 것으로 사회복지실천의 임상적 실천에서 많이 이용된다.

2 단일사례설계의 특성

단일사례설계는 사례가 개인 한 명이 될 수도 있고, 한 가족 또는 한 집단이 될 수도 있다. 단일사례설계의 1차적인 목적은 인과관계를 규명하는 가설검증에 있는 것이 아니라, 특정한 표적행동에 대한 개입의 효과성을 분석하고 검증하는 것에 있으며, 개입에 따른 표적행동(종속변수)의 변화를 알 수 있도록 반복적인 관찰을 하여 측정한다. 단일사례설계는 통제집단을 따로 갖지 않는 대신 개입 전의 경향을 통제집단으로 하고, 개입 도중 또는 개입 후의 상태를 실험처치 후의 상태로 간주하여 실험설계에서 통제집단 후 비교설계와 같은 방법으로 하게 된다.

단일사례설계는 개입을 계획하고 실행하는 모든 과정 속에서 즉각적인 피드백이 가능하여 개입 도중에 효과가 없다고 판단되면 새로운 개입방법을 수립함으로써 효과적인 개입을 할 수 있는 장점이 있는 반면에 한 개인(또는 가족, 소집단)에게는 효과가 있지만 다른 개인(또는 가족, 소집단)에게도 동일한 효과가 있는지는 확신할 수 없다.

단일사례설계는 사례가 하나이므로 외적 타당도가 낮아서 연구결과를 일반화시키는 데 한계가 있다. 또한 자료를 관찰하거나 기록하는 과정(자기측정과정) 자체가 대상문제의 변화를 일으키게 되는 반응성의 문제가 나타날 수 있기 때문에 대상문제의 변화가 개입 때문인지 기록행위 때문인지 판단하기 어렵다는 단점이 있다.

3 단일사례설계의 구성과 과정

1) 표적행동

표적행동은 개입에 의해 변화가 생기는 행동으로서 종속변수에 해당되며, 표적행동은 개입에 의한 목표성취 여부를 대변할 수 있고 측정이 명확한 것이어야 한다.

2) 기초선단계

기초선(baseline)단계는 개입하기 이전에 표적행동이 어떤 경향을 보이는지 관찰하는 기간을 의미하며, 보통 'A'로 표시한다. 기초선단계에서 충분한 관찰이 이루어지고 측정횟수가 많을수록 안정된 경향성을 발견할 수 있으며 내적 타당도도 향상된다.

3) 개입단계

개입단계는 대상자의 표적행동을 변화시키기 위한 특정사건, 실험적 자극, 특정프로그램, 환경의 변화 등을 의미한다. 개입은 독립변수에 해당하며, 보통 'B', 'C', 'D'로 표시한다.

4) 단일사례설계의 과정

단일사례설계는 문제 확인 및 규정, 변수 선정, 표적행동 결정, 개입목표 설정, 조사설계, 조사실시, 개입평가의 과정을 통해서 이루어진다.

문제 확인 및 규정	해결하려는 문제가 확인되면 그 문제는 구체적이고 명확하게 규정되어야 한다.
↓	
변수 선정	실험에 사용할 변수를 선정한다.
↓	
표적행동 결정	선정된 변수의 속성 중 어떤 측면을 측정할 것인지 표적행동을 결정한다.
↓	
개입목표 설정	문제의 원인을 제거할 것인지, 문제를 해결할 것인지 등 구체적이고 명확한 개입목표를 설정한다.
↓	
조사설계	단일사례설계의 여러 가지 유형 중 어떤 유형을 사용할 것인지 결정하고 측정시기, 측정횟수, 자료수집방법, 자료의 출처, 자료측정, 자료기록방법 등 조사설계를 한다.
↓	
조사실시	개입 이전, 개입 도중, 개입 이후의 자료를 수집하고, 수집된 자료는 그래프로 나타낸다.
↓	
개입평가	조사가 완료되면 시각적 분석, 통계적 분석, 임상적 분석 등을 통하여 개입효과를 평가한다.

4 단일사례설계의 자료관찰 기록방법

단일사례설계의 자료관찰 기록방법으로는 등간기록, 빈도기록, 지속기간기록, 간헐점검기록, 강도기록, 영구생산물기록 등이 있다.

1) 등간기록(시간간격기록)

등간기록은 일정한 관찰기간을 동일한 간격으로 짧게 나누어 표적행동의 발생 여부를 관찰하여 측정하는 방법이다.

2) 빈도기록

빈도기록은 정해진 관찰기간 동안에 표적행동이 발생한 횟수를 측정하는 방법이다.

3) 지속기간기록

지속기간기록은 정해진 관찰기간 동안에 표적행동이 지속된 시간의 길이를 측정하는 방법이다.

4) 간헐점검기록

간헐점검기록은 지속적으로 관찰하는 것이 아니라 간헐적으로 관찰하는 것으로서 지정된 특정 관찰시간에 표적행동이 나타났는지를 측정하는 방법이다.

5) 강도기록(정도기록)

강도기록은 정해진 관찰기간 내에 발생한 표적행동의 양이나 수준, 정도 등을 측정하는 방법이다.

6) 영구생산물기록

영구생산물기록은 표적행동의 발생 여부를 직접적으로 관찰하지 않고 표적행동에 의해서 만들어진 것을 관찰하여 표적행동이 일어났음을 확인하는 방법이다.

5 단일사례설계의 유용성 분석

단일사례설계의 유용성 분석으로는 기초선단계와 개입단계가 그려진 그래프를 통하여 개입 전후 표적행동의 변화를 시각적으로 파악하고 분석하여 변화의 파동, 경향, 수준 등을 종합적으로 판단할 수 있는 시각적 분석과 기초선단계와 개입단계에서의 표적행동의 평균 및 경향 등을 비교하는 것으로 시각적인 분석을 보완할 수 있는 통계적 분석(평균분석), 그리고 개입으로 인한 표적행동의 변화량이 실질적인 것인지 아닌지를 임상적인 관점에서 판단하는 임상적 분석으로 구분할 수 있다.

2절 단일사례설계의 종류 및 특성

1 단일사례설계의 유형

단일사례설계는 AB설계, ABA설계, ABAB설계, BAB설계, ABCD설계, 복수기초선 설계 등의 유형으로 나눌 수 있다.

1) AB설계(기초선단계 – 개입단계)

AB설계는 기초선단계(A)에서 일정기간 반복 측정한 후 경향을 파악하여 개입단계(B)를 거친 다음 또다시 일정기간 반복 측정한 후 경향을 파악하는 것을 말한다. AB설계는 개입 이전과 개입 이후의 경향을 비교하여 개입의 효과를 파악하는 것을 목적으로 하며 단일사례설계 중 가장 기본적인 설계 유형이다. 이처럼 AB설계는 설계가 단순하여 쉽게 적용할 수 있으나 개입이 어떤 한 시점에서 이루어졌을 때 그 시점에 우연한 사건이 개입되어 변화가 생길 가능성이 있는 등 한계가 있다.

2) ABA설계(제1기초선단계 – 개입단계 – 제2기초선단계)

ABA설계는 AB설계에서 개입단계 이후에 제2기초선단계를 추가한 유형으로서 제1기초선단계(A)에서 표적행동을 반복 측정한 후, 다시 개입단계(B)에서 표적행동을 반복 측정하여 개입을 종료한 다음, 또다시 제2기초선단계(A)에서 표적행동을 반복 측정하는 것을 말한다. 제1기초선단계에서 표적행동의 경향과 비교했을 때 개입단계에서 변화가 있었고, 제2기초선단계에서 다시 제1기초선단계와 같은 결과가 있었다면 개입이 효과적이었다고 판단할 수 있다.

ABA설계는 제2기초선단계를 추가함으로써 AB설계의 낮은 신뢰도 문제를 보완할 수 있는 장점이 있다. 그러나 개입효과를 평가하기 위해 개입을 중단하는 데 따르는 윤리적인 문제가 생길 수 있으며, 제2기초선단계의 결과가 외생변수의 영향 때문인지 아니면 개입의 영향 때문인지 알 수 없다는 단점이 있다.

3) ABAB설계(제1기초선단계－제1개입단계－제2기초선단계－제2개입단계)

ABAB설계는 외생변수의 효과적인 통제를 위하여 AB설계에 또 하나의 AB설계를 추가한 유형으로서 제2기초선단계에서의 표적행동이 제1기초선단계에서의 표적행동과 유사하면 개입이 효과적이었다고 판단할 수 있다. 또한 제2개입단계 이후의 표적행동이 제2기초선단계의 표적행동과 비교했을 때 커다란 차이를 보이면 개입의 효과를 더욱 확신할 수 있다.

ABAB설계는 AB설계 과정을 반복함으로써 AB설계나 ABA설계의 단점인 외생변수의 영향을 통제할 수 있는 장점이 있다. 그러나 AB설계를 진행하다가 개입이 종료된 이후에 다시 제2기초선단계를 거치고 제2개입단계가 이루어지는 과정 때문에 비윤리적인 문제가 생길 수 있다는 단점이 있다.

4) BAB설계(선개입설계, 제1개입단계 – 기초선단계 – 제2개입단계)

BAB설계는 기초선단계 없이 바로 개입단계에 들어가는 것으로서, 제1개입단계(B) 이후 개입을 중단하고 기초선단계(A)를 거친 후에 개입효과 여부에 따라 다시 제2개입단계(B)로 들어가는 것을 말한다.

BAB설계는 위기상황과 같은 빠른 개입이 필요한 경우에 유용하고 반복적인 개입을 통하여 개입의 효과성을 높이는 장점이 있다. 그러나 외생변수를 통제하기 어렵고 개입효과가 지속되는 경우에 기초선단계와 제2개입단계에서의 표적행동이 유사하므로 개입효과를 판단하기 어렵다는 단점이 있다.

5) ABCD설계(복수요인설계)

ABCD설계는 각기 다른 개입들(B, C, D)의 영향을 평가하는 것으로서 하나의 기초선단계(A)에서의 일정한 경향에 대하여 제1개입단계(B)의 효과가 나타나지 않으면 제2개입단계(C), 제3개입단계(D)의 과정을 거치거나 그렇지 않으면 처음부터 다중개입방법을 계획하는 설계를 말한다.

ABCD설계는 하나의 기초선단계를 시작으로 각기 다른 개입들의 효과를 동시에 측정할 수 있어서 대상자에게 하나의 개입이 유용하지 않을 경우 이를 수정하거나 실제로 표적행동에 변화를 가져오는지 설명하고자 할 때 유용하다. 그러나 여러 가지 개입들이 복합적인 효과를 나타낼 수 있기 때문에 내적 타당도를 정확하게 측정하기 어렵다는 단점이 있다.

6) 복수기초선설계(다중기초선설계)

복수기초선설계는 하나의 동일한 개입방법을 여러 가지의 문제나 상황, 대상자에게 적용하여 동일한 효과를 얻음으로써 표적행동에 대한 개입의 효과를 추정하는 데 신빙성을 높이려는 것을 말한다. 예를 들면, 노인요양시설의 장애노인 대상자 세 명에게 재활치료효과 프로그램을 개입하는 경우, 이 프로그램이 첫 번째 대상자에게 효과가 있었다면 두 번째, 세 번째 대상자에게도 동일한 프로그램을 가지고 개입을 하는 방식이다.

복수기초선설계는 우연한 사건의 영향 가능성을 배제하기 위하여 개입을 중단하지 않아도 되기 때문에 ABA나 ABAB설계가 가지고 있는 윤리적인 문제를 극복할 수 있다. 또한 여러 가지의 문제나 상황, 대상자에게서 유사한 결과가 나올 경우 개입효과의 일반화를 확보할 수 있다는 장점이 있다. 그러나 이 설계는 동일한 개입방법을 여러 문제나 상황, 대상자에게 적용하기 때문에 사례 간 상호작용효과가 나타날 수 있으며, 여러 문제나 상황, 대상자에게만 적용되는 개입효과가 기초선단계에 있는 두 번째 문제나 상황, 대상자에게도 적용되는 효과의 일반화라는 문제가 발생할 수 있어 개입효과를 파악할 수 없게 만든다는 단점이 있다.

(1) 복수기초선설계의 종류

복수기초선설계는 하나의 특수한 개입방법이 같은 상황에서 같은 대상자의 다른 문제해결에 효과가 있는지를 평가하기 위한 문제 간 복수기초선설계와 하나의 특수한 개입방법이 같은 대상자의 같은 문제를 다른 상황에서 해결하는 데 효과가 있는지를 평가하기 위한 상황 간 복수기초선설계, 그리고 하나의 특수한 개입방법이 같은 상황에서 같은 문제를 가진 복수의 서로 다른 대상자들에게 효과가 있는지를 평가하기 위한 대상자 간 복수기초선설계로 구분할 수 있다.

정리

1. 단일사례설계(single subject design)란 개인 또는 가족, 소집단 등이 직면하고 있는 문제를 해결하기 위해서 적용한 개입(독립변수)이 어느 정도 효과가 있는지 대상문제(종속변수)에 적용하여 과학적인 방법으로 검증하는 것을 말한다.
2. 단일사례설계는 AB설계, ABA설계, ABAB설계, BAB설계, ABCD설계, 복수기초선설계 등의 유형으로 나눌 수 있다.

CHAPTER 12

사회복지 평가조사

Reserch Methods for Social Welfare

1절 사회복지 프로그램 평가조사의 개념과 유형

1 프로그램 평가조사의 개요

1) 프로그램 평가조사의 개념

프로그램(program)이란 어떤 목적을 달성하기 위한 일련의 상호 의존적인 활동들, 혹은 의도된 계획에 따라 어떤 목적을 달성하기 위해서 인적 · 물적 자원을 활용하는 일련의 집합적인 행동들이라고 말할 수 있다. 또한 평가란 어떤 정책이나 프로그램에 관한 의사결정을 목적으로 사회과학적 조사방법을 원용하여 정책 또는 프로그램의 수행과정과 결과를 측정하는 일련의 절차라고 말할 수 있다. 따라서 프로그램 평가란 프로그램의 효과성, 효율성, 적절성, 만족도 등을 체계적으로 분석하여 결정권자로 하여금 합리적인 결정을 내릴 수 있도록 정보를 산출하는 사회적 과정이다.

프로그램 평가조사란 프로그램이 본래의 목적을 어느 정도 달성했는지에 관해 조사하는 응용조사로, 프로그램에 개입한 기술의 개선, 지속적인 수행 여부 등을 결정하기 위하여 시행한 프로그램의 전반적인 내용과 목표달성 정도를 측정하는 것을 뜻한다.

표 12-1 평가조사와 기본조사의 차이점과 공통점

	평가조사	기본조사
공통점	• 모두 그들의 조사연구와 관련하여 가장 적합한 형태의 자료수집방법을 이용할 수 있다. 즉, 두 조사 모두, 연구주제에 따라 질문지법, 면접법, 관찰법 등 모든 형태의 자료수집방법을 이용할 수 있다.	
	• 모두 변수 간의 원인과 결과의 관계를 규명하는 데 초점이 있다. 즉, 평가조사에서는 평가되는 프로그램과 관련된 변수들의 인과관계에, 기본조사에서는 연구자가 선택한 변수들 간의 인과관계에 관심이 있다. 두 조사 모두, 변수들 간의 인과관계에 초점을 두고 있다.	
차이점	• 이론적 지식을 산출하는 것이 목적이다.	• 이론적 지식을 사회적, 정치적, 행정적으로 응용하려는 것이 목적이다.
	• 조사자 자신의 관심에 의해서 조사문제를 설정한다.	• 클라이언트나 사회복지사가 프로그램이 목표를 달성했는지를 알아보기 위해 조사문제를 설정한다.
	• 사실을 발견하는 것에 관심을 둔다.	• 사실과 기준을 비교하는 것에 관심을 둔다.
	• 조사자가 조사절차를 통제할 수 있다. 그러나 평가를 하기 위하여 프로그램을 조작하는 것은 힘들다.	• 조사자가 평가목적을 위해 프로그램과 조사절차를 통제하는 것은 곤란하다.
	• 조사결과가 공개적으로 발표되는 것이 일반적이다.	• 조사결과가 공개적으로 발표되지 않는 것이 일반적이다.
	• 과학적인 엄밀한 조사에 우선순위를 매긴다.	• 현재 진행 중인 프로그램의 현실적인 제약조건 등에 높은 우선순위를 매긴다.

2) 프로그램 평가조사의 목적

프로그램에 대한 평가결과의 환류(피드백)를 통해 프로그램의 성공여부와 지속 여부, 즉 프로그램을 중단할 것인지 또는 축소나 유지, 확대 등을 할 것인지에 대한 합리적인 판단의 근거가 된다.

① 예산 또는 인적 · 물적 자원의 사용과 기관의 목적을 얼마나 달성하였는지 등에 대한 효율성과 효과성을 평가하여 기관운영의 책임성 이행의 근거를 마련한다.

② 프로그램의 실시 전과 후의 차이를 측정하고, 프로그램의 실시가 어떤 영향을 미쳤는지 평가함으로써 인과관계를 검증하여, 검증결과 타당성이 있는 가설들은 이론으로 발전되고, 그렇지 못한 경우에는 이론을 수정하는 데에 기여하게 된다.

③ 기관의 활동과 성과 간의 관계에 대한 프로그램 기획 및 개발에 필요한 지식이나 정보를 획득한다.

④ 평가조사의 과정 중 형성평가의 경우 프로그램 계획과정을 평가하여 프로그램의 저해요인을 개선시키고, 환류를 통해 보다 나은 프로그램이 될 수 있는 근거를 마련한다.

⑤ 평가 결과에 따라 효과적인 프로그램과 비효과적인 프로그램을 선별하여 합리적인 자원배분이 이루어지도록 한다.

⑥ 서비스 전달과정을 평가하여 서비스가 지체되거나, 대상자의 접근성이 어렵거나, 또는 본래 목적과 다르게 서비스가 진행될 경우 서비스 전달이 원활하게 이루어지도록 개선한다.

3) 프로그램 평가조사의 유형

(1) 평가목적에 따른 분류

① 형성평가

형성평가(formative evaluation)란 프로그램 운영 도중에 이루어지는 평가로서 현재 진행하고 있는 프로그램을 수정하고 보완하기 위해서 이루어지는 평가를 말한다. 이러한 평가는 프로그램의 형성에 초점을 둔 평가로 서비스 전달체계의 향상 및 서비스 효율성 증진 등을 도모한다.

② 총괄평가

총괄평가(summative evaluation)란 프로그램 종료 후에 실시되는 평가로서 프로그램의 중단, 축소, 유지, 확대 등에 관한 총괄적인 의사결정을 하기 위해 이루어지는 평가를 말한다.

③ 통합평가

통합평가(intergrated evaluation)는 형성평가와 총괄평가를 통합한 평가로서, 총괄평가적 접근을 한 후 과정평가적 접근을 통해서 프로그램 운영과정의 타당성과 인과관계를 검사하여, 총괄평가에서 얻은 정보의 타당성과 신뢰도를 평가하는 것을 말한다.

(2) 평가규범에 따른 분류

① 효과성 평가

효과성 평가는 프로그램의 목표달성 정도를 평가하는 것이다.

② 효율 성평가

효율성 평가는 투입과 산출의 비교 평가이다. 즉, 비용최소화와 산출극대화를 평가하는 것이다.

㉠ 비용편익평가

비용편익(cost-benefit)평가는 프로그램에 투입된 비용과 프로그램의 성과(편익) 모두를 화폐가치로 환산하여 프로그램의 효율성을 평가하는 방법이다. 이러한 평가는 모든 비용과

성과를 화폐로 환산하여 서로 다른 목표를 갖는 프로그램을 비교할 수 있다는 장점이 있는 반면에, 사회복지 프로그램으로 인한 성과를 화폐로 환산하기 어렵다는 단점도 있다.

㉡ 비용효과평가

비용효과(cost-effectiveness)평가는 비용편익평가의 한계점인 성과의 화폐 환산을 포기하고 성과(편익)에 대해서는 화폐 환산을 하지 않고, 단지 비용 측면만을 금전적 가치로 평가하여 프로그램의 효율성을 평가하는 방법이다. 이러한 평가는 동일한 목표를 가진 프로그램들을 각각의 소요 비용들로 비교하여 최소 비용으로 최대 효과를 나타내는 프로그램이 가장 효율적이라고 판단한다.

③ 공평성평가

공평성평가는 프로그램의 효과와 비용이 사회집단 간에 공평하게 배분되었는지에 관한 평가이다.

(3) 평가주체에 따른 분류

① 자체평가

자체평가는 프로그램 담당자가 자체적으로 평가하는 것으로서 실제적인 정보를 얻을 수 있고 비용을 절감하는 데에는 효과가 있으나, 평가의 공정성 확보에 문제가 생길 수 있다.

② 내부평가

내부평가는 프로그램을 직접 수행하지 않는 조직 내의 다른 구성원(내부자)에 의해 이루어지는 평가이다. 내부평가자는 외부평가자에 비해 프로그램에 관한 많은 지식을 갖고 있으며 프로그램 관련 정보에 대한 접근성이 용이하다. 또한 평가시, 현실적인 제약요건들을 융통성 있게 감안하여 평가할 수 있다는 장점이 있다. 그러나 내부평가는 해당기관으로부터 객관성과 독립성을 유지하기 어렵다는 한계가 있다.

③ 외부평가

외부평가는 프로그램을 수행하는 조직의 구성원이 아닌 전문가 또는 조사연구기관 등 제3자(외부자)에 의해 이루어지는 평가이다.

(4) 평가시기에 따른 분류

① 사전평가

사전평가는 프로그램이 종료되기 이전, 즉 프로그램이 진행되고 있는 중에 이루어지는 평가로, 적극적인 평가이다.

② 사후평가

사후평가는 프로그램이 종료된 이후에 이루어지는 평가로 소극적인 평가이다.

(5) 평가대상에 따른 분류

① 기관평가

기관평가는 프로그램을 운영하는 기관에 대한 평가로서 기관의 프로그램을 평가하고 서비스 전달의 진행상황 등을 파악한다.

② 개인평가

개인평가는 프로그램을 운영하는 개인에 대한 평가로서 자기평가, 동료평가, 행정가에 의한 구두평가 등이 있다.

2절 사회복지 프로그램 평가의 기준 및 절차

1 프로그램 평가의 기준과 평가요소

프로그램 평가의 기준이란 평가를 위한 척도로서, 프로그램의 성패를 판단하기 위해 프로그램의 어떤 측면을 평가의 초점 또는 대상으로 삼아야 할 것인가에 대한 기준을 의미한다.

1) 노력성

노력성은 프로그램 활동의 양을 의미한다. 즉 프로그램의 투입요소와 전환과정으로 단위활동의 수, 대상자의 수, 전문지식과 기술의 소유, 활용 정도(전문인력의 수), 프로그램 예산 및 지원, 프로그램 기간 및 하위 활동들의 단위기간, 프로그램 활동에 대한 전문인력 투입시간 등의 노력 정도를 평가한다.

2) 효과성

효과성은 프로그램 목표의 달성 정도를 의미한다. 즉 목표달성과 프로그램을 위한 노력과의 인과관계를 검증하는 것으로 대상자의 인지적 · 감정적 변화, 대상자의 행동적 변화, 대상자의 사회적 변화 등을 평가한다.

3) 효율성

효율성은 비용과 효과성 정도를 의미한다. 즉 프로그램 투입 대비 산출 정도로 프로그램을 위한 노력(노력의 평가요소들)에 대한 비용, 프로그램의 결과(효과성의 평가요소들)에 대한 비용 등을 평가한다.

4) 서비스의 질

서비스의 질은 프로그램의 전문성을 의미한다. 즉 프로그램 제공자의 전문성으로 서비스 인력의 전문자격 소유 여부와 정도, 프로그램에서 활용하고 있는 전문지식과 기술의 정도 등을 평가한다.

5) 과정

과정은 프로그램 결과의 경로를 의미한다. 즉 프로그램 운영상의 매개체로 세부목표(수단적 목표)들의 달성 정도와 연계성, 세부목표와 프로그램 결과 사이의 영향 정도의 차이 등을 평가한다.

6) 영향성

영향성은 사회문제나 대상자 변화에 미친 영향을 의미한다. 즉 프로그램을 위한 노력과 사회적 지표변화 간의 관계로 위기집단과 표적집단 내에서의 변화 정도, 사회지표상의 변화에 대한 실증적 기대 정도 등 파급효과를 평가한다.

7) 형평성

형평성은 프로그램 배분의 공평성을 의미한다. 즉 프로그램 접근성으로 프로그램이 대상집단에 동일한 접근기회가 주어지는지의 여부와 정도, 프로그램 활동이 지역 내에 균등하게 배분되는가의 정도 등을 평가한다.

2 프로그램 평가조사의 절차

프로그램 평가조사는 평가목적 및 평가기준 결정, 프로그램의 목표 확인, 조사설계 결정, 평가기준과 평가내용 선정, 평가를 위한 측정도구 선정, 평가자료 수집, 평가결과 분석 및 해석, 평가결과 보고서작성, 평가결과 활용의 순서로 이루어진다.

평가목적 및 평가기준 결정	평가목적에 따라 적합한 유형의 평가를 결정하고, 여러 가지 평가기준 중에서 어떤 내용을 평가할 것인지 결정한다.
↓	
프로그램의 목표 확인	프로그램 평가의 핵심은 프로그램 목표에 대한 달성 정도를 측정하는 것이므로 프로그램의 목표를 명확하게 설정하는 것이 중요하다.
↓	
조사설계 결정	프로그램의 목표달성 정도를 정확하게 측정할 수 있는 조사설계를 수립한다.
↓	
평가기준과 평가내용 선정	프로그램의 목표달성 정도를 측정할 수 있는 평가기준과 내용을 선정한다.
↓	
평가를 위한 측정도구 선정	신뢰도와 타당도가 높은 측정도구를 선정한다.
↓	
평가자료 수집	프로그램 관련자의 이해와 협조를 얻어 평가를 위한 자료를 수집한다.
↓	
평가결과 분석 및 해석	수집된 자료를 통계 처리하여 분석하고 해석한다.
↓	
평가결과 보고서작성	평가결과를 분석하고 해석한 것을 요약 · 정리하여 보고서를 작성한다.
↓	
평가결과 활용	평가결과를 평가목적에 알맞게 활용한다.

CHAPTER 13

조사연구계획서와 조사보고서

Reserch Methods for Social Welfare

1절 사회복지 조사연구계획서

1 조사연구계획서

1) 조사연구계획서의 개념

조사연구계획서란 조사의 목적과 내용, 대상, 자료수집의 방법, 조사도구, 조사일정, 비용 등을 기록한 문서를 말한다. 이러한 조사연구계획서를 조사감독자나 이해관련자들에게 제시함으로써 이들이 조사의 방향을 이해하고 조사수행에 필요한 사항이나 자원을 미리 준비할 수 있도록 할 수 있다. 조사연구계획서에 제시할 내용으로는 조사 설문의 내용과 조사의 중요성, 그리고 조사담당자와 기관, 수행활동, 필요한 자료의 수집 및 처리, 분석, 해석의 방법, 조사를 통해 얻을 수 있는 이익 등이 있다.

2) 조사계획의 절차

(1) 조사목적의 설정 및 조사목표의 수립

조사를 실시하기 이전에 조사의 정당성을 인식하고 조사의 목적을 설정해야 한다. 조사목적의 종류로는 특정 현상을 이해하거나 타당성을 검토하기 위한 탐색적 목적, 상황을 기술(記述)하는 기술적 목적, 그리고 현상에 대한 원인과 결과를 조사하는 설명적 목적(인과관계적 목적) 등이 있다. 이러한 조사목적을 설정하기 위해서는 조사목표의 수립이 필요하며, 이는 조사의 주된 목표인 상위조사목표와 세부적인 하위조사목표로 나뉠 수 있다.

(2) 조사내용의 소개

조사를 통해 얻어야 할 정보의 내용들을 규명하는 단계로서 조사내용이 지나치게 많아서 시간과 비용의 낭비가 없도록 하며, 또한 조사내용이 지나치게 적어서 조사문제에 필요한 답을 구하는 데 지장이 없도록, 조사내용은 조사목적을 간단히 요약하고 세부사항들을 항목별로 자세히 설명하도록 한다.

(3) 조사대상의 선정 계획

조사대상을 선정하는 데 있어서 조사대상을 모집단 전체로 할 것인지, 표본으로 할 것인지, 또한 표본으로 하면 어떤 방법으로 수집할 것인지, 표본의 크기는 얼마로 할 것인지 등에 대해 결정을 해야 한다. 조사대상자는 일반집단, 위험집단, 표적집단, 대상자집단 등의 순으로 체계적인 식별이 필요하기도 하다.

(4) 자료수집의 방법과 조사도구의 계획

자료수집의 방법으로 우편조사, 면접조사, 전화조사, 전자조사, 내용분석 등 어떤 방법을 선택할 것인지 결정해야 한다. 이러한 자료수집 방법의 결정에 따라 설문지, 면접조사표, 관찰조사표, 전자조사표 등 조사도구의 선택도 이루어져야 하며 예비 조사의 여부도 결정해야 한다.

(5) 조사담당자의 선정

실제로 조사를 담당할 사람이나 기관을 결정해야 하며, 이들이 조사를 직접 수행할 것인지, 조사요원을 고용할 것인지에 대한 여부도 결정해야 한다. 또한 조사담당자에 대해서 계획할 때에는 담당 부서, 담당자의 이름, 직위, 경력, 담당 역할 등에 대해서 기술한다.

(6) 분석방법의 결정

분석방법으로 실험방법과 비실험방법 중 어느 것을 선택할 것인지 결정해야 하며, 통계분석방법을 선택한다면 수집한 자료를 어느 정도 수준까지 분석할 것인지를 계획한다. 즉, 표본의 특징과 분포를 파악하기 위해서는 단순통계분석을 사용하고, 외생변수들의 영향을 추정하기 위해서는 추리통계분석을 사용하며, 변수 간의 인과관계를 추정하기 위해서는 (다중)회귀분석을 사용한다.

(7) 조사보고서의 작성

조사보고서는 조사결과를 서면으로 기록하여 관련 담당자에게 전달하거나 학회 등에 발표함으로써 의미를 갖게 된다.

(8) 조사일정과 예산

조사일정은 간트 차트(Gantt Chart)나 프로그램 PERT 평가검토기법 등을 이용하여 나타내면 조사의 전반적인 일정을 파악하기 쉽다.

① **시간별 활동계획도표**(Gantt Chart)

세로축에는 세부목표와 활동 및 프로그램을 기입하고, 가로축에는 시간을 기입하여 사업의 소요시간을 막대로 나타내는 도표이다.

② **프로그램 평가검토기법**(PERT)

목표달성을 위하여 설정된 주요 세부목표와 프로그램의 상관관계, 시간계획을 연결시켜서 도표화한 것이다. PERT(프로그램 평가검토기법)는 명확한 목표를 가진 프로그램을 조직화하고, 진행시간표를 작성한다. 이러한 방법의 활용은 예산을 수립하여 프로그램 진행사항을 추적해나가는 데 매우 유용하게 한다.

2절 사회복지 조사보고서

1 조사보고서

1) 조사보고서의 개념

조사보고서란 조사목적을 달성하기 위해 조사결과에서 발견한 사항들과 이로부터 추론한 내용들을 조사대상, 조사문제, 조사방법, 조사절차 등과 함께 체계적으로 정리하여 조사연구 의뢰자나 감독기관, 학계 등에 제출하거나 발표하는 문서를 말한다.

2) 조사보고서의 목적

조사보고서의 목적은 제기된 문제에 대해서 해답을 기다리는 사람들에게 연구자 자신이 연구한 조사문제와 그 문제를 해결하기 위하여 사용한 방법, 그리고 연구결과 및 그로부터 얻어진 결론 등을 알려주는 데 있다. 이러한 연구결과가 개인적인 지식으로 끝나지 않고 사회적인 지식이 되기 위해서는 연구결과를 공개하는 것이 일반적이다. 연구자의 연구에 관심을 가진 사람들에게 결과를 공개하여 연구결과의 보편타당성과 객관성을 검증받아야 한다.

3) 조사보고서의 유형

(1) 탐색적 조사보고서

탐색적 조사보고서란 보고의 목적이 탐색적 목적으로, 조사문제를 규명하거나 가설을 정립하는 데 도움을 주는 보고서를 말한다. 이 보고서는 논리적이고 정교한 조사를 실시하기 위해서 수행된 조사결과를 보고하는 문서이며, 결론은 단정적인 것이 아니라 새로운 분야 등의 탐색을 통해 잠정적인 것임을 밝히는 보고서이다. 탐색적 조사보고서는 기술적 또는 설명적 조사보고서의 기초를 마련해 준다.

(2) 기술적 조사보고서

기술적 조사보고서란 조사문제와 관련된 사회적 현상의 특성과 변수 간의 상호 관계성을 기술(記述)하기 위해서 수행된 조사의 결과보고서를 말한다. 기술적 조사보고서는 기술하는 내용이 모집단 전체에 관한 것인지, 아니면 표본에 한정된 것인지 등에 대하여 제시해야 하며, 통계적 오차의 범위에 관해서도 기술해야 한다.

(3) 설명적 조사보고서

설명적 조사보고서란 변수 간의 인과관계를 밝히기 위한 조사의 결과보고서를 말한다. 이 보고서는 보고의 목적이 설명적 목적으로, 인과관계의 신뢰성에 대한 근거도 제시해야 하며, 활용한 추리통계분석 결과를 간략히 정리하고 세부적인 결과는 부록에 참고하는 것이 바람직하다.

(4) 제안적 조사보고서

제안적 조사보고서란 자료의 분석결과에 따라서 특정 정책이나 개입 방안을 마련하여 제안하는 보고서를 말하며, 제안할 내용의 근거를 논리적으로 제시해야 한다.

4) 조사보고서의 기본 구조

표 13-1 조사보고서의 기본 구조

기본 구조	내 용
표제(제목)	조사제목, 기관명, 조사자, 보고서 작성일자, 보고 일자 등을 기록한다.
목차	보고서 내용의 제목 순서에 따라 독자가 찾기 쉽게 쪽을 표시하여 기록한다.
개요	보고서 전체가 주장하는 내용을 간단하고 명료하게 서술한다. 조사목적, 조사배경, 문제제기, 가설, 연구방법, 조사결과, 결론 등이 포함되어 있는 개략적인 내용을 알기 쉽게 기술한다.
서론	연구의 취지 및 연구목적, 연구의 필요성 및 기존 연구의 미비점 및 차이점 등을 기록한다.
본론	조사와 관련된 이론적 배경, 이론 배경의 한계 및 조사의 차별성, 연구문제, 연구방법, 연구모형, 연구가설, 연구분석, 연구결과 등을 기록한다.
결론 및 제언	전체적으로 연구목적과 연구된 내용에 대하여 간략히 정리하고, 연구결과를 근거로 결론을 내린 뒤(연구결과 함의) 연구의 한계점과 이에 대한 제언을 기록한다.
참고문헌	연구목적 형식에 맞추어서 조사과정에서 사용한 참고 자료의 출처를 기록한다.
부록	연구조사에 사용한 조사도구나 설문지, 통계분포, 사회지표, 프로그램 소개 등 부수적인 자료들을 부록으로 첨부한다.

5) 조사보고서의 작성

(1) 조사보고서의 작성지침

① 일목요연하게 논리적으로 작성한다(정확성 · 명료성 · 간결성).

② 보고대상이 일반인인지, 전문가인지에 따라서 용어와 구성이 달라지므로 보고대상에 적합하게 작성한다.

③ 비속어 사용금지, 적절한 시제사용 등 문장표현에 주의한다.

④ 통계자료 분석결과는 가능한 한 도표를 사용하여 제시하는 것이 바람직하다.

⑤ 결과를 수정하거나 왜곡하여 보고하지 않는다.

⑥ 문헌자료를 충분히 참고하여 작성한다.

(2) 조사보고서 작성 시 유의사항

① 보고서를 작성하기 전에 적합한 측정도구의 사용 여부, 과학적 절차에 부합되는 연구계획, 샘플 확보의 결함 여부, 데이터 분석의 정확도 여부 등을 검사한다. 또한 연구목적을 명확히 하고, 자료 분석 및 해석의 결과를 재검토하는 등 사전 확인 작업을 한다.

② 조사보고서는 독자에게 정보를 제공하는 것으로 과다한 전문용어나 기술용어를 피하고, 내용을 간단명료하게 작성하며, 내용의 논리적인 수준을 높이는 등 보고받는 대상을 고려해야 한다. 이를 위해서는 보고서 초안 작성이 필요하다.

③ 간단하면서도 핵심내용이 잘 드러나고, 논리적이면서도 흥미를 주어야 하며, 정확한 문법, 간결한 문장배열로 보고서를 작성해야 한다.

④ 연구목적에 맞는 중요한 내용만 선별적으로 다루며, 가능한 한 도표를 사용하여 독자의 이해를 돕는 것이 바람직하다.

⑤ 응답자의 개인적인 비밀은 윤리적 차원에서 보장해야 한다.

㉠ 인지된 동의(informed consent)

응답자가 다른 사람에게 자신의 태도나 행동이 알려지는 정도를 알고 있으며, 그 정도를 선택할 수 있게 한다.

㉡ 익명성(anonymity)

각 개개인의 응답을 구분할 수 없게 하여 개인의 응답내용이 유출되거나 알려지지 않도록 한다.

㉢ 비밀보장(confidentiality)

개개인의 응답은 조사자만 알고 있으며 외부에 공개되지 않도록 한다. 이에 대하여 설문 시작 때 명시하는 것이 좋다.

⑥ 조사과정에서 취득한 의뢰자의 내부 자료나 조사결과를 연구목적의 범위에서만 활용하며 외부에 유출하지 않는다.

이와같은 조사방법의 준수는 연구자가 숙지할 기본사항이다. 보다 완성도 있는 연구를 위해 그동안 학습한 것을 적용하고 훈련하는 과정을 통해 사회적으로 기여하는 항의 있는 연구를 도출할 수 있을 것이며, 연구자로서의 기본을 다져갈 수 있을 것이다.

부록

사회복지조사와 NCS(국가직무능력표준)

Reserch Methods for Social Welfare

1절 NCS의 개요

1 NCS의 개념과 특성

NCS(National Competency Standards, 국가직무능력표준)란 산업현장에서 직무를 수행하기 위해 요구되는 지식 · 기술 · 소양 등의 내용을 국가가 산업부문별 · 수준별로 체계화한 것을 말한다. NCS는 산업부문별 · 수준별로 분류하여 직무에 대한 정의, 해당 직무를 수행하는데 필요한 능력과 그 능력을 구성하는 요소들에 대해 국가가 주도하여 정리하여 체계화하고 이를 표준으로 정한 것이라 할 수 있다. NCS는 어떤 직업에서 한 사람이 자신에게 해당하는 소관 업무를 성공적으로 수행하기 위하여 요구되는 모든 종류의 능력을 포괄한 실제적인 수행능력을 의미한다.

NCS에 대한 개념은 다음의 그림으로 설명할 수 있다.

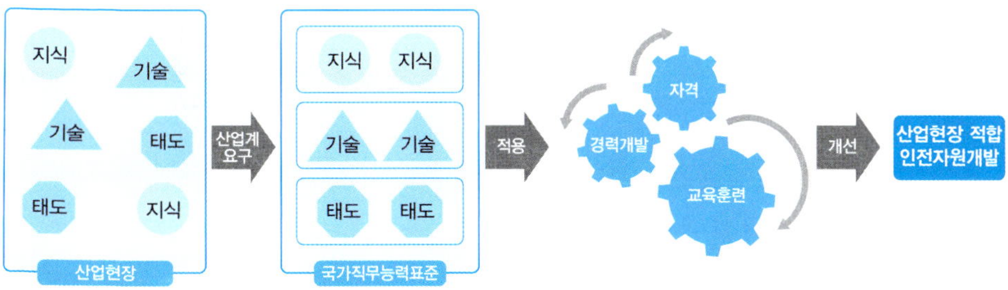

[그림 1] NCS 개념도

출처 : 교육부(2015). 국가직무능력표준(NCS) 기반 교육과정 가이드라인.

2 NCS의 분류와 구성

1) NCS 분류체계

NCS의 분류체계는 직무의 유형(Type)을 중심으로 하는 단계적 구성을 나타낸다. 한국고용직업분류(KECO: Korean Employment Classification of Occupations)를 중심으로 한국표준직업분류, 한국표준산업분류 등을 참고하여 대분류(총 24개), 중분류(80개), 소분류(238개), 세분류(887개)로 구성이 되어 있다.

표 1 NCS 세부 분류체계

대분류	중분류	소분류	세분류
24	80	238	887
01. 사업관리	1	2	5
02. 경영 · 회계 · 사무	4	11	27
03. 금융 · 보험	2	9	35
04. 교육 · 자연 · 사회과학	3	5	13
05. 법률 · 경찰 · 소방 · 교도 · 국방	2	4	15
06. 보건 · 의료	2	7	34
07. 사회복지 · 종교	3	6	16
08. 문화 · 예술 · 디자인 · 방송	3	9	63
09. 운전 · 운송	4	7	26
10. 영업판매	3	7	17
11. 경비 · 청소	2	3	6
12. 이용 · 숙박 · 여행 · 오락 · 스포츠	4	12	42
13. 음식서비스	1	3	9
14. 건설	8	26	109

15. 기계	10	29	115
16. 재료	2	7	34
17. 화학	4	11	32
18. 섬유 · 의복	2	7	23
19. 전기 · 전자	3	24	72
20. 정보통신	3	11	58
21. 식품가공	2	4	20
22. 인쇄 · 목재 · 가구 · 공예	2	4	23
23. 환경 · 에너지 · 안전	6	18	49
24. 농림어업	4	12	44

출처 : 교육부(2016). 국가직무능력표준(NCS) 기반 교육과정 가이드라인.

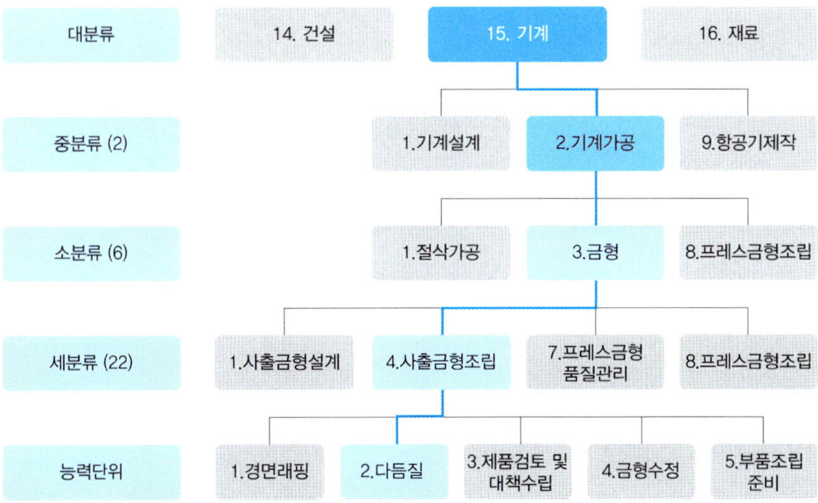

[그림 2] NCS 분류체계도 예시

출처 : NCS 홈페이지(www.ncs.go.kr).

2) NCS 구성

(1) 능력단위

직무는 NCS 분류체계의 세분류를 의미한다. 능력단위는 국가직무능력표준 분류체계상 세분류의 하위단위로서 국가직무능력표준의 기본 구성요소에 해당된다. 능력단위는 능력단위분류번호, 능력단위정의, 능력단위요소(수행준거, 지식 · 기술 · 태도), 적용범위 및 작업상황, 평가지침, 직업기초능력으로 구성이 된다.

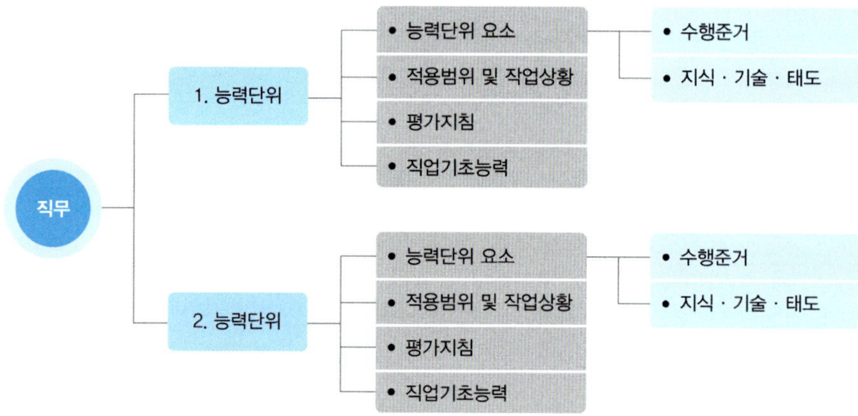

[그림 3] NCS 능력단위의 구성 체계

출처 : 「NCS 홈페이지(www.ncs.go.kr)」

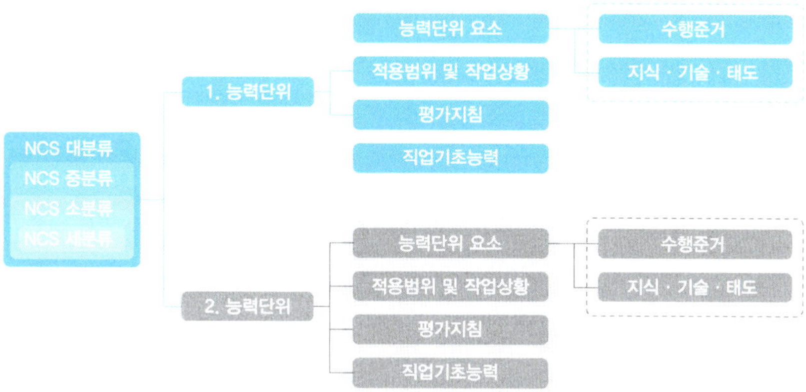

[그림 4] NCS 능력단위의 구성

출처 : 교육부(2015), 국가직무능력표준(NCS) 기반 교육과정 가이드라인

표 2 NCS 능력단위의 구성항목

구성 항목	내용
01. 능력단위분류번호 (competency unit code)	• 능력단위를 구분하기 위하여 부여되는 일련번호로서 14자리로 표현
02. 능력단위명칭 (competency unit title)	• 능력단위의 명칭을 기입한 것
03. 능력단위정의 (competency unit description)	• 능력단위의 목적, 업무수행 및 활용범위를 개략적으로 기술
04. 능력단위요소 (competency unit element)	• 능력단위를 구성하는 중요한 핵심 하위능력을 기술
05. 수행준거 (performance criteria)	• 능력단위요소별로 성취여부를 판단하기 위하여 개인이 도달해야 하는 수행의 기준을 제시
06. 지식 · 기술 · 태도(KSA)	• 능력단위요소를 수행하는 데 필요한 지식 · 기술 · 태도
07. 적용범위 및 작업상황 (range of variable)	• 능력단위를 수행하는데 있어 관련되는 범위와 물리적 혹은 환경적 조건 • 능력단위를 수행하는 데 있어 관련되는 자료, 서류, 장비, 도구, 재료
08. 평가지침 (guide of assessment)	• 능력단위의 성취여부를 평가하는 방법과 평가시 고려되어야 할 사항
09. 직업기초능력 (key competency)	• 직업인으로서 기본적으로 갖추어야 할 공통능력

출처 : 「NCS 홈페이지(www.ncs.go.kr)」

(2) 수준체계

NCS의 수준체계는 산업현장 직무의 수준을 체계화한 것으로, '산업현장-교육훈련-자격' 연계, 평생학습능력 성취 단계 제시, 자격의 수준체계 구성에서 활용된다. NCS를 개발할 때는 8단계의 수준체계에 따라 능력단위 및 능력단위요소별 수준을 평정하여 제시한다.

표 3 NCS 수준체계

	항목	내용
8수준	정의	해당분야에 대한 최고도의 이론 및 지식을 활용하여 새로운 이론을 창조할 수 있고, 최고도의 숙련으로 광범위한 기술적 작업을 수행할 수 있으며 조직 및 업무 전반에 대한 권한과 책임이 부여된 수준
	지식 기술	해당분야에 대한 최고도의 이론 및 지식을 활용하여 새로운 이론을 창조할 수 있는 수준 최고도의 숙련으로 광범위한 기술적 작업을 수행할 수 있는 수준
	역량	조직 및 업무 전반에 대한 권한과 책임이 부여된 수준
	경력	수준7에서 2-4년 정도의 계속 업무 후 도달 가능한 수준
7수준	정의	해당분야의 전문화된 이론 및 지식을 활용하여, 고도의 숙련으로 광범위한 작업을 수행할 수 있으며 타인의 결과에 대하여 의무와 책임이 필요한 수준
	지식 기술	해당분야의 전문화된 이론 및 지식을 활용할 수 있으며, 근접분야의 이론 및 지식을 사용할 수 있는 수준 고도의 숙련으로 광범위한 작업을 수행하는 수준
	역량	타인의 결과에 대하여 의무와 책임이 필요한 수준
	경력	수준6에서 2-4년 정도의 계속 업무 후 도달 가능한 수준
6수준	정의	독립적인 권한 내에서 해당분야의 이론 및 지식을 자유롭게 활용하고, 일반적인 숙련으로 다양한 과업을 수행하고, 타인에게 해당분야의 지식 및 노하우를 전달할 수 있는 수준
	지식 기술	해당분야의 이론 및 지식을 자유롭게 활용할 수 있는 수준 일반적인 숙련으로 다양한 과업을 수행할 수 있는 수준

	항목	내용
	역량	타인에게 해당분야의 지식 및 노하우를 전달할 수 있는 수준 독립적인 권한 내에서 과업을 수행할 수 있는 수준
	경력	수준5에서 1-3년 정도의 계속 업무 후 도달 가능한 수준
5수준	정의	포괄적인 권한 내에서 해당분야의 이론 및 지식을 사용하여 매우 복잡하고 비일상적인 과업을 수행하고, 타인에게 해당분야의 지식을 전달할 수 있는 수준
	지식 기술	해당분야의 이론 및 지식을 사용할 수 있는 수준 매우 복잡하고 비일상적인 과업을 수행할 수 있는 수준
	역량	타인에게 해당분야의 지식을 전달할 수 있는 수준 포괄적인 권한 내에서 과업을 수행할 수 있는 수준
	경력	수준4에서 1-3년 정도의 계속 업무 후 도달 가능한 수준
4수준	정의	일반적인 권한 내에서 해당분야의 이론 및 지식을 제한적으로 사용하여 복잡하고 다양한 과업을 수행하는 수준
	지식 기술	해당분야의 이론 및 지식을 제한적으로 사용할 수 있는 수준 복잡하고 다양한 과업을 수행할 수 있는 수준
	역량	일반적인 권한 내에서 과업을 수행할 수 있는 수준
	경력	수준3에서 1-4년 정도의 계속 업무 후 도달 가능한 수준
3수준	정의	제한된 권한 내에서 해당분야의 기초이론 및 일반지식을 사용하여 다소 복잡한 과업을 수행하는 수준
	지식 기술	해당분야의 기초이론 및 일반지식을 사용할 수 있는 수준 다소 복잡한 과업을 수행하는 수준
	역량	제한된 권한 내에서 과업을 수행하는 수준
	경력	수준2에서 1-3년 정도의 계속 업무 후 도달 가능한 수준
2수준	정의	일반적인 지시 및 감독 하에 해당분야의 일반 지식을 사용하여 절차화되고 일상적인 과업을 수행하는 수준
	지식 기술	해당분야의 일반 지식을 사용할 수 있는 수준 절차화되고 일상적인 과업을 수행하는 수준
	역량	일반적인 지시 및 감독 하에 과업을 수행하는 수준
	경력	수준1에서 6-12개월 정도의 계속 업무 후 도달 가능한 수준

	항목	내용
1수준	정의	구체적인 지시 및 철저한 감독 하에 문자이해, 계산능력 등 기초적인 일반지식을 사용하여 단순하고 반복적인 과업을 수행하는 수준
	지식 기술	문자이해, 계산능력 등 기초적인 일반 지식을 사용할 수 있는 수준 단순하고 반복적인 과업을 수행하는 수준
	역량	구체적인 지시 및 철저한 감독 하에 과업을 수행하는 수준

출처 : NCS 홈페이지(www.ncs.go.kr).

(3) 분류번호 체계

국가직무능력표준의 분류번호는 국가직무능력표준의 구성단위인 능력단위에 대한 식별번호로 대분류, 중분류, 소분류, 세분류, 능력단위 및 개발연도로 구성된다.

0101010101_12v1

01	01	01	01	01	-	12	v1
대분류	중분류	소분류	세분류	능력단위	-	개발연도	버전

[그림 5] NCS 분류번호 체계

출처 : NCS 홈페이지(www.ncs.go.kr).

- 대분류: 대분류 체계의 2자리 숫자(2 digits)
- 중분류: 대분류의 체계 중 중분류 체계의 2자리 숫자(2 digit)
- 소분류: 중분류 체계 중 소분류 체계의 2자리 숫자(2 digit)
- 세분류: 소분류 체계 중 세분류 체계의 2자리 숫자(2 digits)
- 능력단위: 세분류 체계 중 능력단위 연번으로 2자리 숫자(2 digits)

• 개발연도: 능력단위 개발·보완 연도 2자리 숫자(2012년 → 12)로 작성하되, 앞의 분류와 구분하기 위하여 "_" 이후에 연도 기입

• 버전: 표준 개발 순서 2자리(첫번째 → v, 두번째 → 숫자)/(2 digits)

3 NCS 자료의 검색 및 활용

NCS 관련 자료는 국가직무능력 홈페이지(ncs.go.kr)에서 검색 및 다운로드를 하여 이용할 수 있다. 자료의 이용을 위해서는 회원가입이 필요하다.

[그림 6] NCS홈페이지

출처 : NCS 홈페이지(www.ncs.go.kr).

2절 사회복지조사사와 NCS

1 사회복지조사사 관련 NCS의 분류체계

사회복지조사사와 관련 있는 NCS는 세분류 '지역사회복지개발'과 '사회복지프로그램운영' 등이다. 이들 NCS의 분류체계를 구체적으로 살펴보면 다음과 같다.

표 4 사회복지조사사 관련 NCS 분류체계

대 분 류	중 분 류	소 분 류	세 분 류
07.사회복지 · 종교	01.사회복지	01.사회복지정책	01.지역사회복지개발
		02.사회복지서비스	01.사회복지프로그램운영

2 사회복지조사사 관련 NCS의 구성

'지역사회복지개발'과 '사회복지프로그램운영'에서 사회복지조사사와 관련 있는 NCS 능력단위는 '지역사회분석(0701010101_13v1)'과 '욕구조사(0701010102_13v1)', '사회복지프로그램 욕구조사(0701020101_14v2)' 등이다. 이에 대한 구성을 살펴보면 다음과 같다.

표 5 사회복지조사 관련 NCS의 구성

<table>
<tr><th>직무</th><th>능력단위
(분류번호)</th><th>능력단위요소
(분류번호)</th><th>수준</th></tr>
<tr><td rowspan="9">지역사회복지
개발</td><td rowspan="3">지역사회분석
(0701010101_13v1)</td><td>지역사회 자료 수집하기
(0701010101_13v1.1)</td><td>6</td></tr>
<tr><td>지역사회 자료 분류하기
(0701010101_13v1.2)</td><td>6</td></tr>
<tr><td>지역사회 자료 해석하기
(0701010101_13v1.3)</td><td>6</td></tr>
<tr><td rowspan="6">욕구조사
(0701010102_13v1)</td><td>욕구조사 계획하기
(0701010102_13v1.1)</td><td>5</td></tr>
<tr><td>조사도구 작성하기
(0701010102_13v1.2)</td><td>4</td></tr>
<tr><td>지역자원파악하기
(0701010102_13v1.3)</td><td>4</td></tr>
<tr><td>데이터 수집하기
(0701010102_13v1.4)</td><td>4</td></tr>
<tr><td>자료분석하기
(0701010102_13v1.5)</td><td>5</td></tr>
<tr><td>결과해석하기
(0701010102_13v1.6)</td><td>5</td></tr>
<tr><td rowspan="3">사회복지
프로그램운영</td><td rowspan="3">사회복지프로그램 욕구조사
(701020101_14v2)</td><td>사회문제 조사하기
(0701020101_14v2.1)</td><td>4</td></tr>
<tr><td>욕구조사 설계하기
(0701020101_14v2.2)</td><td>4</td></tr>
<tr><td>욕구조사 분석하기
(0701020101_14v2.3)</td><td>4</td></tr>
</table>

3 사회복지조사 관련 NCS 능력단위요소의 구성

사회복지조사와 관련된 NCS 능력단위요소는 다음과 같은 수행준거와 지식, 기술, 태도 등으로 구성된다.

표 6 사회복지조사 관련 NCS 능력단위의 구성

능력단위요소(분류번호)	수행준거
지역사회 자료 수집하기 (0701010101_13v1.1)	1.1 지역사회 자료 수집을 위한 대상과 범위를 설정할 수 있다. 1.2 각종 사업 안내 자료를 확인할 수 있다. 1.3 수집 대상 및 범위와 관련된 각종 자료를 수집할 수 있다. 1.4 지역의 현황조사를 위한 현장 탐방조사를 실시할 수 있다.
	[지 식]
	• 지역사회특성이론 • 지역사회 욕구 사정 • 개인정보보호법 • 지역사회복지계획 • 네트워크이론 • 자료수집 관련 지식
	[기 술]
	• 상담 능력 • 지역사회 특성분석 능력 • 정책 동향 파악 능력 • 정보 관리 능력
	[태 도]
	• 사회문제를 해결하기 위한 적극적인 태도 • 지역사회 문제를 주의 깊게 관찰하는 자세 • 자료수집의 객관성을 높이기 위한 노력 • 목표달성에 대한 자신감
지역사회 자료 분류하기 (0701010101_13v1.2)	2.1 수집된 자료를 세분화할 수 있다. 2.2 분류된 자료를 바탕으로 지역사회 특성과 연계할 수 있다. 2.3 자료 분류를 통해 해결주체를 확인할 수 있다.

능력단위요소(분류번호)	수행준거
	[지 식] • 개인정보보호법 • 지역사회특성이론 [기 술] • 프레젠테이션 기술 • 통계프로그램 활용 능력 • 사회조사분석 능력 • 자료의 특성에 맞게 분류하는 능력 [태 도] • 목표달성에 대한 자신감 • 전략적 사고 • 원활한 의사소통 창출 의지 • 창의적인 사고
지역사회 자료 해석하기 (0701010101_13v1.3)	3.1 수집된 자료를 바탕으로 지역의 문제와 욕구를 진단할 수 있다. 3.2 지역문제와 관련된 정책을 분석할 수 있다. 3.3 지역사회분석을 기반으로 욕구에 따른 우선순위를 설정할 수 있다. 3.4 해결해야할 지역사회의 문제에 대한 원인, 영향력, 개입방법을 파악할 수 있다. 3.5 분류된 지역사회 문제와 욕구에 근거하여 해결주체를 설정할 수 있다. [지 식] • 사회복지정책 – 아젠다(agenda) 형성과 대안형성 • 각종 사업 안내자료(지방 및 중앙정부) • 조사윤리 • 네트워크이론 • 조사방법 [기 술] • 지역사회 특성 분석 능력 • 지역사회 자원 파악 능력(사회적 자본 구분) • 문서작성 기술 [태 도] • 클라이언트의 비밀보장(인권) 준수 • 클라이언트의 자기결정권 존중

능력단위요소(분류번호)	수행준거
	• 문제와 욕구를 해결하기 위한 적극적 자세 • 창의적인 사고
욕구조사 계획하기 (0701010102_13v1.1)	1.1 선행욕구조사 자료를 수집하고 분석할 수 있다. 1.2 문헌자료를 활용하여 욕구조사를 계획할 수 있다. 1.3 성과물 도출을 위한 일정을 설계할 수 있다. 1.4 업무스케줄에 따라 업무량을 조절할 수 있다.
	[지 식]
	• 지역사회이해 • 사회복지기관 행정업무 이해 • 조사계획 • 조사방법
	[기 술]
	• 일정표작성 기술 • 문서작성 기술 • 사업계획서 작성 기술 • 일정관리 능력 • 의사소통 능력
	[태 도]
	• 분석적 사고 • 체계적 사고 • 전략적 사고 • 정해진 일정을 지킬 수 있는 자기관리 태도
조사도구 작성하기 (0701010102_13v1.2)	2.1 욕구파악에 알맞은 조사도구 유형을 선택하여 작성할 수 있다. 2.2 작성된 조사도구의 타당성과 신뢰성을 검증할 수 있다. 2.3 작성된 설문지의 타당성과 신뢰성을 검증할 수 있다.
	[지 식]
	• 사회문제이론과 실제 • 욕구사정방법(need assessment) • 지역 현황 • 지역사회이해 • 조사방법 • 개인정보보호법

능력단위요소(분류번호)	수행준거
	[기 술]
	• 컴퓨터 활용 능력 • 조사도구 작성 기술 • 조사도구의 타당성 · 신뢰성 검증 기술
	[태 도]
	• 과학적 태도 • 주민의견 존중 준수 • 지역사회 문제 확인 노력
지역자원파악하기 (0701010102_13v1.3)	3.1 지역사회 자원 파악을 위한 실태조사를 실행할 수 있다. 3.2 지역사회문제와 욕구 해결을 위한 지역사회 인적 · 물적 자원의 정보를 조사할 수 있다. 3.3 지역사회 자원지도를 작성할 수 있다. 3.4 지역사회 공공, 민간 관련기관의 정보를 파악하고 리스트를 작성할 수 있다.
	[지 식]
	• 해당부처의 각종 사회복지사업 • 지역사회복지론 • 지역사회 자원개발 이론 • 네트워크이론 • 커뮤니케이션 이론 • 지역사회복지계획 정책 및 자료
	[기 술]
	• 기초 통계 프로그램 사용 능력 • 조사도구 작성 기술 • 스프레드시트 활용 능력 • 현장방문 조사 능력
	[태 도]
	• 지역사회에 대한 애정 • 원만한 대인관계 • 적극적 태도 • 타 영역에 대한 개방적 태도 • 분석적 사고

능력단위요소(분류번호)	수행준거
	• 지역사회에 대한 주의 깊은 태도
데이터 수집하기 (0701010102_13v1.4)	4.1 양적 · 질적 데이터를 정확히 기록 할 수 있다. 4.2 목적에 적합한 표본추출방법을 수행 할 수 있다. 4.3 데이터수집 대상자에게 고지에 입각한 동의를 구할 수 있다. 4.4 데이터수집 과정에서의 장애요소를 해소할 수 있다.
	[지 식]
	• 개인정보보호법 • 통신비밀보호법 • 조사방법 • 지역사회현황(지리적 정보, 사회적 정보 등) • 지역사회백서
	[기 술]
	• 데이터기록 기술 • 표본추출 기술 • 통계패키지 활용 능력
	[태 도]
	• 조사대상자의 개인존중 준수 • 조사대상과의 비밀보장 준수 • 경청하는 태도 • 객관적, 균형적 태도
자료분석하기 (0701010102_13v1.5)	5.1 데이터의 유형에 알맞게 분석기법을 선정할 수 있다. 5.2 양적자료의 경우, 통계패키지를 운용하여 계량분석을 할 수 있다. 5.3 질적자료의 경우, 질적자료분석법을 적용하여 분석을 수행할 수 있다. 5.4 표본조사결과의 오차를 산정하고 통계적 유의성을 명시할 수 있다.
	[지 식]
	• 통계법 • 통계지식 • 질적자료분석방법
	[기 술]
	• 통계패키지 활용 능력 • 질적 자료분석 패키지 활용 능력
	[태 도]

능력단위요소(분류번호)	수행준거
	• 정확한 분석을 유지하기 위한 노력 • 분석적 사고 • 과학적 사고
결과해석하기 (0701010102_13v1.6)	6.1 양적, 질적 자료 분석결과를 해석할 수 있다. 6.2 결과해석내용을 문서화 할 수 있다. 6.3 결과에 따른 욕구의 우선순위를 선정할 수 있다. 6.4 조사결과에 따라 문제해결을 위한 제안서를 작성할 수 있다.
	[지 식]
	• 자료분석방법(양적, 질적) • 지역사회 현황 • 조사윤리
	[기 술]
	• 보고서작성 기술 • 지역사회특성 분석 • 통계프로그램 활용 능력 • 조사결과와 지역 특성을 연계
	[태 도]
	• 조사결과의 객관성 유지를 위한 태도 • 조사결과에서 문제와 대안을 찾으려는 태도 • 창의적 사고 • 동료와 협력(팀워크)하는 태도
사회문제 조사하기 (0701020101_14v2.1)	1.1 개인, 가족, 집단, 지역사회의 이슈가 되고 있는 문제를 발견하여 정의할 수 있다. 1.2 사회적 지표를 활용하여 개인, 가족, 집단, 지역사회의 문제를 문제 유형별로 분류할 수 있다. 1.3 문헌, 경험을 통해 파악된 문제를 분석하고 해결하기 위한 우선순위를 결정할 수 있다.
	[지 식]
	• 개인, 가족, 집단, 지역사회의 특성과 욕구 • 사회문제분석틀에 대한 지식 • 욕구의 유형화에 관한 지식(매슬로우, 브래드쇼우 등) • 사회문제의 개념과 정의 • 사회문제 유형

능력단위요소(분류번호)	수행준거
	[기 술]
	• 현상진단 · 분석기술 • 통계지표 활용기술 • 우선순위에 대한 의사결정 기술 • 자료 분석 능력 • 자료 수집 기술
	[태 도]
	• 문제에 대한 비심판적 태도 • 사회문제 해결을 위한 적극적인 태도 • 사회현상을 분석하는 객관적인 태도
욕구조사 설계하기 (0701020101_14v2.2)	2.1 개인, 가족, 집단, 지역사회 문제에 대한 연구 가설을 수립할 수 있다. 2.2 수립된 가설에 따라 문제를 확인하는 조사계획을 설계할 수 있다. 2.3 조사계획에 따라 가설검증에 적합한 조사도구를 선택할 수 있다.
	[지 식]
	• 설문지 작성법 • 조사 설계 방법 • 통계법의 윤리적 기준(표절 등) • 개인정보보호법 • 평가척도 활용방법
	[기 술]
	• 다양한 욕구사정방법의 활용기술(서베이, 공청회, 초점집단면접 등) • 통계패키지 활용 능력 • 자료수집 기술 • 인터뷰기술 및 녹취록작성방법 • 조사도구 활용 기술
	[태 도]
	• 문제인식을 위한 적극적 태도 • 사회복지사윤리강령 준수 • 데이터 수집과정에서의 비밀보장
욕구조사 분석하기 (0701020101_14v2.3)	3.1 조사도구에 근거하여 지역사회 욕구를 측정할 수 있다. 3.2 가설에 근거하여 수집된 자료를 분석할 수 있다. 3.3 분석된 자료를 바탕으로 욕구조사 결과보고서를 작성할 수 있다.

능력단위요소(분류번호)	수행준거
	[지 식]
	• 기술통계와 추론통계의 기초지식 • 양적분석과 질적분석의 차이에 관한 지식 • 주관적 의견과 객관적 사실의 차이 관련 지식 • 개인정보보호법 • 비밀 보장에 대한 지식 • 사업계획서 : 프로그램 운영계획서 • 평가척도 해석방법
	[기 술]
	• 통계패키지 활용 능력 • 가설검증방법 • 클라이언트 만족도 조사방법 및 패키지작성기술 • 면접 기술 • 통계해석 능력 • 자료수집 기술
	[태 도]
	• 문제파악을 위한 적극적 태도 • 사회복지사윤리강령 준수 • 비밀보장

■ 참고문헌

곽미정(2016). 가족이라는 조직이 가지는 의미, 한국조직학회

김윤옥 외 공저(1996). 교육연구를 위한 질적 연구방법과 설계, 서울: 문음사.

신경림(1993). 연구 전통의 통합. 최영희 편저, 질적 간호 연구(361−377), 서울: 수문사.

이용숙 · 김영천 편(1998). 교육에서의 질적 연구: 방법과 적용, 서울: 교육과학사.

조영남(2001). 질적 연구와 양적 연구, 초등교육연구논총, 17(2): 307−329.

조용환(1999). 질적 연구: 방법과 사례, 서울: 교육과학사.

교육부(2016), 국가직무능력표준(NCS) 기반 교육과정 가이드라인.

국가직무능력(NCS) 홈페이지(www.ncs.go.kr).

Adler, P. A. &Adler, P.(1994). Observational techniques. In N. K. Denzin and Y. S. Lincoln (Eds.), *Handbook of qualitative research*(377−392), Thousand Oaks, CA: Sage.

Creswell, J. W.(1994). Research design: qualitative &quantitative approaches. Thousand Oaks, CA: Sage.

Denzin, N. K. &Lincoln, Y. S.(2000). Handbook of qualitative research(2nd. ed.), Thousand Oaks, CA: Sage.

Eisner, E. W. &Peshkin, A.(1990). Introduction. In E. W. Eisner &A. Peshkin (Eds.), Qualitative inquiry in education: the continuing debate(1−17). New York: Teachers College Press.

Gall, J. P., Gall, M. D. &Borg.(1999). Applying educational research: a practical guide (4th ed.), New York: Addison Wesley Longman.

Gay, L. R. &Airasian, P.(2000). Educational research: competencies for analysis and application, New Jersey: Prentice−Hall, Inc.

Goetz, J. P. &LeCompte, M. D.(1984). Ethnography and qualitative research in educational research. San Diago: Academic Press.

Goodwin, W. L. &Goodwin, L. D.(1996). Understanding quantitative and qualitative research in early childhood education, New York: Teachers College Press.

Guba, E. G. &Lincoln, Y. S.(1994). Competing paradigms in qualitative research, In N.K. Denzin. &Y. S. Lincoln(Eds.). Handbook of qualitative research(105−117), Thousand Oaks, CA: Sage.

Johnson, B. &Christensen, L.(2000). Educational research: quantitative and qualitative approaches, MA: Allyn &Bacon.

Judge, G. G., Hill, R. C., Griffiths, W., Lutkepohl, H., & Lee, T. C. (1988). Introduction to the Theory and Practice of Econometrics.

Lincoln, Y. S. &Guba, E. G.(2000). Paradigmatic controversies, contradictions, and emerging confluences In N. K. Denzin. &Y. S. Lincoln(Eds.) Handbook of qualitative research (2nd ed.) (163-188), Thousand Oaks, CA: Sage.

Mathison, S.(1988). Why triangulate? Educational Research, 17(2), 13-17.

Miles, M., &Huberman, M.(1994). Qualitative data analysis: An expanded sourcebook (2nd Ed.). Thousand Oaks, CA: Sage.

Patton, M. Q.(1990). Qualitative evaluation and research methods(2nd ed.). Thousand Oaks, CA: Sage.

Salomon, G.(1991). Transcending the qualitative-quantitative debate: the analytic and systematic approaches to educational research. Educational Researcher, 20(6), 10-18.

Shulman, L. S.(1997). Disciplines of inquiry in education: a new overview. In R. M. Jaeger (Ed.), Complementary methods for research in education (2nd ed.) (3-29), Washington, DC: American Educational Research Association.

Townsend, J. T., & Busemeyer, J. R. (1993). Decision field theory: A dynamic-cognitive approach to decision making in an uncertain environment. Psychological review, 100(3), 432.

■ 저자소개

곽미정 (Kwak, Mi Jung)	2013년 상명대학교에서 〈수도권 법인 및 개인 장기요양시설 요양보호사의 직무만족 및 서비스 질 영향요인연구〉로 행정학 박사학위(2013)를 취득하고, 현재 김포대학교 사회복지과 교수로 재직 중이다. 주요관심분야는 사회복지실천, 행정 및 정책 분야이며 주요논문으로는 청소년 임파워먼트 프로그램의 효과성분석 (2014)등 다수가 있으며 저서로는 노인복지론, 사회복지프로그램 개발과 평가 등이 있다. 그 밖에 사단법인 사회복지개발원의 수석연구자문위원으로 있다.
오미희 (Oh, Mi Hui)	2012년 백석대학교에서 〈목회자 사모의 경제적 스트레스 및 자아존중감이 우울감에 미치는 영향〉으로 석사학위를 취득한 후, 2014년 형사정책연구원의 프로젝트 "범죄피해자 심리지원 체계의 구축과 치료프로그램 개발을 위한 연구"에 보조연구원으로 참여하였다. 2016년 백석대학교에서 박사를 수료한 후, 현재 〈청소년이 지각한 경제적 스트레스 및 부모관련 스트레스가 학교관련 스트레스에 미치는 영향〉에 관한 연구의 최종 심사를 앞두고 있다. 저서로는 출판사 법학원의 〈사회복지조사론〉의 기본서 및 기출문제집, 예상문제집 등이 있다. 현재, 신한대학교 평생교육원에서 〈사회복지조사론〉을 강의하고 있다.
장은석 (Jang, Eun Seok)	서울시립대학교 사회복지학과 박사과정을 수료하고 세경대학교 사회복지과 교수로 재직 중이다. 주요 관심 분야는 지역사회복지, 청소년복지, 노인복지 등이며, 주요 활동으로는 한국장애인재활협회, 서울장애인종합복지관, 사회연대은행 등에서 근무하였고, 보건복지부 사회복지시설 평가위원, 사회서비스 품질평가 위원, 국가직무능력표준(NCS) 개발위원, 영월군지역사회보장실무협의체 위원장 등을 역임하였다. 국가직무능력표준(NCS) 학습모듈, 사회복지정책론, 자원봉사론 등 다수의 저서와 논문이 있다.
서민호 (Seo, Min Ho)	2012년 대구한의대학교에서 〈요양보호사의 직무스트레스와 직무소진이 서비스 질에 미치는 영향〉으로 사회복지학 박사학위를 취득하였으며, 현재 영남외국어대학 사회복지과 교수로 재직 중이다. 주요관심분야는 지역사회복지, 노인복지, 평생교육 분야이며, 〈고령화에 따른 노인여가활동의 활성화 방안에 관한 연구〉, 사회복지실천기술론, 응급처치학 등의 논문과 저서가 있다.
안우상 (Ahn, Woo Sang)	공주대학교 사회복지학과 박사과정을 수료하고 한국영상대학교 사회복지과 교수로 재직 중이다. 주요 관심 분야는 아동복지, 지역사회복지, 장애인복지 등이며, 주요 활동으로는 세종특별자치시 정책자문위원, 보건복지부 복지시설 평가위원 등을 역임 하였고, 사회복지공동모금회 세종지회 배분분과실행위원, 세종특별자치시 수화통역센터 등의 운영위원으로 활동하고 있으며, 인간행동과 사회환경 등 다수의 저서와 논문이 있다.
이영희 (Lee, Young Hee)	1990년 충남대학교에서 〈노령층 농촌부녀자 생활실태와 복지방안에 관한 조사연구〉로 경제학석사, 경제학박사(2000), 청주대학교에서 〈사회복지기관장의 서번트리더십이 사회복지사의 직무만족 및 조직몰입에 미치는 영향〉으로 사회복지학박사(2007)를 취득하였으며 2000년부터 대전과학기술대학교 보건복지과 교수로 재직중이다. (사)한국자원봉사인재개발원 이사장. 한국자원봉사실천학회 회장, 등급판정위원회 위원장. 장애인수급심의위원회 위원장 등을 역임하였으며 저서로는 사회복지개론. 노인요양기초 및 실습. 사회복지조사론. 사회복지법제론. 사회복지정책론. 사회복지행정론 등이 있다.
장원태 (Jang, Weon Tae)	1998년 고려대학교에서 〈남북한 화폐통합에 관한 연구〉로 경제학 박사학위(1998)를 취득하고, 현재 경복대학교 의료복지과 교수로 재직중이다. 주요관심분야는 사회복지자료분석, 사회복지조사분야이다. 주요논문으로는 "북한감성이 통일비용지불의사에 미치는 영향 분석(2012)", "노인운동프로그램이 노인들의 정서변화에 미치는 영향 분석(2012)", "한국 노인의 실버주택 결정요인에 관한 연구(2016)"이며 저서로는 노인복지론, 자료분석론 등이 있다.

사회복지조사론

1판 1쇄 발행 — 2018년 1월 25일
1판 2쇄 발행 — 2021년 3월 10일

저 자 – 곽미정 오미희 장은석 서민호
안우상 이영희 장원태

발 행 인 – 강철원
발 행 처 – 양성원
주 소 – 경기도 파주시 검산로 173번길 29-20
전 화 – 031-946-3861(代)
팩 스 – 031-946-3864
이 메 일 – tnwpub@naver.com
홈페이지 – tnwpub.co.kr
출판등록 – 2015년 8월 31일 제 2015-000211 호

ISBN 979-11-6126-084-6

정가 19,000원